Zibia Gasparetto
pelo espírito Lucius

se abrindo pra vida

© 2009 por Zibia Gasparetto

Direção de Arte
Luiz Gasparetto

Projeto Gráfico
Priscila Noberto

Diagramação
Priscilla Andrade

Preparação e Revisão
Grace Guimarães Mosquera

1ª edição - 30ª impressão
5.000 exemplares — maio 2021
Tiragem total: 539.000 exemplares

Dados Internacionais de Catalogação na Publicação (CIP)
(Câmara Brasileira do Livro, SP, Brasil)

Lucius (Espírito).
Se abrindo pra vida / pelo espírito Lucius [psicografado por] Zibia Gasparetto -- São Paulo : Centro de Estudos Vida & Consciência Editora, 2009.
ISBN 978-85-7722-079-3 (brochura)
1. Espiritismo 2. Psicografia 3. Romance espírita I. Gasparetto, Zibia II. Título.

09-12367   CDD-133.93

Índices para catálogo sistemático:
1. Romances espíritas psicografados: Espiritismo 133.93

Todos os direitos reservados. Nenhuma parte desta edição pode ser utilizada ou reproduzida, por qualquer forma ou meio, seja ele mecânico ou eletrônico, fotocópia, gravação etc., tampouco apropriada ou estocada em sistema de banco de dados, sem a expressa autorização da editora (Lei nº 5.988, de 14/12/1973).

Este livro adota as regras do novo acordo ortográfico (2009).

Vida & Consciência Editora e Distribuidora Ltda.
Rua das Oiticicas, 75 – Parque Jabaquara – São Paulo – SP – Brasil
CEP 04346-090
editora@vidaeconsciencia.com.br
www.vidaeconsciencia.com.br

Zibia Gasparetto
pelo espírito Lucius

se abrindo pra vida

Prólogo

A tarde morria lentamente e Jacira olhou desanimada para a extensa fila à sua frente. Tinha vontade de chegar em casa, tomar um banho, deixar-se ficar sem fazer nada.

Estava cansada também de obedecer, de fazer coisas das quais não gostava, de trabalhar por obrigação, de viver a rotina de sua vida sem graça e sem objetivos.

A culpa era da pobreza, que não lhe permitia usufruir as coisas boas da vida. Tudo era difícil.

Trincou os dentes com raiva e colocou-se no fim da fila. Sabia que naquela linha havia poucos ônibus e por certo ficaria quase uma hora esperando.

Se ela houvesse nascido em uma família de melhores condições financeiras, não teria de passar por tudo isso. Percebia que para os bairros mais elegantes os ônibus, além de melhores, eram mais frequentes.

Irritada, sentiu um gosto amargo na boca, e uma leve dor de cabeça a incomodou.

O primeiro ônibus chegou, a fila andou um pouco, porém ela não conseguiu embarcar. Teria de esperar pelo segundo.

Quase meia hora e o ônibus não chegava. Vida de pobre. Se ao menos tivesse encontrado um marido com quem dividir os problemas e as despesas, talvez sua vida tivesse se tornado melhor.

Aos trinta e oito anos, nunca havia tido um namorado. Os poucos homens que se interessaram por ela eram tão pobres quanto ela.

De que lhe adiantaria casar e continuar a ter uma vida miserável como sempre tivera? Colocar no mundo crianças sem chance de serem felizes seria um crime ainda maior.

Conformara-se em viver com a família. Neto, seu irmão mais velho, saíra de casa, fora para o Rio de Janeiro tentar a sorte e nunca mais voltara.

De vez em quando escrevia para a mãe, dizendo que estava trabalhando em um hotel, mas como ganhava pouco não tinha como ajudar a família.

Jair, outro irmão, mais novo dois anos do que ela, ao contrário de Neto, fora embora para o Rio Grande do Sul e havia mais de dez anos que não mandava notícias.

Às vezes, ela pensava que talvez ele tivesse morrido por lá. Sua mãe não se conformava em não saber nada sobre ele e, quando se lembrava disso, ficava chorando pelos cantos, de cara amarrada, sem falar com ninguém.

Se ela se queixasse, o marido ficava nervoso, brigava, culpando-a pelo filho nunca mais tê-los procurado.

Enquanto Aristides manteve o emprego na montadora de automóveis, apesar de ganhar pouco, viviam melhor. Tudo ficou pior quando ele foi mandado embora e não conseguiu mais trabalho.

Finalmente o ônibus apareceu e ela conseguiu subir, mas não havia lugar para se sentar. Ficou em pé. Sentia as pernas doerem, a bolsa pesava, mas era melhor seguir assim do que esperar mais tempo na fila onde ficaria em pé do mesmo jeito.

O ônibus lotado não lhe permitia movimentar-se. Suas costas doíam e as pernas tentavam manter o equilíbrio.

O ar viciado e o cheiro de suor a incomodavam. De vez em quando alguém lá de trás queria passar para descer e apertava as pessoas para abrir caminho.

Por fim um rapaz desceu e ela conseguiu sentar-se. Pelo menos isso. Do seu lado, um homem robusto suava, apesar do vento que entrava pela janela que ele abrira.

O ar que entrava trouxe-lhe certo alívio. Dez minutos depois, deu sinal para o ônibus parar, levantou-se e tentou passar.
O ônibus começou a andar e ela aflita gritou:
— Desce.
A brecada forte a jogou em cima de uma mulher que a olhou enraivecida.
— Desculpe — murmurou ela. Ao passar pelo motorista não se conteve: — Não pode esperar os passageiros descerem? Para quê tanta pressa?
— Desce logo, dona Maria — resmungou ele.
Mal Jacira tirou o pé do degrau, o ônibus começou a andar e ela quase caiu. Foi amparada por um homem que estava parado no ponto. Jacira sentiu um perfume gostoso e assim que conseguiu equilibrar-se olhou para ele.
Homem alto, bonito, muito bem-vestido, cheiroso olhava-a sorrindo e lhe perguntou amavelmente:
— Você se machucou?
Jacira sentiu uma raiva surda, imensa, e não conseguiu segurar o pranto. As lágrimas desceram pelo seu rosto e ela soluçava sem parar.
O homem a olhava surpreendido:
— O que aconteceu? Por que está chorando deste jeito?
Vendo que ela continuava chorando e que as pessoas em volta o olhavam desconfiadas, ele segurou o braço dela dizendo:
— Acalme-se. Venha. Vamos conversar.
Apanhou a bolsa dela que estava no chão e começou a andar levando-a pelo braço. Jacira deixou-se conduzir docilmente. Não estava em condições de refletir.
Um pouco adiante, havia uma pequena praça e ele a levou até lá, fazendo-a sentar-se em um banco e sentando-se a seu lado.
Aos poucos, Jacira foi se acalmando. Ele tirou um lenço do bolso e ofereceu-o a ela que, envergonhada, apanhou-o e enxugou os olhos.
Depois, ainda estremecendo de vez em quando, Jacira disse:
— Desculpe, não consegui me controlar.

— Há momentos na vida em que não conseguimos nos segurar.

— O senhor foi muito gentil, estou envergonhada. Não costumo perder o controle desse jeito.

— Sente-se melhor?

Ele era um homem bonito, de classe. Muito diferente dos homens que residiam naquele bairro.

— Já passou. Obrigada.

Ela fez menção de levantar-se, porém ele colocou a mão sobre seu braço dizendo:

— Descanse. Espere um pouco mais.

— Eu preciso ir. Minha mãe fica preocupada quando demoro para chegar.

— Você se machucou ao descer do ônibus? Por essa razão estava chorando?

— Não. Eu estava chorando de raiva. O senhor tem boa aparência, é elegante, não deve saber como é vida de pobre.

— Vida de pobre pode ser muito boa.

Jacira enrubesceu ao responder:

— Está se vendo que não sabe nada sobre isso. Deve ter tido sorte na vida. Dá para perceber que é uma pessoa fina, que nunca soube o que é ser pobre.

— A revolta não vai ajudá-la a melhorar sua vida.

— É fácil falar. Você não diria o mesmo se estivesse em meu lugar.

— Você não me conhece.

— Não, mas dá para notar que é um privilegiado. Uma pessoa que teve mais sorte do que eu. É isso que me enraivece. Por que alguns têm tudo enquanto outros não tem nada? Por que alguns são bonitos, ricos, enquanto outros são condenados à miséria e ao sofrimento? Estou cansada. Odeio minha vida, minha pobreza. Por que tudo me tem sido negado? Por que tenho de trabalhar naquele lugar horrível, obedecer a pessoas desagradáveis e no fim do mês não ter dinheiro para comprar nada?

Ela fez uma pausa, enquanto ele a olhava pensativo, e continuou:

— Pode imaginar como é minha vida? Sem dinheiro, sem amor, odiando cada dia e tendo de continuar assim?

— Nunca pensou em jogar tudo para o alto e escolher outro caminho onde pudesse fazer o que gosta?
Ela olhou-o incrédula:
— É isso mesmo o que eu gostaria de fazer. Mas é impossível.
— Por quê?
— Porque com meu minguado salário, além de mim sustento meus pais. Se eu deixar o emprego do que iremos viver? Às vezes sinto raiva dos meus dois irmãos. Eles saíram de casa e nunca mais voltaram. Deixaram tudo para mim.
— Como é seu nome?
— Jacira.
— Eu me chamo Ernesto Vilares. Gostaria de conversar um pouco mais com você.
Ela olhou-o desconfiada, porém a fisionomia dele estava calma.
— Para quê?
— Desde que começamos a conversar, você só se queixou. Acha que isso vai resolver seus problemas?
— O que acha que posso fazer se tudo dá errado?
— Poderia tentar fazer alguma coisa melhor.
Jacira meneou a cabeça negativamente:
— Acha que gosto de me queixar? Que faço isso por esporte? Ainda não entendeu que sou uma pessoa sem sorte para quem tudo dá errado?
— Isso não é verdade. Você é quem procura o lado pior de todas as coisas e assim acaba tendo o pior. É bom saber que as palavras têm força. Você está mergulhada na queixa e não percebe as oportunidades boas que a vida lhe dá.
— Eu nunca tive uma boa oportunidade. Só me acontecem coisas ruins. Sem dinheiro, sem amor, só faço obedecer. Em casa aos meus pais, no trabalho aos meus chefes.
— E quando é que você faz alguma coisa que lhe traz alegria?
— Acha que eu posso? Gosto de ouvir música, mas meu pai não me deixa ligar o rádio porque diz que o barulho lhe faz mal aos nervos.
— Não sai para passear com amigos?

— Não tenho amigos. A última amiga que arranjei, isso há mais de dez anos, meu pai implicou e infernizou a vida de minha mãe dizendo que, se saíssemos juntas, ela iria acabar me perdendo. Ele não gosta que eu saia de casa para passear. Então, essa amiga percebeu e nunca mais apareceu. Aí me conformei e nunca mais arranjei outra.

Ele olhava-a penalizado, quando, por fim, disse:

— Não sei como você aguenta essa situação. Agora entendo a crise que teve há pouco. Se continuar assim, vai chegar um momento em que não conseguirá trabalhar, nem fazer mais nada. Você precisa reagir.

— Sinto que não estou mais aguentando mesmo. Mas reagir como? Não vejo saída. Já pensei até em acabar de uma vez com esta vida.

— Pois eu lhe digo que há saída e você poderá encontrá-la quando quiser.

— Sei que quer me consolar, mas não creio que consiga.

— Quer saber? Você, durante toda a sua vida, só pensou nos outros. Em obedecer aos pais, em trabalhar para ajudar a família, mas para fazer isso esqueceu-se de si mesma. Deixou de lado sua alegria, seu bem-estar. Permitiu que os outros mandassem em sua vida. Quantos anos tem?

— Trinta e oito.

— Você não é mais uma criança, é uma mulher, mas não se permitiu crescer, agir por si mesma. Escolher o próprio caminho. Dentro de você há uma pessoa oprimida que não suporta mais continuar limitada, presa.

— O que posso fazer?

— Esqueça por um momento quem você é e diga: se você pudesse escolher, o que gostaria de fazer agora?

Ela fechou os olhos e não respondeu logo. Seu rosto foi se transformando aos poucos, ficando distendido, e um fundo suspiro saiu do seu peito.

— Ah! Eu gostaria de ir a um baile de formatura. Vestir um vestido longo, estar num salão cheio de flores, à meia-luz, dançando com um homem alto, bonito. Sempre sonhei em me formar, mas não pude continuar estudando.

— Mas você pode. É hora de pensar mais em você.

Ela abriu os olhos e seu rosto contraiu-se novamente:

— É um sonho impossível.

— É um projeto que você pode realizar. Olhe, vou dar-lhe meu cartão. Eu posso ajudá-la a mudar sua vida para melhor.

— Como assim? Está me oferecendo um emprego?

— Não. Vou ensinar-lhe como realizar seus sonhos. Aqui está o endereço. Não é longe daqui.

— Mas eu chego tarde todos os dias.

— Pode ir à noite. Se quiser poderá ir amanhã mesmo. Estarei lá para explicar-lhe melhor.

Ela segurou o cartão e colocou-o no bolso. Depois, levantou-se:

— Vou ver se dá para ir.

— Sente-se melhor?

— Sim. Desculpe a cena que eu fiz.

— Está tudo bem. Não deixe de ir. Estarei a esperando. Até amanhã.

— Até amanhã.

Jacira estendeu a mão que ele apertou e se foi rumo a sua casa. Não sabia se deveria ir àquele lugar. O que ele queria com ela? Por que a tratara com tanta atenção? Ela não tinha dinheiro, não era bonita. Estava claro que ele não estava interessado nela. Um homem tão fino, com tanta classe, tão agradável!

Ela chegou em casa e encontrou a mãe de mau humor.

— Por que demorou tanto? Aconteceu alguma coisa? Seu pai já estava quase indo atrás de você.

— Não aconteceu nada. Foi a condução. O ônibus demorou.

— Deixei seu prato no forno. Coma e não se esqueça de lavar tudo. Deixei as panelas para você. Estou cansada. Não aguentava mais. Trabalhei o dia inteiro nesta casa. Depois, recolha a roupa no varal porque já deve estar quase seca. Pode chover esta noite.

Jacira olhou desanimada. Estava cansada, as pernas doíam e as costas pesavam como chumbo. Mas não retrucou. Lavou as mãos, foi à cozinha, apanhou o prato de comida no forno e colocou-o sobre a mesa.

Arroz, feijão, ovo frito e duas rodelas de tomates. Suspirou resignada. Não tinha ânimo para esquentar a comida. Havia três panelas sujas sobre o fogão e ela não queria sujar mais uma.

Sentou-se. Enquanto comia sem vontade, lembrou-se das palavras daquele homem.

"Vou ensinar-lhe como realizar seus sonhos. Eu posso ajudá-la a mudar sua vida para melhor."

"Pois sim!", pensou irônica. "Ele não sabe nada sobre a vida. Bem-vestido, cheiroso, elegante. Um homem de sorte. Com certeza nunca enfrentou os problemas que eu enfrento."

A comida estava sem gosto, e ela, depois de algumas garfadas, levantou-se, jogou o restante no lixo e procurou o avental para lavar a louça.

A mãe não havia deixado apenas as panelas, mas os pratos, talheres, algumas xícaras, o que a fazia supor que havia naquela pia toda a louça utilizada durante o dia.

Esquentou uma chaleira de água e começou a lavar os pratos. Enquanto fazia o trabalho, sentia que a dor nas costas a incomodava, mas não parou nem um minuto para descansar.

Queria terminar logo para ir se deitar. Quando terminou a louça, limpou o fogão, guardou tudo, foi ao quintal e recolheu a roupa. Depois, levou-a ao quartinho. Lá estava o cesto onde deveria colocá-la para passar. O que faria no sábado à tarde.

Sua mãe deixava toda a roupa da semana para ela passar. É que ela se queixava de dores nos braços e Jacira preferia poupá-la.

Enquanto dobrava a roupa para colocá-la no cesto, pois sua mãe exigia que fizesse isso com cuidado, Jacira tentava combater sua revolta pensando que, pelo menos, ela conseguira comprar a máquina de lavar roupas, que ainda estava pagando a módicas prestações, o que lhe poupava o trabalho de lavagem.

Quando terminou tudo, a casa estava às escuras. Seus pais já haviam se recolhido.

Ela subiu para o quarto. Ao tirar a roupa, o cartão que o homem lhe dera caiu do seu bolso. Ela apanhou-o e leu. Depois pensou: "Vou jogar isso fora. Ninguém dá nada de graça. Esse homem deve estar querendo alguma coisa. Talvez seja uma arapuca".

Assim, colocou-o sobre a mesinha de cabeceira e suspirou resignada. Lavou-se e, finalmente, deitou-se. Estava tão cansada que não conseguiu dormir de pronto.

No dia seguinte, tudo se repetiria igual ou pior do que naquele dia. Ela estava destinada a viver essa vida ruim e sem alegria. Isso não valia a pena.

Sua mãe a ensinara a rezar antes de dormir. Ela, porém, havia muito deixara de fazê-lo. Para que rezar a um Deus que se esquecera dela?

Sua vida estava traçada e não havia jeito de mudar nada. Seu destino era ficar assim, sofrendo, de mal com a vida. Dia a dia a revolta que sentia no coração aumentava.

O despertador tocou e Jacira ainda meio atordoada procurou o pino para fazê-lo parar. Depois, lutou contra a vontade de dormir mais um pouco e levantou-se, indo direto para o chuveiro.

Na noite anterior custara a dormir e, quando conseguiu, teve um sono povoado de sonhos desagradáveis. De certa forma conhecidos.

Quase sempre sonhava que estava em uma casa velha, havia alguém ruim querendo entrar e ela fechava as portas e janelas, mas de repente se dava conta de que havia uma jaula aberta e nunca conseguia fechá-la.

Acordava assustada, corpo dolorido, sentindo-se aliviada por estar em seu quarto habitual.

Depois do banho, arrumou-se e desceu para o café. Seu pai já estava na sala lendo o jornal, de pijama e chinelos.

— Bom dia, papai.

— Bom dia. Estava esperando por você. Temos que conversar.

— Estou em cima da hora. É melhor deixar para outro dia.

— Não posso. Tem de ser agora. Quando eu estava bem, não precisava de ninguém. Sempre fui um homem trabalhador, dedicado à família. É triste ter agora que depender dos outros. Você não sabe o que é isso. Sempre lhe demos tudo o que nos foi possível!

— Está bem, pai. Fale. Mas sem rodeios. Não quero me atrasar.

— Esta noite choveu e no meu quarto tem aquela goteira bem em cima da cama. Sua mãe colocou uma bacia, mas foi pior. Os pingos da água nos torturaram durante horas. Temos que consertar o telhado.

— Não sei se vai dar. Ainda estou pagando as prestações da máquina de lavar roupas.

— Eu sabia! Você preferiu comprar essa máquina em vez de consertar nosso telhado. Quis se poupar e não pensou em nós.

— Você está sendo injusto. Todo dinheiro que recebo gasto em casa. Não posso fazer mais.

Ele meneou a cabeça negativamente dizendo com voz triste:

— Eu me levanto todos os dias às seis horas, pego o jornal em busca de emprego. Inscrevi-me em uma empresa de recolocação, mas não aparece nada. Sempre fui bom empregado. Não sei por que acontece isso comigo.

— Você tem mais de cinquenta anos. Na sua idade não é fácil. O seu José da oficina mecânica lhe ofereceu um lugar de ajudante, por que não aceitou?

Ele olhou-a admirado:

— Um operário qualificado como eu ser ajudante em uma oficina mecânica, sujar as mãos de graxa, para ganhar o mísero salário que ele me ofereceu?

— Seria um bico até encontrar coisa melhor. Pelo menos poderia consertar o telhado.

— Eu trabalhava em uma montadora de carros. Uma empresa de nome.

— Mas foi demitido. Pelo menos enquanto não sai sua aposentadoria, poderia fazer alguns bicos.

— Você fala como se eu fosse vagabundo, não quisesse trabalhar. Isso não é verdade. Sou um trabalhador.

Jacira abaixou a cabeça desanimada.

— Eu sei, pai. Quanto seu João pediu para consertar o telhado?

— Trezentos reais. Mas o material é por nossa conta.
Jacira suspirou.
— Vamos ver o que posso fazer. Agora preciso ir.
Foi para a cozinha, sentou-se para tomar café. Geni apareceu em seguida dizendo:
— Você não deve falar assim com seu pai. Ele não merece.
— Eu sei, mãe.
Ela serviu-se de café e pegou um pedaço de pão que já estava velho. Cortou-o em fatias, levantou-se, pegou a frigideira, colocou-a no fogo e o esquentou.
— Estou atrasada. Você podia pelo menos ter esquentado esse pão.
Geni olhou-a tentando segurar as lágrimas:
— Você fala como se eu fosse culpada por nossa situação. Nós também comemos desse pão. A culpa é sua. Por que não se levantou mais cedo para ir à padaria?
Jacira não respondeu. Tratou de engolir o pão com margarina, alguns goles de café e saiu apressada. Queria sumir, deixar aquela casa onde tudo era desagradável e triste.
No ponto, o ônibus já estava chegando, e ela correu para subir, apesar de estar lotado e outras pessoas tentarem entrar também.
Conseguiu pendurar-se segurando firme no balaústre. Um homem que estava atrás empurrou-a para que pudesse subir mais um pouco.
Uma mulher gorda deu-lhe uma cotovelada no estômago e Jacira irritada retribuiu dando-lhe um pisão no pé.
O ônibus partiu e, apesar da situação, ela respirou aliviada. Preferia viajar desconfortável do que aguentar a reprimenda do seu patrão, um homem nervoso que não media as palavras.
O que ela mais temia era perder esse emprego. Fazia mais de cinco anos que trabalhava na oficina de costura de Noel. Ganhava por produção; por essa razão, só levantava da máquina por necessidade.
A cada parada do ônibus as pessoas queriam subir e ela era empurrada. Ela esforçava-se para não sair do lugar, porque precisaria descer antes do ponto final.
Aos poucos foi tentando ficar próxima à porta. Quando precisou descer já havia chegado até ela.

Chegou à oficina e olhou o relógio. Eram oito horas e o sinal logo soou. Imediatamente, foi para seu lugar, jogou a bolsa em uma gaveta e começou a trabalhar.

Noel aproximou-se, apanhou a peça que ela ia começar a costurar e examinou-a com olhos críticos. Era um homem baixinho, magro, louro, cujos cabelos eram finos e lisos, tinha testa larga, pele clara e fina, quase transparente, que se tornava vermelha quando se irritava.

— Tome cuidado com essas peças — disse ele. — É uma encomenda importante e quero tudo muito bem-feito.

— Sim, senhor — respondeu ela.

Ela sabia que ele queria encontrar algum erro e, como não havia, limitou-se a fazer sua exigência.

Ao meio-dia o sinal tocou e Jacira levantou-se. As costas doíam e ela estava com fome. Costumava levar marmita, mas naquele dia, por estar atrasada e não haver sobrado nada do jantar, não havia levado.

Apanhou a bolsa e foi até a padaria da esquina, comprou um sanduíche de mortadela e um suco. Depois, voltou à oficina.

As colegas conversavam alegres, mas ela não se misturava. Apesar de estarem trabalhando no mesmo lugar, a vida delas parecia muito diferente.

Falavam de namorado, do marido, dos filhos, dos passeios de fim de semana, enquanto ela não tinha nada para contar. Por tudo isso se isolava, e elas com o tempo acabaram ignorando-a.

Era como se ela não existisse. Não o faziam por mal. Respeitavam apenas seu isolamento.

Voltou para sua máquina enquanto ouvia os risos das colegas e suas brincadeiras.

"Todo mundo é feliz", pensou. "Menos eu. Isso não é justo. Eu me esforço, trabalho, cuido dos meus pais, por que a vida me castiga deste jeito? Por que não tenho sorte?"

As lágrimas vieram-lhe aos olhos e ela tentou dissimular. Abriu a bolsa, apanhou o lenço, assoou o nariz. Então se lembrou do homem bonito, cheiroso que lhe emprestara aquele lenço.

Pelo menos ele a tratara como um ser humano, entendera sua tristeza. Por que as pessoas não eram como ele?

Na véspera estava tão cansada que se esquecera de lavar o lenço para devolvê-lo. Com o lenço nas mãos notou o quanto seu tecido era macio e acetinado.

Se não tivesse esse lenço nas mãos, pensaria que aquele encontro houvera sido um sonho. Pela primeira vez em sua vida, alguém havia tido consideração por ela.

Quando chegasse em casa iria lavá-lo, passá-lo e depois iria devolvê-lo agradecendo.

O sinal tocou e ela imediatamente recomeçou a trabalhar.

Naquela noite, depois do jantar e de lavar a louça, que como sempre a esperava, apanhou o lenço e lavou-o cuidadosamente.

Geni aproximou-se:

— O que está fazendo? O cesto de roupas está cheio. Seu pai amanhã vai ver aquele amigo dele que lhe prometeu um emprego. Quer usar a camisa bege que está no cesto. Não se esqueça de passá-la.

— A senhora bem que podia ter passado a camisa. Estou cansada.

— Você sabe que o calor do ferro me faz mal. Você devia ser a primeira a querer que seu pai arranje o emprego. Mas ele não pode se apresentar mal-arrumado.

— Eu sei. Pode deixar, eu passo.

Ela estendeu o lenço, passou a camisa e mais algumas peças. Por que sua mãe era tão acomodada? Ficava em casa o dia inteiro. Por que não passava pelo menos a roupa? Por fim, acabou passando o lenço e dobrando-o com capricho.

— De quem é esse lenço tão cheiroso? — perguntou Geni.

— De uma colega da oficina — mentiu ela.

— Puxa, mesmo depois de lavado o perfume não saiu.

— Pronto, passei um pouco da roupa. Agora a senhora guarda.

Ela pegou o lenço e foi para o quarto. O lenço estava úmido quando ela passou, talvez por essa razão o perfume houvesse se espalhado.

Jacira tomou um banho e deitou-se. O lenço estava em sua mesa de cabeceira. Apanhou-o e sentiu seu perfume. Deitada, começou a imaginar como seria a vida daquele homem, tão bem-vestido e cheiroso.

Certamente residia em uma bela casa, cheia de objetos bonitos, tinha uma família alegre, bonita.

Como ele dividiria seu tempo? Certamente frequentava lugares finos, ia a cinemas, teatros.

Como seria bom se ela também tivesse uma vida assim. Começou a imaginar o que faria se tivesse muito dinheiro. Se ganhasse na loteria, por exemplo, e ficasse muito rica.

Diria adeus a Noel, compraria uma casa linda, vestiria roupas finas e trataria de gozar a vida. Mas na idade dela? Era tarde demais. Estava acabada, velha, feia.

Apesar desses pensamentos desagradáveis, gostaria que esse sonho se realizasse. Pelo menos, não teria de trabalhar e seus pais teriam conforto, não iriam mais se queixar de nada.

De repente, lembrou-se: como haveria de ganhar na loteria se nunca comprava um bilhete? No fim do mês, quando recebesse, compraria pelo menos um pedaço dele.

Depois mudou de ideia. Apostar na loteria era para os que têm sorte. Ela nunca tivera sorte na vida. Seu destino seria o de ser pobre a vida inteira.

Pensando assim, virou-se para o lado, adormeceu e sonhou. Estava sentada em uma sala rodeada por várias pessoas desconhecidas.

Uma mulher levantou-se e aproximou-se dela dizendo:

— Chegou a hora de você ser julgada. Onde estão os talentos que a vida lhe deu? O que fez com eles?

— A vida nunca me deu nada. Tudo para mim tem sido muito difícil.

— Por que você não quer ver? Temos provocado você para ver se acorda, mas tem sido inútil. Quando vai cuidar de você?

— O que deseja de mim? Tenho sido uma filha obediente, trabalhado sem parar. O que mais quer?

— Você nasceu para progredir, aprender mais, crescer. Em vez disso, acomodou-se na inércia, não fez nada por si e só reclama, como se não fosse a responsável pela situação em que vive.

Jacira irritou-se e gritou:

— Quem é você que me acusa? A vida inteira me dediquei à minha família, tenho procurado conviver bem com os outros sem pensar em mim. Não é isso que a religião manda fazer?

— Não falo de religião, falo da vida. Antes de cuidar dos outros, é preciso cuidar de si. É preciso ter para poder dar. E você se esqueceu de suas necessidades pessoais, entrou em uma rotina destrutiva que só vai levá-la à doença e ao sofrimento.

Jacira olhou em volta e notou que as pessoas a olhavam acusadoras. Teve medo:

— Por que me trouxeram aqui? Não sou uma criminosa para ser julgada. Sou uma pessoa direita, cumpridora dos meus deveres.

— Você está aqui porque não cumpriu seu dever maior: o de cuidar do próprio progresso.

— Como posso ter progresso se nasci pobre, nunca tive chance de fazer nada por mim?

— Você nunca foi pobre. Tem um corpo saudável, perfeito, que seria bonito se você cultivasse a alegria, o prazer de viver, a ousadia de fazer o que seu espírito gosta. Você é rica e sua riqueza não tem nada a ver com dinheiro. Ela está dentro de você, e você só precisa enxergá-la e deixá-la sair.

Jacira olhou-a admirada.

— Isso não é verdade. Sou feia, apagada, desagradável, as pessoas não gostam de mim.

— É assim que você se vê, mas se quisesse poderia mudar isso. Tornar-se bonita, agradável, alegre, amada.

— Não acredito nisso. Depois, estou velha, não adianta mais.

— Se deseja continuar pensando assim, é um direito seu. Estou dizendo a verdade. Você está onde se põe. É a lei da vida. Se você escolher se colocar em um lugar melhor, sua vida mudará e coisas boas começarão a acontecer. Até agora tem escolhido mal o seu caminho e o resultado é o que você tem. Mas ainda é tempo de mudar. De colocar para fora todo amor, alegria e luz que a vida lhe deu e você apagou. A escolha está em suas mãos!

Jacira acordou ainda ouvindo as últimas palavras da mulher e sentou-se na cama impressionada. A cena do sonho estava viva em sua lembrança. Parecia verdade. Levantou-se, acendeu a luz e parou diante do espelho.

Seus cabelos eram sem brilho, sua camisola de algodão não deixava as formas do seu corpo aparecerem. Prestou atenção aos olhos. Eram grandes, porém tristes, e as olheiras deixavam sua fisionomia abatida. A boca era bem-feita e os dentes claros e bem distribuídos. Sua pele, apesar de nunca a ter cuidado, era lisa e delicada.

Sentou-se na cama pensativa. Há muito não olhava para seu corpo com atenção. Não gostava da sua aparência e queria apagá-la de sua mente.

Abriu o guarda-roupa e apanhou alguns vestidos. Parecia-lhe estar vendo-os pela primeira vez. Eram feios, deselegantes, sem graça.

Quando adolescente gostava de roupas da moda, porém sua mãe não aprovava e dizia que ela não tinha gosto, não sabia escolher. Então, ela mesma escolhia o que Jacira deveria vestir.

— Uma menina não pode sair por aí vestida como uma vedete. Precisa ser discreta para arranjar um bom casamento e não ser chamada de sirigaita.

Ela obedeceu, mas de que adiantou? Ninguém nunca quis casar-se com ela. Enquanto as vizinhas, as primas casavam-se, ela ia ficando para trás.

Uma dúvida surgiu em sua mente pela primeira vez: "Será que se não tivesse dado ouvidos à sua mãe e se arrumado do jeito que queria, teria sido diferente? Teria aparecido alguém que a amasse e se casasse com ela?"

De repente, uma onda de raiva a acometeu. Estava cansada de ser a bem-comportada, a sempre disposta a fazer o que os outros queriam e engolir seus desejos íntimos.

O que ganhara deixando-se conduzir pela mãe daquela forma, sacrificando sua juventude para atender aos desejos da família sem nunca fazer as coisas como gostaria?

Pensativa, recostou-se na cama. A cena do sonho voltou-lhe à lembrança e as palavras daquela mulher reapareceram fortes.

"Você está onde se põe. É a lei da vida. Se você se colocar em um lugar melhor, sua vida mudará e coisas boas começarão a acontecer. A escolha está em suas mãos!"

Ah! Se ela pudesse realmente escolher... Começou a imaginar o que faria se essas palavras fossem verdadeiras.

Tirou a camisola grosseira e procurou vestir alguma coisa mais ajustada, porém não encontrou nada que lhe agradasse.

Procurou na gaveta da cômoda o envelope onde guardava o dinheiro para suas despesas até receber o novo salário. Restava pouco. A prestação da máquina de lavar roupas levava boa parte dele.

Apesar disso, no dia seguinte, iria procurar alguma liquidação para comprar um vestido ou uma blusa nova. Olhando desanimada para as roupas sobre a cama, sentiu vontade de rasgá-las e jogá-las no lixo.

Suspirou triste. Se fizesse isso, como iria trabalhar no dia seguinte?

Mas se ela pudesse mesmo escolher, compraria aquele vestido azul que vira na revista. Levantou-se, apanhou a revista e começou a folheá-la.

Não tinha condições de comprar nada do que havia nela. Apareceu o vestido azul e desta vez pareceu-lhe mais bonito do que antes. Com um vestido como aquele, qualquer mulher ficaria bonita. Até ela.

E os complementos? Quais combinariam com ele? Sapatos, bolsa, bijuterias...

Ah! Se aquele sonho fosse verdade... Se ela pudesse mesmo escolher! Fechou os olhos e começou a se imaginar vestindo aquele vestido, os colares, os brincos, tudo.

Uma onda de prazer a acometeu. Abriu os olhos e olhou em volta e nunca seu pequeno quarto, sua mobília, seus objetos de uso pessoal lhe pareceram tão feios.

"A escolha está em suas mãos!"

Então decidiu que no dia seguinte iria comprar alguma coisa nova só para si. Há quanto tempo não fazia isso?

Faria isso mesmo que tivesse de ficar alguns dias sem almoçar. Mas escolheria algo do seu gosto. Que lhe desse prazer.

Fazer compras era para ela uma obrigação desagradável. Quando recebia fazia a despesa do mês e sempre levava algum agrado para os pais.

Como o dinheiro era pouco e precisava durar até o fim do mês, apesar da boa vontade, nem sempre conseguia comprar alguma coisa que eles realmente gostavam.

Não se esquecia do doce de leite para a mãe nem do pacote de cigarros para o pai. Às vezes eles reclamavam da qualidade dos alimentos, o arroz era novo e empapava, o feijão era duro e não engrossava, a carne era dura, certamente o boi era velho...

Jacira estava habituada às queixas e procurava não responder. De que adiantaria? Eles sempre foram insatisfeitos. Talvez porque a vida não lhes houvesse dado a alegria que desejavam. Deitou-se e tentou dormir. Mas o sono custou a aparecer.

Na manhã seguinte, quando o despertador tocou, Jacira acordou assustada. Apesar do sono que sentia, correu para o chuveiro. Depois, ainda envolta na toalha, procurou uma roupa e não gostou de nada.

Lembrou-se do sonho. Imaginar fora fácil, porém a dura realidade de sua vida era bem outra. Resignada, apanhou qualquer um dos vestidos e vestiu. Depois foi ao espelho. Não gostou do que viu.

O que estava acontecendo com ela? Aquele vestido sem graça a deixava mais velha. Sobrava pano na cintura e ela segurou o vestido com ambas as mãos, ajustando-o.

Certamente ficaria melhor mais justo. Mas o tecido era grosseiro e não tinha caimento.

Geralmente, passava uma esponja de pó nas faces, um batom claro e penteava os cabelos rapidamente. Naquela manhã, porém, apanhou o pente e puxou os cabelos nas laterais, prendendo-os com um grampo.

Olhou-se no espelho e notou que fazendo isso seus olhos pareciam maiores. Decidida, apanhou o envelope com o dinheiro e colocou-o na bolsa.

Assim que desceu para o café, Geni olhou-a admirada:

— O que você fez com os cabelos?

— Prendi um pouco.

— Pois eu prefiro como você sempre usou.

Ela fingiu que não ouviu. Sentou-se, serviu-se de café com leite, apanhou o pão, passou margarina e começou a comer.

— Seu pai precisa de dinheiro para a condução. Ele vai ver um emprego na Penha.

— A semana passada já deixei dinheiro para ele.

— Deixou, mas acabou. Ele precisou e gastou.

— É bom ele não fazer isso porque só vou receber daqui a uma semana.

Geni suspirou e tornou com voz queixosa:

— Não sei o que eu fiz para ser castigada dessa forma. É triste envelhecer, depois de toda uma vida dedicada ao trabalho e ter de depender dos filhos.

— Estou fazendo o que eu posso.

— Às vezes penso que você se acomodou. A filha da dona Olga trabalhava como você em uma oficina de costura, mas procurou e encontrou um emprego melhor. Hoje eles estão bem. Ela compra tudo do bom e do melhor para a família.

— Ela teve mais sorte do que eu. Seria melhor que ela fosse a filha de vocês. Não eu.

Geni levantou-se irritada:

— Não se pode falar nada que você logo vem com uma resposta torta.

Jacira levantou-se, apanhou a bolsa e saiu sem dizer nada. Uma vez na sala, deixou alguns trocados para o pai e se foi.

Naquele dia, Jacira observou suas colegas de oficina e notou que algumas se vestiam com mais capricho. Eram roupas baratas, ela sabia, mas graciosas, elegantes.

Na hora do almoço, elas caprichavam na maquiagem. Notou também que quando passavam na rua atraíam a atenção dos homens.

Ah! Como ela gostaria de ser uma delas. De passar, sem olhar, fazendo pose e provocando comentários, olhares de admiração.

Ela nunca atraíra a atenção masculina. Naquele momento pareceu-lhe ouvir a voz da mãe dizendo:

"Uma mulher precisa ser discreta. Não pode sair por aí chamando a atenção dos homens para não ser confundida com uma prostituta."

Suas colegas não estavam sendo confundidas com nenhuma prostituta. Ao contrário. Estavam sendo admiradas, duas já tinham namorado firme.

Pela primeira vez percebeu que sua mãe estava errada. Ela apagara sua beleza, fazendo-a passar despercebida de tal sorte que nunca ninguém desejou namorá-la.

Uma raiva surda brotou no seu coração, contra a forma como fora educada. Perdera sua juventude e agora talvez fosse tarde demais para mudar.

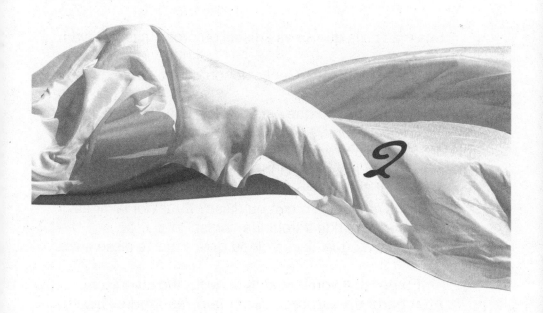

O despertador tocou, Jacira abriu os olhos e olhou o relógio. Estava na hora de levantar-se. A cama estava gostosa e ela tinha vontade de dormir mais um pouco. Mas reagiu, levantou-se e foi lavar o rosto para combater o sono.

Depois, abriu o guarda-roupa procurando o que vestir. Não gostou de nada, mas apanhou um deles e vestiu. Olhou-se no espelho e teve vontade de tirá-lo. Era deselegante, escuro e o tecido grosseiro não lhe caía bem. Depois, batia quase no tornozelo, nenhuma de suas colegas usava roupas tão compridas.

Abriu novamente o guarda-roupa tentando encontrar um vestido mais bonito, não viu nenhum. Conformou-se em ir trabalhar com aquele mesmo.

Levantou um pouco o vestido e achou que ficaria melhor mais curto. Mas não tinha tempo para encurtá-lo. Poderia também fazer algumas pensas ajustando-o na cintura. Mas como não havia tempo para isso, resignou-se e saiu assim mesmo.

Escovou os cabelos e notou que eram ondulados e brilhosos. Talvez se comprasse uma fivela para prender nas laterais ficasse melhor. Passou um pouco de pó no rosto e coloriu os lábios com batom, mas com um pedaço de papel higiênico tirou o excesso deixando quase nada.

Sua mãe dizia que só as artistas ou prostitutas pintavam o rosto.

Desceu para o café. Geni colocou o bule sobre a mesa e olhando-a disse:

— Você não acha que está pintada demais?

Jacira sentiu a raiva voltar, tentou controlar-se e não respondeu. Serviu-se de café com leite. Apanhou o pão e, mesmo notando que estava amanhecido, não reclamou. Passou margarina e molhou o pão no café com leite, comendo.

— Você não ouviu o que eu disse? É melhor lavar essa cara pintada. Não pode ir trabalhar desse jeito.

Foi a gota d'água. Jacira olhou para a mãe e disse entre dentes:

— Eu posso e vou trabalhar do jeito que eu quiser.

Apanhada de surpresa, Geni não respondeu. Jacira continuou:

— Não adianta me olhar com esse ar inocente. Estou cansada de fazer só o que vocês querem. De hoje em diante só vou fazer o que eu quiser. E eu quero me pintar, usar roupas bonitas, como as minhas colegas de trabalho.

— Não acredito no que estou ouvindo! Por que está falando assim comigo? Eu sou sua mãe e toda a minha vida tenho me sacrificado pela família.

— Eu não pedi que fizesse isso por mim. Dispenso seu sacrifício. Eu posso cuidar de mim.

Geni rompeu em soluços gritando:

— Que ingratidão! Nunca esperei isso de você.

Aristides apareceu na porta:

— O que está havendo aqui? Que barulho é esse? Não posso nem ler meu jornal sossegado.

Geni olhou o marido e respondeu chorosa:

— Só porque pedi a Jacira que tirasse a pintura do rosto, ela me respondeu mal, destratou-me. Não posso suportar isso, depois de tudo o que tenho feito por ela!

— Você fez isso mesmo para sua mãe?

— Eu vou sair do jeito que eu quero, não vou lavar o rosto.

— Sua mãe fala para o seu bem. Uma boa filha deve obedecer.

— Meu bem? O senhor acha que a vida que estou levando é um bem? Vestindo-me mal, vivendo como um burro de carga, trabalhando sem nunca fazer nada do que gosto?

— A vida é ingrata mesmo. Veja meu caso. Depois de tantos anos de trabalho, fiquei desempregado tendo de viver à custa dos filhos.

— De mim, o senhor quer dizer, porque os outros dois foram mais espertos e saíram de casa.

— Está vendo, Tide? Nunca esperei que nossa filha fizesse isso!

— É... De fato... O que deu em você?

— Eu me cansei, pai. Cansei-me, ouviu? De hoje em diante só vou fazer da minha vida o que eu quiser. Não quero conselhos de ninguém, muito menos de vocês dois.

Olhando-o com raiva, Jacira apanhou a bolsa e saiu. Os dois ficaram se olhando assustados.

— O que será que deu nela? — perguntou Aristides.

— Acho que é falta de casamento. Pelo menos se tivéssemos arranjado um marido para ela, hoje ele ajudaria a sustentar a casa.

— Pois eu acho que se ela tivesse marido, há muito teria nos abandonado. Foi melhor termos evitado que se casasse. Depois, quem se interessaria por ela? Jacira é sem graça.

— Mas nunca pôs as manguinhas de fora como hoje. Estou assustada.

— Bobagem. Isso passa. Logo estará de volta, arrependida como sempre. Jacira sempre foi uma filha obediente.

— Você acha mesmo?

— Claro. Ela precisa de nós. É sozinha, não tem amigos nem nada. Isso vai passar.

Jacira saiu de casa sentindo as pernas trêmulas e a raiva tumultuando seus pensamentos.

Quantos anos de sua vida perdera ouvindo os conselhos errados de seus pais? A vida toda, sempre que ela desejava arrumar-se melhor, ter um pouco de vaidade pessoal, eles a continham, alegando que nela não ficava bem, que ela não era bonita, que sendo pobre deveria conformar-se em ter uma vida dura, difícil e não esperar nada melhor.

Por que acreditara neles? Por que deixara passar sua juventude se apagando sem nunca ter tido prazer nem amor?

O que deveria fazer de sua vida agora? Deveria conformar-se e continuar como sempre fora?

Talvez fosse tarde para tentar mudar. Sentia-se velha e ao mesmo tempo inexperiente. Mas dentro dela brotava uma energia que nunca havia sentido, um desejo de viver, de experimentar o gosto das coisas das quais sempre se privara.

Mas como fazer isso? Como sair da mediocridade em que estava mergulhada e buscar coisas novas?

Chegou à oficina, iniciou seu trabalho, mas mil pensamentos tumultuavam sua cabeça. De uma coisa estava certa: como estava não poderia ficar.

Quando o sinal tocou para o almoço, suas companheiras saíram, porém ela ficou. Estava sem fome. Postou-se diante do espelho e começou a pensar em modificar seu vestido. Decidiu não só ajustá-lo como encurtá-lo. Tirou-o, vestiu o jaleco e começou a reformá-lo.

Pouco antes de suas colegas voltarem do almoço, ela já havia terminado. Vestiu-o novamente e voltou ao espelho.

Gostou do resultado. Parecia mais alta e mais magra. Sua cintura era fina e ela pensou em comprar um cinto. Olhou o relógio e viu que tinha apenas dez minutos, não daria tempo.

Sentiu fome, apanhou a carteira e foi à padaria da esquina comprar um pão com manteiga. Algumas colegas suas estavam na porta da oficina e outras estavam chegando.

Jacira notou que algumas a olharam admiradas e seu coração bateu mais forte. Ao entrar na padaria, um homem que tomava café no balcão começou a olhá-la fixamente.

Ela sentiu as pernas bambas. Era a primeira vez que um homem a olhava daquela forma. Apesar de assustada, sentiu uma sensação agradável. Fingiu que não viu. Comprou o pão e saiu tentando dissimular a emoção.

Entrou na oficina, sentou-se em um canto discreto e começou a comer o pão. Margarida aproximou-se:

— Você vai comer só isso?

Jacira olhou-a surpreendida. Suas colegas nunca a procuravam para conversar.

— Vou. Estou sem fome.

— Quer um pouco de guaraná?

Antes que Jacira respondesse, ela apanhou um copo, despejou o guaraná e o entregou a ela que, embora acanhada, segurou-o dizendo:

— Obrigada.

Margarida sorriu contente. Era uma mulher de cerca de trinta anos, baixa estatura, olhos escuros, rosto quadrado, cabelos lisos e negros. Fazia mais de um ano que ela trabalhava na oficina, era de pouca conversa, geralmente andava sozinha.

O relacionamento de Jacira com ela nunca fora além do cumprimento formal. Margarida sentou-se ao lado dela e olhando-a disse:

— Ainda bem que você resolveu dar um jeito nesse seu vestido. Muitas vezes tive vontade de fazer isso. Antes de trabalhar aqui eu tinha uma casa de moda. Infelizmente, perdi tudo e não me restou alternativa, senão aceitar este emprego.

— Eu não sou modista, mas estou cansada de minhas roupas.

— Você tem um corpo bonito, bem-feito cintura fina. Se eu tivesse um corpo como o seu, andaria sempre com roupa bem justa.

— Eu também não gosto dos meus vestidos, mas minha mãe não gosta que eu use vestido justo.

Margarida olhou-a admirada:

— Você andava assim para não contrariar sua mãe?

— É. Ela é doente, meus dois irmãos foram embora, fiquei só eu. Meu pai está desempregado e anda muito nervoso. Eu cuido deles.

— Hum! Sei. Eu tenho um filho de seis anos para sustentar.

— E o seu marido?

— Não sou casada. Tive um caso e quando ele soube que eu estava grávida, foi embora. Mas não liguei, não. Sou suficiente para cuidar do meu filho.

— E sua mãe? Não brigou com você?

— Ela e meu pai queriam que eu fizesse um aborto, mas eu não quis e assumi o filho, e então mandaram-me embora de casa. Não me arrependo. O Marinho iluminou minha vida.

Jacira notou o brilho dos olhos dela ao dizer isso e sentiu uma ponta de inveja. Suspirou pensativa. Margarida perguntou:

— E você, é casada?
— Eu? Não.
Nos olhos dela apareceu o brilho de uma lágrima. Teve vergonha de confessar que nunca havia tido sequer um namorado.

O sinal soou, Jacira tomou o restante do guaraná e entraram.

Durante todo o expediente Jacira só pensou nos acontecimentos do dia. Alguma coisa havia mudado. Podia sentir. O homem na padaria e a aproximação de Margarida sinalizavam que ela estava diferente.

Na hora da saída, Margarida aproximou-se novamente:
— Você não leva a mal se eu lhe disser uma coisa?
— Não. Pode falar, o que é?
— Já que mudou o vestido, por que não faz um bom corte nos cabelos?
— Eu gosto deles compridos.
— Para seu formato de rosto, se eles fossem mais curtos, você tiraria uns dez anos de cima.
— Você acha?
— Acho. Quando eu trabalhava com moda, sabia bem o que combinava com quê. Pode acreditar, sei o que estou dizendo.
— É, pode ser. Mas agora não tenho dinheiro para isso. Quando receber estou pensando em comprar um vestido.
— Eu tenho um amigo que tem um salão e corta cabelo de muitas madames. É um profissional. Se quiser eu posso ir com você e ele vai cobrar bem barato.
— Está bem. Quando eu decidir, falo com você.

Elas foram caminhando até o ponto de ônibus, mas cada uma ia para um lugar diferente, por essa razão se separaram.

Depois das dificuldades de sempre, Jacira chegou em casa. Assim que entrou, ouviu uma exclamação assustada:
— Jacira! O que você fez?
— Nada, mãe!
— O que aconteceu com seu vestido? Encolheu?

Jacira sentiu uma onda de rancor. Naquele instante todo seu sentimento de revolta aflorou com violência e ela não conseguiu se dominar.

Encarou Geni com raiva e respondeu com voz alterada:
— Não, mãe. Eu o apertei.

— Que horror. Está parecendo uma prostituta.

— Você acha? Pois de agora em diante vai ser assim. Estou cansada de andar vestida como uma velha. Quero andar na moda, viver como todas as moças.

— Pois você já é uma velha. Só faltava agora ser uma solteirona sirigaita. Vá já tirar esse vestido.

— Não vou.

— Não ouse me contrariar. Sabe que não posso passar nervoso. Sou uma pessoa doente. Quer me matar?

Aristides apareceu na sala dizendo irritado:

— Será que não se pode ler o jornal sossegado? Que barulho é esse?

— É sua filha que está acabando comigo.

— O que você fez, Jacira?

— Nada demais. Acontece que cansei de andar vestida como uma velha. Decidi mudar minha maneira de ser. Vou andar na moda.

— Veja. Ela acha que andar na moda é usar esse vestido apertado, curto, como essas mocinhas de agora, de cara pintada, que são faladas. Depois de velha quer nos envergonhar.

Aristides mediu Jacira de alto a baixo e não achou nada de diferente. Geralmente ele não olhava muito para a filha. Mas não querendo contrariar Geni, tentou contemporizar:

— Sua mãe fala para o seu bem. Melhor obedecer.

— Desta vez não vou obedecer. Todas as colegas da oficina usam roupas assim e eu vou continuar usando. Vou reformar todos os meus vestidos.

— Está vendo, Tide? Ela quer acabar comigo! Ai, estou me sentindo mal. Acho que vou desmaiar.

Aristides correu para ampará-la, certo de que Jacira iria ajudá-lo, mas ela deu de ombros dizendo: — É melhor se acostumar. Vou tomar um banho.

E subiu para o quarto.

Geni chorou um pouco nos braços do marido para não dar o braço a torcer.

— O que aconteceu com ela? Sempre foi uma boa filha. São as más companhias, com certeza.

Aristides odiava as queixas da mulher e respondeu:

— Cuidado com o que você fala. Jacira nem amigas tem.

— Devem ser as colegas da oficina que enchem a cabeça dela.

— Esqueça isso. Não fale nem de brincadeira. Ela está revoltada. Já pensou se resolve deixar o emprego? Do que vamos viver?

— Você é um velho imprestável. Não consegue nem arranjar trabalho.

— Não brigue comigo. Não tenho culpa das bobagens de Jacira.

— Bobagens? Chama isso de bobagens? Quero ver quando nossa filha ficar falada se você não vai me dar razão.

— É melhor se acalmar. Ela vai refletir e voltar atrás. Você vai ver. Agora quero ler meu jornal.

Ele foi para o quarto, fechou a porta e mergulhou prazerosamente na leitura.

Jacira tomou um banho, vestiu o roupão e abriu o guarda-roupa para procurar o próximo vestido que iria reformar.

Quanto mais olhava suas roupas, menos gostava delas. Parecia que as estava vendo pela primeira vez. Eram horríveis.

Depois de muito procurar, sentou-se na cama desanimada. Se tivesse dinheiro, jogaria todos no lixo e compraria tudo novo. Mas isso era impossível. Tinha de conformar-se em ir tentando melhorá-los como podia.

Até seu emprego na oficina, que sempre considerara uma sorte ter conseguido, naquele momento pareceu-lhe péssimo, uma vez que trabalhava muito e no fim do mês não ganhava o suficiente nem para comprar algum vestido.

Também, as despesas da casa estavam cada dia mais altas. Era só ela a trabalhar e todos a consumir. A cada dia estava mais difícil para seu pai arranjar emprego. E se ele nunca mais conseguisse trabalhar? Ela teria de sacrificar-se pelo resto da vida.

Não era justo. Ela devia ter ido embora de casa como os irmãos fizeram. Eles foram espertos.

Mas ao mesmo tempo sentia remorsos por estar pensando assim. Precisava arranjar um emprego melhor. Mas onde? Não tinha uma profissão que lhe permitisse ganhar mais.

Naquele momento arrependeu-se de não ter continuado estudando. Assim que terminara o ensino fundamental I, começara a trabalhar para ajudar em casa. No fim do mês dava todo o salário para a mãe, que lhe comprava as roupas e pagava a condução.

Nunca mais pensou em estudar. Quando seu pai perdeu o emprego começaram as dificuldades.

Se ao menos ela houvesse encontrado um marido que a ajudasse a manter a família, não se importaria de ganhar pouco. Pelo menos teria um amor, filhos, que compensariam todos os sacrifícios.

Mas triste, sem amor, só trabalhando, envelhecendo sozinha, não dava para aguentar. Estava no limite de sua resistência.

Quando assistia a um filme de amor, sentia arder dentro dela o desejo de experimentar essa emoção. Mas ninguém sequer a olhava.

Lembrou-se novamente do olhar do homem da padaria. Ele era alto, forte, não se lembrava bem do rosto dele. Tivera vergonha de encará-lo, só conseguia recordar o brilho dos olhos dele e o prazer de ser vista pela primeira vez como mulher.

Ela precisava fazer alguma coisa. Se continuasse como estava iria ficar cada vez mais velha, mais feia e mais pobre. A esse pensamento resolveu reagir. Levantou-se e foi ao guarda-roupa, escolheu o vestido que lhe pareceu menos feio e, quando o colocou sobre a cama, lembrou-se de que fora com aquele vestido que conhecera aquele homem perfumado, bem-vestido, que a amparara ao descer do ônibus. Ele lhe oferecera ajuda. Teria condições de fazer alguma coisa?

Procurou o cartão na gaveta, encontrou-o e leu: Ernesto Vilares. Ficou pensativa.

"Devia ir vê-lo? E se fosse uma pessoa mal-intencionada? Ele mostrara-se respeitoso, educado. Não lhe parecera um homem perigoso. Depois, o que ela tinha a perder? Pior do que estava sua vida não poderia ficar. Iria até lá no dia seguinte a pretexto de lhe devolver o lenço e, assim, poderia conhecê-lo melhor."

Ele era um homem fino, elegante, e ela gostaria de apresentar-se melhor. Olhou o vestido que colocara sobre a cama. Era escuro e sem graça. Mas os outros eram piores, conformou-se então em tentar reformar aquele mesmo.

Deitou-se, mas custou a adormecer. Mil pensamentos tumultuavam sua cabeça. Ora pensava em ir embora de casa, ora sentia que se abandonasse os pais eles não teriam como se sustentar.

Ela teria de ficar. Mas uma coisa era certa, não se submeteria a eles como antes. Estava determinada a decidir o que fazer de sua vida dali para a frente.

Procurou encontrar um jeito de melhorar sua vida e, embora sabendo que seria difícil, decidiu não desistir. Do jeito que estava não podia continuar. Pensando nisso, finalmente conseguiu adormecer.

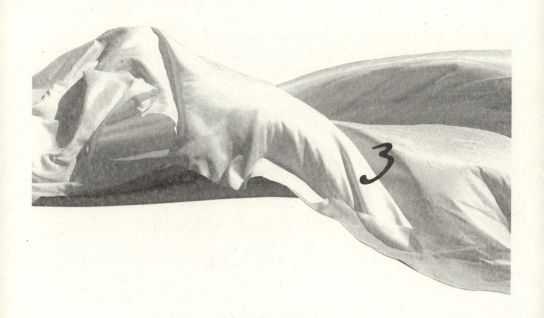

Na manhã seguinte, quando chegou à oficina de costura, Margarida a esperava com um sorriso:

— Vamos entrar, tenho uma coisa para você.

Jacira, curiosa, acompanhou-a até o toalete.

— Veja este vestido. É do tempo que eu trabalhava com moda. Foi o único que restou. Infelizmente, não serve para mim, mas estou certa de que serve como uma luva em você. O que acha?

Ela segurou o vestido que tirara da sacola e os olhos de Jacira brilharam. Era de seda azul-escuro, muito bonito, e ela adorou.

— É lindo! Nunca tive um vestido de seda! Mas deve ser caro. Não tenho como comprá-lo.

— Eu não estou vendendo. É um presente. Guardei-o como recordação e esperava poder voltar a trabalhar no meu ramo.

— Mas não posso aceitar! Você pode vendê-lo e conseguir um bom dinheiro por ele!

— Ele não me custou nada. Ganhei o tecido e eu mesma fiz. É um presente. Experimente. Vamos ver como fica em você.

As mãos de Jacira tremiam quando segurou o vestido, colocando-o na frente do seu corpo.

— Vamos, experimente. Logo vai tocar o sinal e teremos de entrar!

Margarida ajudou-a a despir-se e a colocar o vestido. Ajeitou o fecho, os ombros, depois disse triunfante:

— Eu não disse? Ficou lindo! Meu olho ainda é bom. Sei quando uma roupa vai cair bem.

— Gostaria de ver como ficou, mas o espelho aqui é tão pequeno!

— Não vai precisar fazer nada. Está perfeito. Pode levá-lo. É seu.

Os olhos de Jacira encheram-se de lágrimas. Então ela abraçou a amiga dizendo:

— Obrigada! Nunca esquecerei o que está fazendo por mim.

— Eu adoro ver uma pessoa elegante, bem-vestida.

— Você é uma modista de classe. Por que continua trabalhando nesta oficina? Poderia costurar para fora.

— Eu gostaria. Mas não tenho uma cabeça boa para fazer contas. Acho que foi por essa razão que tudo deu errado.

— Pois eu sou boa nas contas. Se não fosse, não poderia sustentar meus pais com o que ganho aqui.

A campainha soou e Margarida ajudou-a a tirar o vestido e a colocar o outro. Depois, ambas se apressaram a ir para o salão de trabalho.

Durante o dia inteiro, Jacira trabalhou pensando no vestido que ganhara. Não via a hora de ir para casa, vesti-lo novamente e olhá-lo no espelho para ver como ficara.

O dia custou a passar e ela até se esqueceu de reformar o vestido que vestia conforme havia planejado. Quando deu o sinal, apressou-se a sair, segurando a sacola com o vestido como se fosse um tesouro.

Margarida aproximou-se dizendo:

— Vou sair com você. O porteiro pode estranhar você levar o vestido que eu trouxe.

— Ele deve saber que você entrou com essa sacola.

— Eu lhe mostrei, mas na saída é bom que ele saiba que eu lhe dei.

Ao passar na portaria, Jacira abriu a bolsa e a sacola, como de praxe, e ambas puderam sair. Na rua, ela agradeceu mais uma vez a amiga e dirigiu-se à fila do ônibus, como de costume.

A espera pareceu-lhe mais longa do que de costume. Finalmente, conseguiu entrar no ônibus e pegar um lugar no último banco. Algumas pessoas preferiam ficar em pé na frente do que se sentar atrás, porque ficava mais difícil na hora de descer.

Quando ela chegou em casa, já havia anoitecido. Nem se importou com as recomendações da mãe que, como sempre, havia deixado a cozinha para arrumar. Foi direto para o quarto, vestiu o vestido e abriu a porta do guarda-roupa, onde havia um espelho grande e olhou.

O vestido lhe assentara como uma luva. O modelo afinara sua cintura, o decote em V ressaltara seu busto e ela reconheceu que tinha um corpo bem-feito.

Emocionada, passava as mãos pelo vestido sentindo a delicadeza da seda, virando-se de um lado a outro com os olhos no espelho. Seu corpo parecia de outra pessoa, contudo, não gostou dos seus cabelos. Seu penteado não combinava nada com aqueles trajes.

Desanimada, sentou-se na cama pensando: "De que adianta ganhar este vestido tão lindo se eu não tenho classe suficiente para usá-lo? Depois, aonde irei com um vestido desses? Certamente não o usaria para trabalhar". E ela nunca saía para passear.

Tirou o vestido, pendurou-o no cabide, guardou-o no armário. Por que para ela as coisas não davam certo? Ganhara um vestido lindo, mas não tinha aonde ir, nem sapatos e bolsa que combinassem. Suspirou triste.

Geni bateu na porta dizendo:

— Jacira, o que está fazendo fechada no quarto? Seu pai quer falar com você.

— Já vou.

Em seguida, ela colocou um vestido, desceu e foi até a sala onde Aristides folheava o jornal.

— Quer falar comigo, pai?

— Sim. Eu preciso de dinheiro. O João me disse que em Jundiaí, na fábrica de tecidos, estão precisando de gente. Quero tomar um trem e ir até lá.

— Pai, é muito longe. Não dá para trabalhar todos os dias a essa distância.

— Eu preciso de emprego. Você e sua mãe vivem dizendo que não arranjo trabalho porque me acostumei a fazer nada. Eu quero trabalhar. Posso ir para lá, sim.

— Será caro e cansativo.

— Eu posso me mudar para lá.

— Isso não é possível. Eu trabalho aqui. Se nos mudarmos perderei meu emprego.

— Vocês ficam, eu posso morar lá sozinho.

— Já pensou que teria que pagar pensão ou aluguel e no fim do mês não teria nem dinheiro para pagar as contas? É melhor desistir dessa ideia.

— Está vendo, Geni? Eu quero trabalhar, mas vocês me atrapalham.

— Jacira tem razão. Você não ganharia nem para as despesas. Depois, como sabe se eles o aceitariam? Você já passou dos cinquenta.

— Vocês querem me desanimar.

— Nada disso, pai, em tudo é preciso ter bom-senso.

— Quer dizer que você não vai me dar o dinheiro?

— Não vou. Vamos procurar um emprego aqui mesmo.

— Se ao menos eu tivesse dinheiro para me inscrever em uma agência...

— No ano passado você se inscreveu, pagou a taxa apenas para descobrir que já passou da idade em que as fábricas aceitam os operários.

— Do jeito que você fala não vou arranjar emprego nunca.

— Se você fosse mais modesto e pegasse o que aparece, estaria trabalhando. Mas não quer rebaixar o seu nível salarial na carteira.

— Isso eu não faço mesmo. Sou um operário especializado. Trabalhei mais de vinte anos. Não posso agora aceitar qualquer coisa para não morrer de fome.

Jacira suspirou desanimada e respondeu:

— Está bem, pai. Faça como quiser.

— Não adianta falar com ele — comentou Geni irritada —, é teimoso feito uma mula. Bem que ele poderia ter aceitado o lugar de vigia na oficina do Valdemar.

Jacira afastou-se para não ouvir aquela discussão de sempre. Foi à cozinha e, mesmo sem fome, apanhou o prato feito que estava no forno, olhou-o e colocou-o novamente no mesmo lugar.

Estava cansada. Resignada, apressou-se a arrumar a cozinha, queria ir para o quarto dormir.

Quando terminou tudo e estava subindo as escadas para o quarto, Geni gritou da sala:

— Não se esqueça de acordar mais cedo amanhã para buscar pão. Não temos nem pão velho para o café.

Sem responder, Jacira entrou no quarto e fechou a porta. Estendeu-se na cama vestida, sentindo pena de si mesma e da vida sem graça que levava.

Ela sentia que estava no limite de suas forças e precisava esforçar-se para não reagir e gritar toda sua raiva. Por que ela precisava pensar em tudo dentro de casa? Por que o pai, que ficava o dia inteiro sem fazer nada, não podia levantar cedo e ir buscar pão? Por que sua mãe, que não tinha nenhuma doença, não lavava a louça do jantar e deixava tudo para ela?

Revoltada, Jacira revirou-se na cama e desejou sumir, ir para longe, como fizeram os irmãos. Apesar desse desejo acariciado havia tanto tempo, no fundo ela sabia que nunca teria coragem de abandonar os pais. O que seria deles se ela fosse embora? Morreriam de fome, com certeza.

Não. Ela não tinha saída. Teria de continuar suportando essa desgraça e encontrando forças para não perder a cabeça.

Lágrimas desceram pelo seu rosto e ela sequer as enxugou. Deixou-as correr livremente como a se lavar de todas aquelas coisas ruins das quais não conseguia livrar-se.

Até que, cansada, virou de lado e adormeceu. No dia seguinte, acordou cedo e sentiu o estômago vazio. Lembrou-se de que não havia comido nada desde o almoço, no dia anterior.

Levantou-se admirada por perceber que havia dormido vestida, sem escovar os dentes. Sentiu um gosto amargo na boca, foi imediatamente escovar os dentes e tomar um banho.

Vestiu o vestido que havia apertado e ensaiou mudar o penteado. Mas não gostou e acabou deixando os cabelos como sempre. Eram seis horas e ela tinha tempo para ir comprar pão, conforme Geni queria.

Apanhou a carteira, foi à cozinha, colocou água no fogo para ferver e saiu. Ao chegar à padaria, havia uma pequena fila para comprar pão.

O cheiro gostoso de café e do pão quente a fez sentir mais fome. No balcão havia muitas guloseimas apetitosas, mas Jacira desviou o olhar. Não queria gastar, preferia economizar para melhorar seu guarda-roupa.

Enquanto esperava na fila, notou que um rapaz magro, alto, olhava-a admirado. Jacira passou a mão pelo rosto. Teria passado muito pó de arroz?

Comprou pão e foi saindo. O rapaz estava na porta e, quando ela passou, abordou-a:

— Como vai, Jacira?

Ela respondeu:

— Bem — e foi saindo. Ele continuou:

— Não se lembra de mim?

Ela fixou-o e reconheceu:

— Você não é o Arlindo?

— Isso mesmo. Pensei que não houvesse me reconhecido. Você está diferente... para melhor.

Jacira não entendeu:

— Como assim?

— Mais elegante, mais bonita... O que você fez?

Então ela notou que ele a olhava com certo interesse. Seu coração disparou, suas pernas bambearam. Controlou-se, porém, e respondeu:

— Nada. Sou a mesma de sempre.

— Não é não.

— Eu tenho que ir.

Ela andou, mas ele a acompanhou:

— Vou para o mesmo lado que você.

— Estou com pressa, tenho que ir trabalhar.

Ela apressou o passo e ele continuou caminhando ao seu lado. Ao chegar em casa, ela viu Geni na janela, olhando-a admirada.

— Você vai todos os dias comprar pão a esta hora?

— Não. Vou entrar. Até outro dia.

Apressada, Jacira abriu a porta e entrou. Geni a esperava irritada:

— Não se envergonha de sair com um vestido tão curto e apertado? Está fazendo isso para chamar atenção dos homens?

Jacira enrubesceu de raiva, mas procurou não responder. Sua mãe havia coado o café; ela sentou-se, apanhou um pão, passou margarina, serviu-se de café, adoçou e começou a comer.

— Você não ouviu o que eu disse? Antes de sair vá trocar o vestido.

Jacira fulminou a mãe com o olhar e respondeu:

— Não vou trocar. Se quer saber, de hoje em diante vou me vestir assim todos os dias. É bom se acostumar.

— Isso não pode ser verdade. Você está querendo chamar a atenção dos homens.

— Eu não quero nada disso. Todas as moças que eu conheço vestem-se assim e eu não sou diferente. Nunca mais vou usar aqueles vestidos sem graça, largos e escuros.

Aristides entrou na cozinha e Geni gritou:

— Está vendo, Tide, como essa menina está nos afrontando? Quer sair com esse vestido apertado, curto, chamando a atenção dos homens. Ela vinha da padaria acompanhada... pudera, vestindo-se desse jeito!

— Era o Arlindo, filho da dona Elvira, sua amiga. Não estava me acompanhando, ia para o mesmo lado que eu, cumprimentou-me e acompanhou-me.

— Antes isso não acontecia...

Aristides, que odiava discussões pela manhã, tentou contemporizar:

— Geni, ela já explicou, era o Arlindo. E você, Jacira, precisa ter paciência com sua mãe. Ela fala para seu bem.

Jacira ignorou tanto um quanto outro, levantou-se e foi para o quarto apanhar a bolsa. De passagem, olhou-se no espelho e lembrou:

"Você está diferente... para melhor. Mais elegante, mais bonita..."

Sorriu. Era a primeira vez que um homem a elogiava. Embora fosse o Arlindo, que não tinha nada de bonito, era um homem e a admirara como mulher.

Satisfeita, apanhou a bolsa e saiu. Passou rapidamente pela sala e ganhou a rua.

Uma vez dentro do ônibus, foi pensando que, quando recebesse o salário, separaria algum dinheiro para comprar pano e fazer um vestido e talvez pudesse também ver um par de sapatos. Ela mesma costuraria, pediria para Margarida cortar e ela faria o resto.

Quando chegou à oficina ainda era cedo e assim que encontrou Margarida, depois dos cumprimentos, disse:

— Estou pensando em comprar um tecido para fazer um vestido. Você me ajudaria? Eu sei costurar, mas tenho medo de cortar.

— Claro. Em minha casa ainda tenho alguns cortes de tecido. Se você gostar posso vender bem barato e ainda ajudar você a fazer.

— Será ótimo.

— Vá no domingo à minha casa e vou lhe mostrar o que tenho. Se gostar, tiro as suas medidas e já começamos a trabalhar.

— Onde você mora?

— Na Penha. Não é difícil de ir. Mas é preciso ir cedo para dar tempo de fazer tudo.

— A que horas?

— Lá pelas nove da manhã. Você almoça comigo.

— Não quero dar trabalho.

— Não é trabalho. É bom ter uma amiga para conversar.

— Eu posso levar alguma coisa.

— Não é preciso. Comida simples, mas não falta nada.

— Obrigada pelo convite. Serei pontual.

O sinal tocou e imediatamente elas entraram para trabalhar. Jacira estava contente. Finalmente tinha uma amiga que se interessava pelo seu bem-estar.

No horário do almoço, ficaram juntas conversando com prazer.

— Se eu soubesse fazer o que você sabe, não estaria trabalhando nessa oficina. Estaria costurando para fora.

— Eu tentei, mas não tive sorte.

— Não entendo por quê. Há muitas mulheres que procuram uma boa costureira. Pelo que vi, você conhece bem a profissão.

— Disso não tenho medo. Sou boa mesmo. Mas eu não sei controlar o dinheiro. Sempre gasto mais do que posso e compro mais do que preciso.

— Se eu fizesse isso, eu e meus pais passaríamos fome. Você não sabe como controlo cada centavo que ganho. Se eu fosse dar todo dinheiro que meu pai quer, ou comprar tudo que minha mãe pede, ficaria sem nada para comprar comida.

— Eu a admiro. Não sei como consegue fazer isso. Quando meu filho pede alguma coisa, eu compro mesmo que fique devendo. Não sei dizer não.

Pouco tempo depois, o sinal tocou e elas recomeçaram a trabalhar.

No domingo, Jacira se levantou cedo, comprou pão, fez café e o estava tomando quando Geni apareceu na cozinha:

— Hoje é domingo. Você não vai trabalhar, por que se levantou tão cedo?

— Preciso sair.

— Sair? Para onde? Esqueceu que o cesto de roupas está cheio para passar e durante a semana você diz que está cansada, que não tem tempo?

— Hoje não farei nada.

— Posso saber aonde você vai?

— Passar o dia na casa de uma amiga.

— Amiga? Você nunca teve nenhuma amiga.

— Agora tenho. Ela me convidou para passar o dia em sua casa. Preciso estar lá antes das nove.

Geni meneou a cabeça negativamente e respondeu:

— Por que tão cedo?

— Porque temos muitas coisas para fazer.

— Hum! Já sei. Ela está querendo explorar você, que é bem capaz de ir lá fazer serviço para ela em vez de cumprir suas obrigações em casa.

Jacira não respondeu. Tentou segurar a raiva. Teve vontade de gritar que era ela quem ia receber a ajuda da amiga, mas pensou melhor e achou que seria bom não dizer nada e provocar a curiosidade dela, que sempre queria saber tudo, até seus pensamentos.

Por esse motivo, fez um ar de mistério e disse:

— Não é nada disso. Nosso assunto é outro, muito melhor. Agora vou me arrumar, preciso ir.
— Não vai dizer o que vão fazer lá?
— Não.
— Vai ver que se trata de alguma coisa errada...
— Pense o que quiser. Já vou indo.
— Eu preciso que você me passe um vestido. Faz mais de uma semana que ele está no cesto e você ainda não o passou.
— Não tenho tempo. A senhora pode passá-lo e até adiantar um pouco as roupas mais urgentes.

Enquanto Geni resmungava protestando, Jacira foi ao quarto, vestiu um dos vestidos que havia ajustado, apanhou a bolsa e saiu.

Ao fechar a porta, ainda ouviu os protestos de Geni e sorriu contente por estar fazendo alguma coisa diferente do habitual e que lhe estava dando prazer.

Queria chegar logo à casa de Margarida, tomou um ônibus, que não estava cheio, sentou-se ao lado da janela e ficou olhando para a rua, observando os lugares pelos quais o veículo passava.

Desceu no ponto final e caminhou conforme Margarida havia indicado, procurando a rua. Uma feira livre chamou sua atenção. Ela foi até lá e perguntou a uma feirante onde ficava a rua que procurava. Ela explicou que ficava depois da última barraca, do lado direito.

Jacira foi caminhando vagarosamente até lá, observando as mercadorias e as chamadas dos feirantes oferecendo seus produtos.

Havia uma oferta de uvas, mas o dinheiro não dava; ela preferiu comprar um pacote de balas para Marinho.

Chegou pontualmente à casa da amiga e foi recebida com alegria. Era uma casa térrea, com um pequeno jardim na frente e uma varanda onde ficava a porta de entrada.

A casa era pequena, dois quartos, sala, cozinha, banheiro, mas tudo muito limpo e arrumado. Havia vasos com flores sobre a mesa da sala e toalhas de crochê sobre os móveis.

Jacira sorriu vendo a festa que Marinho fez com as balas. Apesar da pouca idade ele era bem-educado e, antes de colocar uma bala na boca, ofereceu para as duas.

— Como ele é educado! — comentou Jacira.
Margarida sorriu:
— Faço questão que ele aprenda a dividir o que tem com os amigos. Mas venha, Jacira, vamos ao meu ateliê.
Jacira acompanhou-a ao quintal onde havia um quarto com duas máquinas de costura, um manequim, uma cômoda com gavetas, uma mesa grande e algumas cadeiras.
— Que beleza! — exclamou Jacira. — Você tem um salão de costura montado.
— Tenho. Veja, tenho até máquina para forrar botões.
Abriu uma das gavetas da cômoda e continuou:
— Aqui tenho os moldes de todos os manequins. Nesta outra, tesouras, carretilhas, fitas métricas, alfinetes, tudo. Nesta última, alguns cortes de tecido que não vendi. Vou confessar que, apesar de tudo, não tive coragem para me desfazer de todas estas coisas. Houve um tempo em que alimentei a esperança de voltar a trabalhar por conta própria.
— Pois eu acho que você deveria mesmo fazer isso.
— Tenho medo de me meter novamente em confusão. Custei para pagar tudo quanto fiquei devendo. Mas vamos olhar os tecidos. Se você gostar, poderemos começar agora, e no fim da tarde seu vestido estará pronto.
— Não sei se poderei pagar. Eu pretendia comprar um tecido bem barato.
— Veja esses cortes. Não são lindos?
Jacira olhou e ficou encantada. Cada um era mais bonito do que o outro.
— Eu gostaria muito, mas esses eu penso que são caros.
— Qual nada. Eu os tenho há algum tempo. Comprei-os no atacado, ao preço que as lojas compram para revender. Vai sair o preço que você pagaria por um tecido de má qualidade em qualquer loja.
Os olhos de Jacira brilhavam cheios de interesse.
— Quanto?
— Vou fazer para você o preço que eu paguei. Está marcado na etiqueta. Veja.
Jacira olhou e perguntou:
— Só isso?

— E você pode me pagar em duas ou três vezes, quando puder. Estou fazendo isso porque quero vê-la bonita e feliz.
— Nesse caso vou aceitar.

Ela escolheu um, depois Margarida colocou alguns figurinos para escolherem o modelo. Por fim, tirou as medidas e começou a trabalhar.

Jacira olhava e seus olhos brilhavam como os de uma criança que ganha um brinquedo há tempos desejado. Não queria perder nada do que Margarida fazia.

Ela sentia que finalmente encontrara uma amiga verdadeira e que essa amizade se firmava a cada instante e seria para toda a vida.

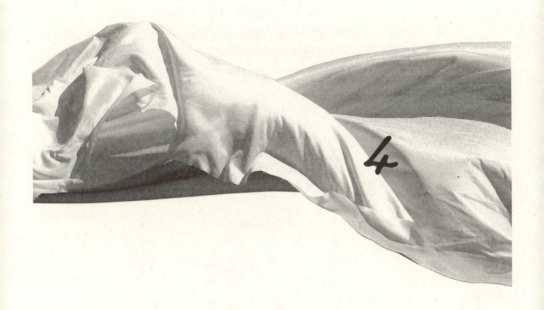

Margarida olhou Jacira diante do espelho e comentou:
— Veja como ficou bom! Caiu como uma luva!
Jacira se virou algumas vezes, olhando-se de vários ângulos, e tornou:
— Essa nem parece eu! Você faz maravilhas!
— Claro que é você! Se eu tivesse um corpo bem-feito como o seu, iria me vestir sempre assim!
— Eu pareço mais alta, a cintura mais fina, sou eu mesma?
— Claro que é. Sempre achei que você não estava valorizando seu corpo. Por essa razão quis ajudá-la a perceber isso. Sabe, eu tenho olho de costureira. Quando olho para uma mulher, vejo logo o tipo que é e penso qual modelo iria lhe cair bem.

Os olhos de Jacira brilhavam de prazer. Era a primeira vez que alguém a elogiava daquela forma e ela notava que a amiga dizia a verdade. Estava gostando de ver sua figura no espelho.

— Agora, tire o vestido. Vou acabar, mas não sei se vai dar tempo para o serviço de mão.
— Você já fez demais. Eu levo para casa e faço o serviço de mão. É o mínimo que posso fazer.

— Está bem. Vou deixar para você o mínimo possível.

Ela despiu o vestido, vestiu o outro e, apesar de havê-lo reformado, o tecido era pobre e o modelo sem graça. Suspirou conformada.

— O que foi? Não gostou de alguma coisa?

— Depois de ter experimentado o novo, não poderia gostar de vestir este.

— Não se preocupe. Com o tempo daremos um jeito nisso.

— Você sabe o que faz. Gostaria de aprender a costurar como você.

— Se quiser posso ensiná-la. Eu adoro fazer isso.

Jacira não se conteve:

— Você é amiga mesmo. Obrigada por tudo!

Elas continuaram conversando, enquanto Margarida ia lhe ensinando algumas coisas sobre confecção.

Eram sete horas da noite quando Jacira, carregando uma sacola com o precioso vestido, despediu-se de Margarida.

— Ficou faltando apenas uma parte do chuleado e a bainha. Faça tudo com capricho para não prejudicar o caimento do vestido.

— Pode deixar. Farei tudo do seu jeito. Nem sei o que dizer depois do que você fez. Gostaria que me dissesse quanto vai cobrar pelo seu trabalho.

— Você é minha amiga. Só vai pagar o tecido.

— Não é justo. Você trabalhou o dia inteiro, ainda me tratou como uma dama, com almoço, sobremesa, chocolates. Não posso pagar o que vale de fato, mas acho que pelo menos alguma coisa...

— Nada disso. Passamos um dia muito agradável, conversamos, tive o prazer de costurar como nos velhos tempos.

Jacira abraçou-a comovida:

— Nunca tive uma amiga como você. Nunca esquecerei o que está fazendo por mim.

— Eu gosto de você. Nossa amizade vale mais do que qualquer dinheiro.

Jacira não conseguiu articular palavra. Deu um sonoro beijo na face de Margarida, que viu sinceridade em seus olhos. Apertou sua mão dizendo:

— Espero repetir muitos domingos como este. Vá com Deus.

Jacira murmurou um "obrigada" e saiu. Durante o trajeto do ônibus de volta para casa, sentia-se alegre, satisfeita. Seu rosto havia perdido aquele traço de amargura que lhe era peculiar.

O prazer de saber que alguém valorizava sua amizade, via alguma beleza em seu corpo e desejava contribuir para que sua vida se tornasse melhor dava-lhe uma agradável sensação de descoberta. Sentia-se mais segura, mais motivada para continuar insistindo em modernizar-se, vestindo-se como as mulheres de sua idade, tornando-se uma pessoa mais viva.

Até então, ela sempre se sentira um zero à esquerda. Ninguém a notava, não tinha amigos, conformara-se em passar pela vida como se não fizesse parte dela, sendo uma figurante sem importância. Mas, de repente, tudo começara a modificar-se e ela estava gostando das mudanças.

Foi com a fisionomia distendida que Jacira entrou em casa carregando a sacola com o vestido. Encontrou o pai na sala vendo televisão e a mãe na cozinha.

Vendo-a chegar, Geni apareceu dizendo:

— Pode-se saber onde a senhora andou desde cedo até uma hora destas?

Jacira, trazida à realidade pela frase dita em tom de desafio, suspirou tentando não entrar na discussão, que ela já pressentia atrás daquelas palavras.

— Eu disse que ia passar o dia na casa de uma colega de trabalho.

Geni voltou-se para o marido dizendo chorosa:

— Está vendo? Eu não disse? Ela foi passar o dia fora sem pensar que nós ficaríamos sozinhos o dia inteiro. A roupa que você passa nos fins de semana ficou toda no cesto, a louça está empilhada na cozinha.

— E eu fiquei sem a maionese que você sempre faz aos domingos — queixou-se Tide.

Jacira olhou-os como se os estivesse vendo pela primeira vez. O contraste deles com a paz que havia na casa de Margarida, com a delicadeza dela no trato, fê-la notar o quanto seus pais eram egoístas, pendurando-se nela para tudo.

Não se conteve e respondeu:

— Você poderia pelo menos ter arrumado a cozinha. Assim, agora eu poderia cuidar da roupa.

— Eu?! Está vendo, Tide? Uma mulher doente ter de ouvir isso de uma filha depois da dedicação de toda uma vida é cruel demais!

Ao que ele, voltando-se para a filha, respondeu:

— Como pode dizer isso a ela? Está cansada de saber que ela está sempre mal.

— Talvez seja por não fazer nada. Lavar uma louça não é pesado.

Geni olhou-a ofendida, pegou uma toalha de papel, assoou o nariz ruidosamente e afastou-se.

— Está vendo o que você fez? Sua mãe saiu chorando.

Jacira suspeitou que Geni estivesse fingindo e respondeu imperturbável:

— Eu vou passar a roupa, mas não lavarei a louça. Ela que volte à cozinha, coloque uma chaleira de água para esquentar e lave a louça.

Aristides ia retrucar, mas Jacira foi para a mesinha no cobertinho perto do tanque, ligou o ferro e começou a separar a roupa para passar.

Aristides foi procurar Geni, que estava no quarto deitada, e disse:

— Jacira disse que vai passar a roupa, mas a louça ela não lava. É para você colocar a chaleira de água para esquentar e ir lavar a louça.

Geni sentou-se na cama como se tivesse sido impulsionada por uma mola:

— Ela teve a coragem de dizer isso?

— Teve. E falou decidida, foi ligar o ferro e preparar a roupa para passar.

— Nossa filha nunca foi assim. Por essa razão não gosto que ela faça amizade com outras pessoas. Elas logo começam a dar palpites em nossa vida. Foi só ela ir à casa da amiga que voltou desse jeito, pondo as manguinhas de fora. Mas eu não vou fazer o que ela disse.

— Acho bom você ir. A pia está uma bagunça, cheia de pratos sujos, copos, nem a louça do café você lavou!

— Não lavei porque não estava me sentindo bem.

— Mas estava disposta para ler aquela revista de novelas.

— Agora você também vai implicar comigo? Será que não posso ter um momento de distração?

— Distração você tem muita quando fica horas assistindo à televisão e não deixa eu ver o programa esportivo.

— Já vai começar? O que foi que eu fiz para ter uma cruz como esta? Não basta uma filha sem coração, você também deu para implicar?

Ele suspirou resignado e foi ver televisão na sala. Há muito desconfiava do mal-estar da mulher. Não gostava de ver a cozinha suja, as coisas fora do lugar, mas não dizia nada para evitar discussões.

Por qualquer coisa, Geni era capaz de ficar atrás dele se lamentando por horas, até por dias seguidos, e ele preferia preservar sua paz.

Eram quase dez horas quando Jacira terminou de passar a roupa, desligou o ferro e foi guardar as roupas. Ao passar pela cozinha notou irritada que sua mãe sequer havia colocado a água no fogo.

Inconformada, foi até o quarto onde Geni permanecia deitada, colocou a roupa passada sobre uma cadeira e disse:

— Passei pela cozinha e você nem colocou a água no fogo. Desse jeito vai demorar muito para terminar a louça.

— Eu não estou em condições de ir para a cozinha. Não me sinto bem.

— Quando cheguei você estava muito bem. Chegou até a me repreender.

— Mas logo depois me senti muito mal. Você me chamou de preguiçosa.

Jacira suspirou tentando segurar a vontade que sentia de dar vazão à sua indignação. Respondeu apenas:

— Eu disse que não ia lavar a louça. Passei toda a roupa da semana e agora vou me deitar. Amanhã tenho de levantar cedo para trabalhar.

Geni sentou-se na cama nervosa:

— O que custa você fazer isso para mim? Não vê que estou doente?

— Se eu não me cuidar quem vai ficar doente de verdade sou eu. Por esse motivo, vou dormir.

— Não acredito que vai fazer isso comigo. Como vamos tomar café amanhã com a cozinha daquele jeito?

— Vai ser ruim mesmo. Então, é melhor você ir cuidar disso o quanto antes.

Sem dizer mais nada, Jacira foi para o quarto e fechou a porta. Geni, ouvindo o ruído da porta do quarto dela se fechando, levantou-se e sem fazer barulho foi até o corredor.

De fato, Jacira fora para o quarto e se preparava para dormir. Inconformada, desceu as escadas e foi ter com o marido que assistia à televisão.

— Tide, você precisa fazer alguma coisa, tomar uma providência.

— O que foi?

— A Jacira me desobedeceu, não lavou a louça.

— Ela combinou com você que essa parte seria sua. Ela passou a roupa?

— Passou, mas a cozinha continua suja.

— Essa é a sua parte. Você não combinou com ela?

— Eu não combinei nada. Foi ela quem disse isso. Eu estou doente, pedi-lhe para fazer essa parte, mas sabe o que foi que ela disse?

Tide meneou a cabeça negativamente. Geni continuou:

— Respondeu que não iria fazer, deu as costas e foi dormir. Já pensou como vai ser amanhã cedo?

— Já. É melhor você ir lavar a louça.

— Mas eu não estou bem e depois da maldade que Jacira fez comigo, senti-me pior.

— Eu é que não posso fazer isso. É tarefa de mulher.

— Você não vai fazer nada? Vai deixar que Jacira me trate assim?

— Não vou me meter na briga de vocês. Onde está sua autoridade de mãe? Você não vive dizendo que sabe como lidar com ela?

Geni olhou para o marido com raiva. Depois foi para a cozinha e decidiu: colocou a chaleira de água no fogo e começou a separar a louça. Enquanto esperava a água esquentar foi até o marido e lamentou:

— Eu vou me sacrificar desta vez. Mas amanhã cedo Jacira vai ouvir. Não posso ser maltratada assim pela minha própria filha.

Aristides acenou com a cabeça concordando, sem prestar atenção ao que ela dizia, olhos fixos no filme que assistia pela televisão.

Geni não teve alternativa senão voltar à cozinha e, enquanto lavava a louça, ficar pensando na desforra que iria tirar da filha nos próximos dias.

Na manhã seguinte, Jacira se levantou cedo, arrumou-se e desceu para a cozinha. Sorriu ao ver que tudo estava limpo. Mas Geni não se levantara ainda.

Fez o café, colocou o pão no forno para esquentar, arrumou a mesa e sentou-se esperando o pão. Não podia se esquecer de como ficara com o vestido novo. Sentiu vontade de vesti-lo, mas não achava bom ir trabalhar com ele.

Enquanto tomava o café e comia o pão, imaginava onde poderia usar o vestido. Nunca saía para passear.

Aristides apareceu na cozinha e vendo-a disse:

— Sua mãe está dormindo ainda. Também, ontem ficou arrumando a cozinha até tarde!

Jacira percebeu a censura na frase do pai e não se perturbou. Respondeu apenas:

— A culpa é dela. Nem a louça do café da manhã ela tinha lavado. Deixou acumular tudo e, claro, teve mais trabalho na hora de lavar.

— Você sabe que ela é doente. Não era muito tarde quando você acabou de passar roupa. O que custava ter cuidado também da louça?

Jacira olhou-o séria:

— Todos nós moramos na casa, dormimos, comemos aqui, é justo que todos cooperemos para manter a ordem. Eu passo o dia todo trabalhando para pagar as despesas, enfrento o trânsito pendurada em um ônibus lotado. Vocês passam o dia inteiro em casa, sem fazer nada, vendo televisão, conversando com os vizinhos, lendo jornal e revistas. E quando chego cansada ainda tenho de cuidar da louça que vocês sujaram o dia inteiro, sendo que eu nem almoço em casa. Acha que é justo?

Aristides olhou-a surpreendido e de pronto não encontrou palavras para responder. Depois de alguns segundos disse:

— Você fala como se eu fosse culpado por não encontrar trabalho. — Suspirou triste e continuou: — Você sabe que é difícil. Ninguém emprega um homem depois dos cinquenta anos. Sua mãe é doente, cansada, não sente disposição para trabalhar. Você está sendo injusta falando assim. Nós estamos velhos e merecemos respeito.

Jacira olhou para ele. Era um homem forte, corado, fisicamente capaz de fazer muitas coisas. Mas era verdade que o emprego estava difícil até para os mais novos e as empresas não contratavam os mais velhos. Seu pai estava com mais de sessenta anos.

— O senhor não vai mesmo encontrar trabalho por causa da idade, mas por que não ajuda a fazer algum serviço de casa?

— O quê? Serviço de casa é coisa de mulher. Eu me sentiria o último dos homens fazendo isso.

— Isso é orgulho. Os melhores cozinheiros são homens e são muito respeitados. Há homens em todas as profissões que fazem os mesmos serviços que as mulheres. São tintureiros, copeiros, garçons, e não se envergonham.

— De onde você tirou essas ideias? Sua mãe tem razão. Desde que começou a ter essa amiga, está de cabeça virada. É melhor acabar logo com essa amizade. Você se deixa influenciar muito depressa pelos pensamentos dos outros.

Jacira levantou-se irritada, mas conteve-se. Lavou sua xícara, enxugou-a e guardou. Depois tornou:

— Está na hora de eu ir. Não quero me atrasar.

Ela saiu satisfeita por poder ver-se livre dos comentários dele. Durante o trajeto para a oficina, Jacira foi pensando onde poderia usar o vestido novo.

Poucos minutos depois, Geni apareceu na cozinha e Aristides notou logo que ela não parecia bem. Caminhava apoiando-se nos móveis, rosto franzido, ar triste.

— O que foi, você não está bem?

Geni fixou-o, suspirou, depois disse:

— Como você queria que eu estivesse depois do que Jacira me fez ontem? Nunca pensei em receber tanta ingratidão.

— Também não foi tanto assim. Afinal, Jacira levanta cedo, trabalha o dia inteiro, chega cansada e ainda tem de fazer tudo em casa.

— Até você está contra mim? Que vida a minha. Ninguém faz nada por mim.

— Não se lamente. Não vai resolver mesmo. Afinal, somos pobres, estou desempregado e temos que nos sujeitar a sermos sustentados por Jacira.

— Você tem saúde, bem que podia ter aceitado aquele emprego.

— Eu sou um operário qualificado. Nunca vou sujeitar-me a ficar de porteiro naquele edifício.

— Por que não?

— Minha aposentadoria saiu e já cumpri minha parte trabalhando naquela fábrica desde os quatorze anos. E sabe o que Jacira teve coragem de me dizer?

Geni havia se sentado diante da mesa e servia-se de café com leite, passara margarina em uma generosa fatia de pão e respondeu:

— Não.

Ele continuou:

— Que eu deveria ajudar nos serviços da casa. Que todos nós moramos aqui e temos o dever de cooperar para que tudo fique em ordem.

— Até que não seria ruim se você lavasse uma louça, fizesse uma faxina na cozinha. Assim Jacira não precisaria trabalhar tanto.

— A obrigação é de vocês duas. Eu não me presto a fazer serviço de mulher. O que meus amigos iriam dizer se me encontrassem de avental lavando louça? Fico arrepiado só de pensar!

— Isso é bobagem. Depois, eles não precisariam saber. Para começar você poderia tirar a mesa, eu já terminei, e lavar a louça do café.

Aristides irritou-se:

— Não vou fazer isso e acho melhor você não deixar juntando na pia para não ter de lavar tudo no fim da noite. Pelo tom que Jacira usou quando falou comigo, ela não vai querer lavar. Ela só lavou a xícara que ela usou, a minha ficou.

— Nesse caso, você deveria ter lavado a sua. Assim eu não teria de lavar tudo.

Ele olhou-a sério. Pelo tanto de café com leite e pão que ela havia engolido, e pelo tom de voz que estava usando, ele percebeu que ela não estava doente como dizia.

Ele sabia que ela costumava exagerar para empurrar todo o serviço da casa para Jacira. Ela gostava mesmo era de estender-se no sofá da sala, colocar os pés no banquinho e ler as revistas de fotonovela.

— Você se lamenta por tudo. Enche a cabeça com aquelas fotonovelas açucaradas e fica infeliz porque sua vida não é igual a das mocinhas das histórias. Você, às vezes, parece que ainda não cresceu. Uma mulher velha como você não deveria acreditar naquelas baboseiras.

— Você consegue sempre ser desagradável. Como se fosse melhor do que eu. Fica lendo jornal o dia inteiro, a noite fica em frente à televisão e nunca quer ver os programas de que eu gosto.

— Você só quer ver peças de teatro, filmes. Eu sou um homem bem informado. Gosto da realidade. Prefiro assistir às notícias. Você vai fazer o almoço?

— Vou fazer o almoço e só. Não vou arrumar a cozinha.

Aristides deu de ombros:

— Faça como quiser. O problema é seu.

Apanhou o jornal, foi para a sala, sentou-se em uma poltrona e preparou-se para começar a ler. Naquela tarde, ele iria ao barbeiro aparar os cabelos e precisava estar bem informado para comentar com os amigos.

No sábado, Jacira chegou em casa passava das duas da tarde. Saíra da oficina à uma hora e por sorte conseguira embarcar no primeiro ônibus.

Ao entrar em casa, notou logo que Geni deixara amontoada na pia toda louça do café da manhã e do almoço.

Fingindo não ver o ar desaprovador da filha, Geni disse calma:

— Deixei seu prato no forno.

— E a louça por minha conta.

— Ontem eu lavei quase tudo. Mas hoje me senti mal, não consegui lavar. Você é moça, tem mais saúde do que eu.

Jacira não respondeu. Não queria discutir. Apanhou o prato de comida e notou que estava fria. Estava com fome e colocou na frigideira para esquentar.

Depois, sentou-se e começou a comer pensando o que iria fazer à tarde, além de passar a roupa da semana. Ela gostaria de ter um lugar para ir para poder usar o vestido novo, mas não lhe ocorria nenhum.

Se ao menos Margarida morasse mais perto, poderia ir à casa dela conversar um pouco. Lá o ambiente era calmo e agradável. Jacira tinha vontade de sair, de passear, de conhecer pessoas e principalmente de usar aquele vestido.

Inquieta, levantou-se e cuidou de lavar a louça para evitar a conversa desagradável da mãe e também para espantar o tédio.

Sua vida era vazia e sem nada que a alegrasse. Estava cansada da rotina e não sabia o que fazer para mudar. Acabou de arrumar a cozinha, passou toda a roupa da semana, depois foi para o quarto. Olhou o relógio, eram cinco horas da tarde. No dia seguinte talvez fosse à casa de Margarida, mas o que fazer para o tempo passar? O pai disputava com a mãe os programas da televisão. Conversar com eles nunca fora possível. Todas às vezes que ela tentava, seja qual fosse o assunto que puxasse, acabava sempre com as queixas dele por estar desempregado e dela por não ter mais saúde para os serviços domésticos.

Suspirou resignada. Sentou-se na cama, abriu a gaveta da mesa de cabeceira para pegar a lixa de unhas e um cartão caiu no chão. Ela apanhou-o e leu: Ernesto Vilares. Imediatamente lembrou-se do homem que a ajudara a não cair e do lenço dele que ficara de devolver.

Sorriu. Sabia onde estrearia o vestido. Havia se esquecido de que comentara com Margarida que iria até o endereço dele para devolver-lhe o lenço emprestado.

Colocou o vestido novo e satisfeita olhou-se no espelho. Parecia outra pessoa. Caprichou no penteado, puxando os cabelos para trás e colocando uma fivela do lado. Depois, pegou seu sapato preto e olhou-o sem muito entusiasmo. O salto não era alto como os de suas colegas de trabalho, mas era o que tinha.

Conformada, calçou-o e como não tinha uma bolsa mais bonita, preferiu uma carteira pequena, mas nova. Pintou-se ligeiramente e saiu.

Geni estava lendo revistas na sala e, vendo-a, levantou-se de um salto dizendo assustada:

— Aonde você vai vestida desse jeito e a esta hora?
— Vou sair um pouco, mas voltarei logo.
— Aonde você vai?
— Dar uma volta.

— E precisava se pintar desse jeito? Onde arranjou esse vestido tão agarrado? Não tem vergonha?

Jacira suspirou e não respondeu logo, tentando conservar a calma. Parou diante de Geni e disse séria:

— Estou com trinta e oito anos. Acho que sei cuidar de mim. Não preciso de babá.

— Viu isso, Tide? Você não vai tomar nenhuma providência? Vai deixar que sua filha saia desse jeito, como uma prostituta?

Aristides, que estava assistindo a uma partida de futebol com muito interesse, não respondeu e Geni gritou:

— Tide? Além da filha, você também não me dá atenção. O que está acontecendo nesta família?

Irritado por ter de desviar a atenção do jogo que estava no auge, ele respondeu:

— Que loucura é esta? Não se pode mais assistir a um jogo de futebol em paz? Arranjem-se as duas. Não tenho nada com suas discussões. Deixem-me em paz.

Jacira deu as costas e saiu. Geni, inconformada, ainda tentou chamar a atenção do marido, mas desta vez ele não teve paciência para ouvir suas lamentações e ela, vendo que ele não lhe dava nenhuma atenção, sentou-se, apanhou novamente a revista e continuou lendo.

Jacira foi até o endereço indicado no cartão, parando diante de uma casa antiga, grande, rodeada de jardins, muito bonita, no bairro da Aclimação. Pensou que não podia ser lá e conferiu o endereço novamente. Estava certo.

Ficou parada diante do portão de ferro, hesitante, sem coragem de tocar a campainha.

Nesse instante, uma moça muito bem-vestida e um rapaz apareceram, abriram o portão e, vendo Jacira, a moça perguntou:

— A senhora está esperando por alguém? O curso acabou e todos já vão sair.

Animada pelo tom amigo em que ela disse aquelas palavras, Jacira perguntou:

— Aqui é a casa do senhor Ernesto Vilares?

— Aqui é o lugar onde ele ministra seus cursos — respondeu o rapaz sorrindo.

Nesse momento, diversas pessoas saíram da casa e foram se aproximando do portão. Jacira perguntou ao rapaz:

— Aqui é uma escola?

— Para adultos. Nós somos alunos do doutor Ernesto.

Jacira olhou-os surpreendida. Ele a convidara para ir àquele endereço. Sentiu curiosidade. As pessoas ali eram bem-vestidas, deviam ter estudado em boas escolas, que curso estariam fazendo?

Não teve coragem de perguntar. Esperou que todos saíssem, e um rapaz veio para fechar o portão. Vendo-a, indagou:

— A senhora deseja alguma coisa?

— Outro dia o senhor Ernesto emprestou-me um lenço e eu vim devolvê-lo. Pode fazer o favor de entregar a ele?

— A senhora não deseja fazê-lo pessoalmente?

— Posso?

— Queira entrar, por favor.

Jacira entrou, acompanhou o moço e foi conduzida a uma sala onde ela viu o homem que a socorrera naquele fim de dia.

A princípio ele não a reconheceu, olhou-a querendo descobrir quem era. Jacira, intimidada pelo ambiente luxuoso em que estava, disse com suavidade:

— Sou Jacira. Vim devolver-lhe o lenço que me emprestou naquele fim de tarde quando me desequilibrei descendo do ônibus.

Ele sorriu, aproximou-se e estendeu a mão:

— Agora me recordo! Você está diferente. Como vai?

— Bem. Obrigada por tudo. Não quero tomar o seu tempo.

— Nada disso. Você vai tomar um café comigo. Esperei que viesse, mas demorou.

— Desculpe. É que eu trabalho muito e fiquei sem tempo.

— Venha comigo. Vamos na sala ao lado.

Ele segurou o braço dela conduzindo-a à sala contígua. Lá era uma pequena copa, a mesa estava posta e ele puxou a cadeira para que Jacira se sentasse. Depois, colocou uma xícara na sua frente e perguntou:

— Você toma café, leite ou prefere chá?

— Café com leite.

Jacira respondeu sem jeito. A louça era fina e tinha alguns petiscos sobre a mesa. Ernesto serviu-a e sentou-se dizendo:

— Fique à vontade. Faça de conta que está em sua casa!

O contraste era tanto que Jacira não se conteve. Seja por estar nervosa naquela ambiente ou por medo de não saber portar-se diante de um homem tão fino, ela desabou a chorar, e ele imediatamente segurou a mão dela dizendo com voz suave:

— Venha comigo. Vamos nos sentar naquele sofá e conversar. Tomaremos nosso lanche depois.

Jacira soluçava. As lágrimas corriam pelo seu rosto e ela não conseguia parar de chorar. A beleza do lugar, as pessoas finas e bem-vestidas, o ambiente agradável e acolhedor, as flores nos vasos e o jeito amigo com o qual foi recebida a fizeram notar o quanto sua vida era ruim, feia, sem graça. Ela chorava os anos perdidos em um ambiente triste de queixas e problemas, sem beleza e sem alegria.

Ernesto continuou segurando a mão dela e esperou calmamente que ela parasse de chorar. Quando ela se calou, olhou-o envergonhada e disse:

— Desculpe. Toda vez que nos encontramos eu choro desse jeito. Eu não sou chorona. Nunca me lembro de ter chorado tanto como agora.

— Você está lavando a alma. Jogando fora momentos de frustração e de amargura.

— De fato. Minha vida tem sido pobre de beleza, de alegria, de amor e de dinheiro.

— No entanto, você é uma mulher bonita, moça, cheia de saúde, e tem tudo para ser feliz.

— Você quer me animar. Sou feia, sem graça, pobre e muito infeliz.

— É assim que você se vê, mas eu lhe garanto que está errada.

Ela baixou a cabeça e não respondeu. Ele era um homem bem-educado e estava sendo gentil. Mas Ernesto percebeu que ela não acreditou em suas palavras e continuou:

— Aliás, não estou dizendo isso para agradá-la porque sei que a verdade em qualquer caso é sempre o melhor caminho. Você é uma pessoa maltratada, que não cuida da sua aparência, que carrega o mundo nas costas, sempre faz tudo para os outros, mas não tem responsabilidade consigo mesma.

Jacira, admirada, levantou os olhos e seu rosto cobriu-se de vivo rubor quando disse:

— Isso não é verdade. Sou muito responsável. Eu trabalho todos os dias, viajo em pé em um ônibus cheio, chego em casa e ainda faço todo o serviço doméstico, pois meus pais são idosos e dependem de mim. Não cuido da aparência porque não tenho dinheiro para comprar boas roupas e vestir-me bem. Até este vestido foi presente de uma amiga.

— Você cumpre seu horário de trabalho, cuida de seus pais, mas não cuida de você. Coloca-se em último lugar e se julga inferior aos outros. Não sabe que nossa primeira obrigação como pessoa é cuidar do nosso bem-estar. Não precisa ter dinheiro para fazer isso. Basta prestar atenção ao que sente, valorizar suas necessidades em primeiro lugar. Só assim vai ficar bem até para poder desempenhar melhor seus compromissos.

— Eu não quero ser egoísta. Quando chego cansada e reclamo por minha mãe ter deixado a louça do dia inteiro para eu lavar, ela diz que sou egoísta. Sinto-me culpada e faço tudo o que ela quer. Eu quero que ela seja feliz.

— Mesmo à custa da sua infelicidade? Você não me parece uma pessoa feliz.

— A vida tem sido cruel comigo. Meus dois irmãos foram embora de casa há anos e não dão notícias. Meu pai ficou desempregado e não arranjou mais emprego por causa da idade, o dinheiro que recebe da aposentadoria não dá nem para o aluguel da casa e todo o dinheiro que ganho na oficina mal dá para pagar as despesas. Levando essa vida, como eu posso pensar em mim e ser feliz? Às vezes tenho vontade de ir embora também, mas depois me arrependo. O que será deles se eu também os deixar?

— Você é uma boa filha e não é errado dedicar-se ao bem-estar dos seus. Mas sinto que você está fazendo isso de maneira errada.

— Como assim?

— Depois você vai me contar como são seus pais, seus dias no emprego, e como se relaciona com eles. Então voltaremos a conversar. Agora vamos tomar nosso café, falar sobre outras coisas. Desejo mostrar-lhe nosso espaço e explicar como é nosso trabalho com as pessoas.

O rosto de Jacira animou-se:

— Observei as pessoas saindo animadas, pensei que fosse uma festa.

Ernesto sorriu e seus olhos brilharam. Falar do seu trabalho era o que ele mais gostava.

— Aprender a viver melhor é sempre uma festa e eu gosto de ensinar como se faz isso. Essa é minha profissão.

— Não entendi. Você é médico?

— De certa forma sim, mas eu cuido da alma.

— Você é um médico da alma? Não sei como é isso. Nunca ouvi falar.

Ernesto sorriu e respondeu:

— Você não sabe que quando seu corpo adoece, ou quando se sente infeliz, a verdadeira causa está em como você vê a vida. Acredita que sua felicidade depende dos outros e por esse motivo faz tudo para que eles fiquem bem, sacrifica-se julgando que seja sua obrigação, porque é assim que nossa sociedade tem ensinado. Não que prestar ajuda ou fazer algo bom para os outros seja um erro, o problema é que ao fazer isso você os coloca em primeiro lugar e se esquece de cuidar de si. Como está se sacrificando pelos outros, espera que eles cuidem de você.

Ernesto falava devagar, olhando nos olhos de Jacira, fez uma ligeira pausa e, notando que ela estava prestando atenção, continuou:

— Essa é uma grande ilusão porque os outros não vão fazer o que você gostaria. Alguns procuram tirar proveito, usando-a, outros se afastam porque não gostam que se intrometa em suas vidas.

— Eu me sacrifico pelos meus pais e eles nunca me agradecem, só criticam. Minha mãe diz que eu sou feia e, quando me arrumo um pouco melhor, pareço uma prostituta. Eles são ingratos, não reconhecem meu esforço. Isso me entristece muito. Às vezes tenho vontade de sumir, ir para longe. Mas falta coragem.

— Se eles a tratam dessa forma, a culpa é sua, não deles.

Jacira olhou-o admirada:

— Minha? Eu faço tudo para eles e a culpa é minha?

— Você não sabe se colocar. Se faz tudo que eles querem como é que eles vão saber até onde podem ir? Você não coloca limites e eles acham que podem abusar.

Jacira ficou pensativa por alguns segundos e depois disse:

— No outro dia fui passar o domingo na casa de minha única amiga e, quando voltei no fim da tarde, minha mãe estava brava porque eu saí e não passei a roupa da semana e ainda deixou toda a louça do dia na pia para eu lavar. Eu não suportei. Ela diz que é doente, mas muitas vezes eu duvido. Tem muito apetite, lê revistas o dia inteiro ou fica na televisão com muita disposição. Só se sente mal na hora de fazer algum serviço. Eu não aguentei. Disse que ia passar a roupa, mas a louça não ia lavar. Ela tentou convencer-me, disse que estava passando mal, porém fiquei firme. Cumpri a minha parte e fui dormir.

— Na manhã seguinte a cozinha estava arrumada.

— Como sabe?

— Por que você fez do jeito certo. Colocou-se.

— Na hora fiquei com remorso pensando que eu poderia ter arrumado a cozinha.

— Se fizesse isso a estaria prejudicando mais ainda.

— Você está enganado. Eu jamais seria capaz de prejudicar alguém. Gosto de ajudar.

— Toda ajuda precisa ser inteligente para fazer com que a pessoa melhore. Você está impedindo sua mãe de se ocupar tornando-a indolente e comodista.

— Ela age assim porque quer. Está sempre insatisfeita, queixando-se da vida, de tudo.

— A atividade física distrai, ocupa o pensamento e faz o corpo se mexer. Na natureza tudo é movimento. Não fazer nada traz insatisfação, tédio. Sua mãe precisa voltar a interessar-se pela vida.

Jacira olhou-o séria. Ernesto tinha razão. Geni perdera o gosto pela vida, vivia incapaz de apreciar qualquer coisa.

Mergulhava nas histórias românticas para esquecer a própria infelicidade. Vivia de ilusão.

— De fato. Eu gostaria de fazer alguma coisa para que ela se sentisse mais feliz.

— Eu sei. Mas antes você precisa conquistar a sua própria felicidade.

Jacira suspirou e respondeu:

— Eu já desisti. Felicidade não é para mim.

Ernesto olhou-a sério e pediu:

— Feche os olhos.

Ela obedeceu e ele prosseguiu:

— Imagine que você está em um jardim cheio de flores. Sinta o perfume que elas emanam. O céu está azul e sem nuvens, o ar é leve e agradável. Os pássaros cantam alegres nas árvores e seu coração está em paz. Pense que você não está só. Espíritos iluminados, mensageiros da luz a envolvem com amor. Querem que ouça o que têm a dizer.

O corpo de Jacira estremeceu e um profundo suspiro saiu do seu peito. Ernesto levantou-se, ligou o som e uma música suave encheu o ar enquanto Jacira recostou-se no sofá e relaxou.

Ernesto sorriu, deixou-a lá e calmamente foi tomar seu café. Depois foi até ela que parecia adormecida. Sentou-se na poltrona ao lado e fechou os olhos em concentração.

O que viu deixou-o admirado. Quando alguém estava muito envolvido com problemas emocionais, ele costumava utilizar exercícios de elevação espiritual a fim de que a pessoa experimentasse o prazer de sentir vibrações sublimes e, a partir dessa experiência, começasse a cultivar pensamentos mais elevados em busca de bem-estar.

Mas com Jacira acontecera algo diferente. Ele estava vendo que o espírito dela, fora do corpo, estava mesmo sentado em um banco de um lindo jardim florido, enquanto uma mulher muito bonita ao seu lado conversava. Uma calma muito grande reinava na cena.

Ernesto esforçou-se para ouvir o que diziam.

— Você tem reagido e tentado melhorar. Precisa fazer muito mais. Hoje a trouxemos aqui para que pudesse sentir o gosto de estar bem e quando acordar vai se recordar destes momentos. Isso vai ajudá-la a sentir que você pode conquistar uma vida melhor. Nós queremos ajudá-la, mas só poderemos fazer isso se você nos der a chance.

— Eu quero ficar aqui com você. Não quero mais voltar para minha casa.

— Isso não é possível. Lá é seu lugar até aprender a vencer todas as dificuldades.

— Não tenho como fazer isso!

— Não é verdade. Você é forte e dentro de você tem tudo o que precisa para tornar-se uma vencedora.

— Você vai me ajudar?

— Primeiro você precisa fazer a sua parte. Essa é a regra para podermos atuar. Está na hora de você voltar. Meu nome é Marina.

— Onde você mora? Gostaria de procurá-la.

— Muito longe. Você ainda não pode ir até lá. Mas quando pensar em mim, entrarei em contato.

Marina levantou as mãos de onde saíam feixes de luz azul brilhante e colocou-as sobre o corpo de Jacira. Depois de alguns segundos, desapareceu.

Ernesto abriu os olhos e notou que Jacira estava acordando, dizendo baixinho:

— Eu quero ficar aqui. É muito bom. Não quero voltar.

Remexeu-se, abriu os olhos e fixando-os em Ernesto disse emocionada:

— Que sonho maravilhoso! — Depois, percebendo onde estava, continuou: — Desculpe, eu dormi. Não sei como foi isso. Estava cansada...

— Você não dormiu. Você saiu do corpo e foi encontrar-se com o espírito de uma mulher.

Jacira olhou-o assustada:

— Espírito? Não. Era uma mulher muito bonita chamada Marina.

— Eu sei. Eu vi onde vocês estavam.

— Um lugar maravilhoso! Cheio de flores, tudo lindo! Acho que estive no céu!

Ernesto sorriu:

— Você se elevou e visitou uma dimensão astral mais elevada. Por esse motivo, sentiu-se tão bem.

— Ainda estou sentindo um bem-estar muito grande.

— Você conseguiu fazer contato com essa mulher que deseja ajudá-la a melhorar sua vida.

Jacira suspirou pensativa, depois respondeu:

— Foi um sonho bom, mas não creio que se realize. Minha vida não tem como mudar. Não posso abandonar meus pais, não tenho conhecimento nem uma profissão que me permita ganhar um salário maior.

Ernesto sorriu e considerou:

— Você está olhando os fatos do ponto de vista materialista. A vida vai muito além da matéria. Nosso espírito é eterno, nunca morre. Nosso corpo de carne acaba, mas nós continuaremos vivendo em outras dimensões do Universo.

— Como pode ser isso?

— Nosso espírito já vestiu outros corpos de carne neste mundo. Nós somos cidadãos do Universo, onde há milhares de moradas para toda a humanidade.

— Como posso saber se isso é verdade?

— Você acabou de viajar para um desses lugares.

— Esse jardim não pertence à Terra? Quando eu estava lá tudo era muito sólido.

— Era sólido para seu espírito, mas invisível para os olhos da carne. Não é um lugar onde você possa ir quando quiser, mas somente quando sai do corpo e vai com o corpo espiritual.

— Nós temos mais de um corpo?

Temos vários que estão todos juntos trabalhando para que estejamos aqui. Mas a experiência que você viveu mostra que somos imortais, que a morte não é o fim e continuaremos vivos quando nosso corpo de carne morrer.

Jacira abriu a boca e fechou-a novamente, depois de alguns instantes tornou:

— Não foi a primeira vez que eu sonhei como hoje. Já estive em um lugar onde uma mulher falou comigo e eu nunca mais esqueci. Mas o sonho de hoje foi muito mais forte, claro, eu senti que estava muito contente, feliz como nunca me recordo de haver sido.

— Sinto que o que aconteceu hoje pode mudar sua vida. Gostaria de ajudá-la a conseguir isso.

— Vai me oferecer um emprego melhor?

— Não. Mas meus cursos têm esse objetivo. Desejo que venha assistir às minhas aulas.

Jacira hesitou:

— Não sei...

— Não gostaria?

— Gostaria muito, mas talvez não possa pagar as aulas.

— Você é minha convidada, não terá de pagar nada. Poderá vir todos os sábados.

— As pessoas são bem-vestidas, devem gostar de conviver com gente de classe.

— Você é tão boa quanto elas. Não se deixe levar pela vaidade. Não tenha vergonha de sua posição social. Você é uma pessoa, precisa aprender a se valorizar. Terei o maior prazer em vê-la entre meus alunos.

— Nesse caso farei o possível para vir.

— Venha tomar seu café e depois quero mostrar-lhe todo nosso espaço e explicar-lhe algumas coisas mais.

Eles dirigiram-se para a mesa, Ernesto trocou o café com leite que estava frio e serviu-se também.

Depois, percorreram a casa e ele ia descrevendo como funcionavam os cursos. Já tinha escurecido quando Jacira saiu depois de despedir-se.

Durante o trajeto de volta, sentia-se animada e feliz. A vida também tinha um lado bom que ela um dia poderia desfrutar.

Chegou em casa depois das nove horas. Entrou e encontrou os pais diante da televisão. Vendo-a entrar, Geni levantou-se da poltrona dizendo:

— Até que enfim chegou! Pode nos dizer onde andou até esta hora?

Arrancada de seus pensamentos íntimos pelo tom desagradável da voz de sua mãe, Jacira sentiu como se lhe tivessem atirado um balde de água fria na cabeça.

A mudança foi tanta que a custo conseguiu segurar a irritação.

— Não é tão tarde assim — respondeu tentando dominar a raiva.

Geni colocou as mãos na cintura e continuou em tom provocativo:

— É sim! Está vendo, Tide? Ela pensa que mora em uma pensão, que pode sair sem dizer aonde vai e chegar em casa tarde da noite como se fosse uma qualquer.

Jacira olhou-a séria e preferiu não responder. Se falasse certamente iria brigar. Sem dizer nada, foi para o quarto. Sentou-se na cama tentando recuperar o bem-estar. Não conseguiu.

Começou então a rememorar tudo que acontecera naquela tarde. Cinco minutos depois, Aristides bateu à porta. Estava mal-humorado por ter que deixar seu programa esportivo predileto.

— Abra a porta, Jacira. Sua mãe está passando mal e a culpa é sua.

Uma onda de indignação envolveu Jacira. Levantou-se, abriu e ficou parada diante do pai. Não queria brigar.

Ele entrou e foi dizendo em tom contrariado:

— O que está acontecendo com você? Sempre foi uma boa filha. Por que agora deu para afrontar sua mãe? Sabe que ela é doente. Está passando mal, com dores no peito, falta de ar e chorando sem parar.

Jacira suspirou resignada. Sua vida não tinha jeito mesmo. O que fazer com uma família como a sua? Se eles fossem como Ernesto, tudo seria diferente. Amargurada respondeu:

— Não fiz por mal, pai. Estou cansada e queria dormir.

— Por que não disse aonde foi nem respondeu às suas perguntas? Ela se interessa pelo seu bem-estar. Preocupa-se com você, lhe quer bem. Por esse motivo sofre quando você não lhe dá satisfações.

Ela teve vontade de dizer que tinha idade para cuidar de si mesma e que não precisava que a mãe ficasse tomando conta de todos os seus passos. Mas sabia que não adiantaria. Ele nunca entenderia.

— Vou descer e conversar com ela.

— Faça isso, filha. Diga-lhe onde foi e com quem. Assim ela ficará bem.

Eles desceram. Geni estava estendida no sofá, com as mãos no rosto. Aristides aproximou-se:

— Está melhor, Geni?

Ela meneou a cabeça negativamente e não respondeu. Ele continuou:

— Jacira não fez por mal, é que chegou cansada e queria dormir. Veja, ela está aqui para conversar com você.

Geni continuou cobrindo o rosto e seu corpo foi sacudido por alguns soluços. Jacira não acreditou muito naquele mal-estar, mas estava desanimada e resolveu ceder:

— Não precisa chorar, mãe. Eu fui na casa da minha colega da oficina. Ficamos conversando e o tempo foi passando.

— Você não me disse nada e eu fiquei esperando você para jantar, seu prato está no forno.

— Obrigada, mas estou sem fome.

— Vai ver que jantou na casa dela. Você não gosta mais da minha comida.

— Você está enganada. Tomamos um lanche e isso me tirou a fome. Estou cansada e quero ir dormir.

— Não vai lavar a louça do jantar?

Jacira suspirou resignada:

— Pode deixar, eu lavo.

Ela foi para a cozinha e começou a dispor tudo para lavar. Silenciosamente foi até a porta da sala espiar. Geni estava sentada em sua poltrona favorita assistindo à televisão. Ela não gostava do programa esportivo, mas se não deixasse o marido assisti-lo, ele por sua vez não a deixaria ver o que queria. Felizmente, o programa predileto dele estava no fim e logo ela poderia ver o que desejava.

Jacira olhou o rosto da mãe e notou que ela estava muito bem, fisionomia relaxada e calma. Não parecia ter chorado de verdade nem ter passado mal.

Enquanto lavava a louça, lágrimas sentidas desciam pelas suas faces enquanto ela pensava: "A felicidade não é para mim. Sábado vou até Ernesto dizer que não será possível frequentar suas aulas. É melhor eu me resignar ao meu destino. Nada que eu faça poderá mudar isso".

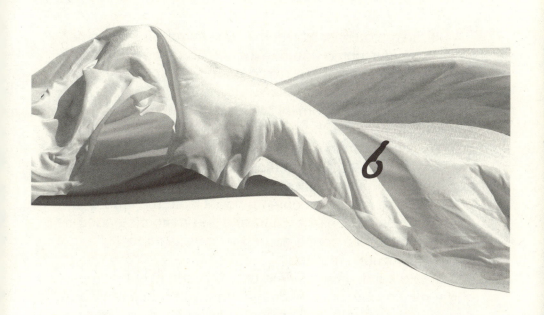

6

Durante os primeiros dias da semana seguinte, Jacira sentiu-se triste, deprimida. Na quinta-feira sentou-se ao lado de Margarida na hora do almoço. Tinha levado lanche de casa, mas estava sem fome.
Margarida olhou-a e perguntou:
— Não vai comer?
— Estou sem fome.
Margarida abriu a marmita e ofereceu:
— Eu trouxe macarrão e frango. Está muito bom. Quer um pouco?
— Não. Obrigada.
A outra a olhou séria e considerou:
— Tenho notado que você anda triste, sem vontade, não se arruma mais como antes. Ultimamente você estava bem, esforçava-se para melhorar, cuidava mais da aparência. O que aconteceu para você voltar a ser como antes?
— Eu me cansei, Margarida. Não vou lutar mais. De que adianta? Quem não tem sorte como eu, precisa aceitar as coisas como são.
— Não a estou reconhecendo. Você disse que no sábado vestiria seu vestido novo e iria devolver aquele lenço perfumado. Pelo visto você não foi.

Jacira tentou reter as lágrimas que teimavam em lhe descer pelas faces, como não conseguiu, apanhou um guardanapo de papel e enxugou o rosto com raiva:

— Eu fui.
— Encontrou o homem?
— Sim.
— Você foi vê-lo e ele a maltratou e a deixou magoada.
— Ao contrário. Ele me recebeu muito bem, mostrou-me toda a casa. É muito grande e bem-arrumada.
— Então não estou entendendo. Conte-me tudo.

Os olhos de Jacira brilharam e seu rosto distendeu-se quando começou a contar como fora a visita e o convite que Ernesto lhe fizera. Finalizou:

— Eu saí de lá no sétimo céu, fazendo mil planos para mudar minha vida, mas ao chegar em casa caí na realidade. Minha mãe se fingindo de doente para não ter de fazer os serviços domésticos, meu pai interessado na televisão, repreendendo-me por eu protestar por ela ter deixado todo serviço para mim! Então percebi que por mais que eu faça nunca me libertarei deles.

— Mas eles sempre foram assim. Não entendo por que você estranhou tanto.

— É que Ernesto me mostrou que para certas pessoas a vida pode ser muito diferente da que eu sempre vivi. Senti que a distância entre eu e o povo que vai assistir às suas aulas é tão grande que não vai adiantar eu ir.

Margarida abraçou a amiga dizendo:

— Você está errada. A vida está lhe dando a chance de aprender com uma pessoa boa, de classe, e você está querendo jogar tudo fora. Eu, se pudesse, adoraria ir a essas aulas.

— As pessoas estavam muito bem-vestidas.
— Você também estava. Aquele vestido azul lhe caiu muito bem. Além disso, tem o novo.
— Mas eu só tenho os dois. Teria de ir sempre com eles.
— Isso não é problema. Eu resolvo para você.

Jacira olhou-a admirada:
— Como?
— Vamos fazer novos vestidos.
— Não tenho como comprar os tecidos.

— Deixe de ser teimosa. Eu tenho ainda alguns cortes. Para o próximo sábado você já tem. Mas eu tenho um que sobrou da minha coleção da loja que poderei reformar para você.

— Não precisa se incomodar. Eu resolvi não ir.

— Você precisa ir. Não pode perder essa oportunidade. Eu tenho suas medidas e hoje a noite mesmo vou reformá-lo para você. Com pequenos ajustes ficará lindo.

Jacira olhava hesitante e seus olhos brilharam motivados. O sinal tocou e elas precisavam entrar na oficina. Jacira abraçou a amiga dizendo emocionada:

— Você é o anjo bom que Deus colocou na minha vida. Nem almoçou por minha causa.

— Não se preocupe. Eu preciso perder alguns quilos.

Elas voltaram ao trabalho e Jacira sentia-se muito melhor. Iria assistir à aula no sábado, ainda que depois não pudesse ir mais. Pelo menos estaria em um ambiente alegre, bonito e entre pessoas educadas.

Na manhã do dia seguinte quando Jacira chegou ao trabalho, Margarida fez-lhe sinal que havia lhe levado o vestido. Apesar de curiosa, ela não pode vê-lo antes do almoço.

Assim que o sinal tocou, as duas correram ao toalete e Margarida, satisfeita, abriu a sacola e tirou um vestido de seda verde-garrafa. Os olhos de Jacira brilharam:

— Que lindo!

— Vai ficar muito bem em sua pele morena. Experimente, vamos ver como fica.

Rapidamente Jacira o vestiu e caiu-lhe muito bem. O vestido era justo, manga japonesa, decote V e a saia tinha recortes que se abriam embaixo. Um cinto com uma fivela dourada realçava a cintura.

— Você está linda! Se eu ainda tivesse a loja, você seria minha modelo. Tem um corpo muito bom.

Jacira acariciava a seda da saia com prazer e comentou:

— Deve ser muito caro.

— É uma seda muito fina. Estou certa de que você com ele vai ser a mulher mais bonita de lá. Eu gostaria que cuidasse melhor dos seus cabelos. Hoje, ao sairmos, vou levá-la ao salão do meu amigo Belo. Ele corta e penteia muito bem. E, pode ir sossegada, de você ele nem vai cobrar. Agora, tire o vestido senão não dará tempo de almoçar.

Elas se apressaram e ainda tiveram tempo de comer antes que o sinal soasse. Jacira estava ansiosa e parecia que o tempo não passava. Não via a hora que o sinal tocasse indicando o fim da jornada de trabalho. Finalmente ele soou e elas puderam deixar a oficina.

Uma vez na rua, Jacira disse à amiga:

— Seu amigo é um trabalhador como nós. Não é justo que ele me atenda de graça. Se ele não cobrar muito, eu gostaria de pagá-lo.

— Não seja orgulhosa. O Belo é gente boa. Ele foi pobre como nós, mas hoje tem um salão grande e clientes de classe. Mas apesar de estar bem de vida continua sendo amigo dos amigos. Eu o conheço há mais de cinco anos. Quando ele começou, o pai não queria que ele fosse cabeleireiro e o colocou para fora de casa.

— Por quê? Ele não era trabalhador?

— Era. Mas você sabe, ele não era igual aos outros rapazes e o pai queria que ele tivesse outra profissão.

— Puro preconceito. É cruel colocar um filho para fora de casa.

— Qual nada. Foi bom para ele. O pai não o entendia e estava atrapalhando sua vocação. Claro que no começo foi difícil, e eu, muitas vezes, chamei-o para ficar em casa. Mas ele logo começou a trabalhar de ajudante em um salão para pagar os cursos e quando se formou começou a ganhar dinheiro. Até que montou seu próprio salão. Você vai gostar dele. Vamos tomar aquele ônibus que está vindo.

Elas correram e conseguiram subir no ônibus. Não estava tão cheio como Jacira costumava ver. É que ele se dirigia para o centro da cidade.

A certa altura, Margarida deu sinal e desceram. O bairro era bonito, as casas boas e as ruas cheias de árvores.

— Venha — convidou Margarida. — Fica logo ali.

Foram andando e pararam diante de um prédio muito bonito, o que fez Jacira observar:

— Quando passo por um lugar como este, não tenho nem coragem de entrar.

— Bobagem. Eu não ligo para isso.
Margarida puxou Jacira pela mão e entraram no salão. Jacira encantou-se com os espelhos e os arranjos de flores.
— A esta hora não tem muita gente. Mas aqui costuma estar sempre lotado.
Havia apenas duas mulheres sendo atendidas. Margarida, segurando Jacira pela mão, caminhou para o fundo do salão, em direção a um rapaz que estava sentado de costas tomando um café.
— Como vai, Belo? — disse Margarida tocando levemente o ombro dele.
Imediatamente ele se voltou e vendo-as levantou-se com um sorriso agradável no rosto:
— Margarida, minha linda! Que bom vê-la!
Abraçou-a calorosamente beijando-a sonoramente na face.
Jacira olhava-o admirada. Era um homem alto, lindo, moreno, traços perfeitos, grandes olhos verdes, cabelos castanhos com reflexos dourados, exibindo dentes alvos e bem distribuídos.
— Esta é minha amiga Jacira. Já lhe falei dela.
— Como vai, Jacira? Faz algum tempo que Margarida me falou de você. Por que demorou tanto?
— Vou bem... — balbuciou ela sem saber o que dizer.
Margarida interveio:
— Vou contar-lhe por que decidimos vir hoje aqui.
Em poucas palavras Margarida falou do convite para as aulas e por que Jacira desejava desistir.
Ele ouviu tudo com atenção, depois comentou:
— Não faça isso, minha filha! No mundo, se você não se colocar lá em cima, os outros passam por cima sem dó nem piedade. Quem espera valorização dos outros, fica sempre por baixo. É você que tem de se valorizar.
— É que eu nunca tive chance na vida. Sempre fui pobre, feia, e meus pais dependem de mim.
Belo fixou-a sério, depois respondeu:
— No meu conceito, não existe mulher feia. Só as que acreditam na própria feiura e não fazem nada para melhorar. Quanto a você, dá para notar que não se cuida mesmo. Está

maltratada, rosto sem maquiagem, cabelos queimados de sol, sem brilho, e outras coisas mais.

— Eu sei que sou assim. Eu nasci assim e não vejo como mudar.

— Pois eu aposto com você que posso transformá-la em uma mulher elegante, de classe.

Os olhos de Jacira brilharam por alguns segundos, depois uma onda de tristeza a acometeu:

— Essas coisas custam caro. Não tenho como pagar.

— O mundo não se fez em um dia. Posso ensinar-lhe como cuidar de sua pele, dos seus cabelos, com recursos caseiros. Maquiagem não custa tão caro. Há produtos baratos que fazem o mesmo efeito. Mas há um problema...

— Qual? — indagou Jacira.

— Preciso saber se você realmente quer se tornar uma mulher bonita, atraente.

— Querer eu quero, mas não acredito que eu seja capaz de me tornar o que você diz.

— A postura é o mais importante. Se você não perceber sua própria beleza, se não acreditar que é bonita, não poderei fazer nada. É a confiança em si, o brilho do olhar, o sorriso alegre que criam as energias necessárias à mudança. Para que sua beleza venha para fora, é preciso que você aprenda a enxergá-la dentro de você e expressá-la.

— É verdade — tornou Margarida sorrindo. — Quantas vezes vemos mulheres que achamos feias ao lado de homens bonitos, chiques, que tudo fazem para agradá-las?

— Entendeu o que eu disse? — tornou Belo com um sorriso maroto.

— Será que eu seria capaz disso?

Belo deu de ombros e respondeu:

— Não sei. Só sei que se desejar de fato, vai conseguir.

Os olhos de Jacira brilharam, apesar de tudo, ela estava hesitante. Margarida interveio:

— Ele sabe o que diz! Acredite. Você já perdeu muito tempo em sua vida. O que está esperando?

Belo puxou uma cadeira em frente do espelho:

— Sente-se aqui, Jacira. Vamos ver o que podemos fazer.

Ela obedeceu. Olhando-se no espelho sentiu vontade de levantar-se e ir embora correndo. Ela era muito feia! Por mais que ele quisesse não conseguiria torná-la bonita.

Belo examinou os cabelos dela com atenção, puxou-os para trás observando o efeito, depois os levantou dos lados, puxando uma onda do lado, virou novamente e depois disse:

— Seu cabelo é de boa qualidade. Está maltratado. Já sei como vou cortá-lo e fazer uma boa hidratação. Quanto à sua pele, é boa e sem manchas, mas também precisa de certos cuidados. Vou ensinar-lhe como fazer em casa.

Colocou um avental nela, chamou uma mocinha e deu as instruções para lavar seus cabelos. Enquanto a garota levou Jacira para o lavatório, ele ficou conversando com Margarida:

— Você a trouxe para que aprenda a cuidar-se. Quando é que também vai criar vergonha e se cuidar como já lhe ensinei?

— Eu estou bem assim. Não tenho paciência para fazer o que você quer.

— Desde que trancou seu coração sente prazer em ficar feia para escapar dos homens. Está perdendo muito tempo. A vida passa e, quando se arrepender, será tarde.

— Eu não tenho um corpo elegante. Sou baixinha e gordinha. Por mais que faça, não sairei disso.

— Você poderia ser uma gordinha linda se se cuidasse. Já que não quer emagrecer, cuidar do corpo, pelo menos cuide dos cabelos, da pele, que já foi melhor do que agora.

— Eu vim para ajudar Jacira. Desejo que ela encontre alguém e possa ser feliz. Sabe que ela nunca teve um namorado? Tem mais de trinta anos.

— Ela ainda não entendeu o que é ser mulher. Não tem postura. Não encontrou seu próprio brilho. Estou certo de poder fazê-la perceber que pode mudar.

Pouco depois, quando Jacira voltou, ele começou a trabalhar. Virou a cadeira dela de costas para o espelho e mandou uma moça fazer suas unhas. Cortou os cabelos, depois os penteou e arrumou as sobrancelhas, fazendo uma maquiagem.

Quando ela ficou pronta, Belo virou a cadeira de frente para o espelho e disse:

— Conhece essa mulher?

Jacira olhou e não se reconheceu. Os cabelos mais curtos, penteados para o lado, desciam até os ombros, repicados e ligeiramente ondulados, suavizando os traços de seu rosto. Seus olhos pareciam maiores e seus lábios bem delineados tornaram-se mais bonitos.

Jacira ficou muda. Aquela não podia ser ela. Quando conseguiu falar disse:

— O que você fez? Essa não se parece comigo.

— Essa é você. Não gostou?

— Estou mais jovem, mais bonita.

— De agora em diante precisa conservar. Vou dar-lhe alguns produtos para que possa continuar se arrumando bem.

Antes que ela falasse, ele continuou:

— Não vai lhe custar nada. O salão ganha dos fornecedores alguns produtos e posso doá-los desde que me prometa que vai usá-los.

Jacira estava entusiasmada. Pela primeira vez via-se como uma mulher bonita. Não conteve a admiração:

— Será que vou saber me arrumar assim?

— Não será difícil. Da forma como cortei seus cabelos, será fácil penteá-los. Vou ensiná-la. Quanto à maquiagem, é muito simples. Logo aprenderá.

Na meia hora em que ficaram conversando, Belo deu-lhe alguns produtos e ensinou-a a usá-los. Ao despedir-se, Jacira fez questão de agradecer e dizer que dali para a frente ela lhe seria grata e gostaria muito que a aceitasse como sua amiga. Belo sentiu-se feliz e satisfeito. Transformar as pessoas, torná-las belas, era o que ele mais gostava de fazer.

Quando deixaram o salão, já havia escurecido, só então Jacira pensou em seus pais. Certamente não aprovariam sua mudança.

— Quando eu chegar em casa vou ter de brigar com minha mãe. Ela não vai gostar da minha aparência.

— Não entendo por quê. Você ficou muito mais bonita. Qualquer um gostaria de vê-la mais arrumada.

— Não minha mãe. Ela é antiquada. Não gosta de maquiagem. Vai ficar mais brava com a cor do esmalte em minhas unhas. Nunca deixou que eu usasse nem base.

— Não ligue para o que ela vai dizer. Quando souber que daqui para a frente você vai se arrumar assim, acabará se acostumando.

Jacira suspirou:

— Espero que sim.

— Você gostou, não gostou?

— Adorei.

— Então pronto. Isso é o que conta.

Elas pararam no ponto de ônibus. Jacira despediu-se da amiga beijando-a na face, depois disse:

— Nunca esquecerei o que está fazendo por mim. Você pode contar comigo para qualquer coisa.

— Gosto de você e desejo que seja feliz.

Abraçaram-se e Jacira atravessou a rua para esperar o ônibus e ir para casa. Apesar de já ter escurecido, ainda havia uma fila e ela posicionou-se no fim dela. Se tivesse sorte tomaria o primeiro ônibus, ainda que fosse para viajar em pé. Não queria se atrasar ainda mais.

Em seguida, chegaram mais dois homens e ficaram atrás dela. Eles conversavam animadamente e Jacira nem prestou atenção. Estava preocupada com a reação de sua mãe.

Naquele momento, alguma coisa caiu sobre seu pé esquerdo e ela estremeceu assustada. Olhou para ver o que era e um isqueiro estava entre seus pés. O homem, que estava atrás dela, abaixou-se para apanhá-lo e Jacira afastou-se um pouco para que ele o fizesse.

Depois, ele levantou o rosto e olhou-a sorrindo:

— Desculpe. Machucou?

Era um homem bonito, olhos grandes que a olhavam fixamente. Ela, um pouco acanhada, respondeu:

— Não.

— Sinto tê-la assustado. Mas esse pequeno incidente me trouxe a oportunidade de conhecê-la.

Jacira não conseguiu responder. Ele a olhava com admiração e ela ficou sem jeito.

— Se você não fala com desconhecidos, eu me apresento: meu nome é Nelson Martins. E o seu?

Ela, então, respondeu com voz que procurou tornar firme:

— Jacira.

— Muito prazer.

Ele estendeu a mão e ela a apertou. Vendo que ele queria continuar conversando, Jacira ficou aliviada quando o ônibus chegou e as pessoas começaram a subir.

No momento em que ela ia subir, ele rapidamente a ajudou, o que a fez ficar mais acanhada. Nunca nenhum homem a tinha olhado daquele jeito e ela sentia-se um pouco assustada.

Parecia-lhe ouvir sua mãe dizendo: "Vai já lavar essa cara e tirar essa maquiagem. Você parece uma prostituta".

Sentiu vontade de sair correndo e procurou sentar-se ao lado de uma senhora para evitar que ele se sentasse ao seu lado. Ele sentou-se do outro lado, um pouco atrás, e ela sentia o olhar dele pousado nela. Apesar do medo e das palavras de sua mãe que a incomodavam, ela refletiu que alguém a olhara com interesse.

Ainda que fosse com intenção ruim, pelo menos alguém se interessara por ela.

Quando chegou ao ponto, ela deu o sinal, desceu, e nervosa notou que Nelson desceu também. Começou a caminhar depressa, mas ele a alcançou com facilidade segurando seu braço:

— Espere. Quero falar com você.

Ela parou olhando-o nos olhos. Se ele lhe dissesse algo indecente, estava disposta a mostrar-lhe que não era uma prostituta. Ele sorriu e continuou:

— É sempre assim?

— Assim como? — respondeu ela de má vontade.

— Difícil. Eu já me apresentei, podemos conversar? Simpatizei com você, desejo conhecê-la. Você é casada ou comprometida?

— Não. Mas não costumo conversar com estranhos.

— Já nos apresentamos, não somos mais estranhos.

Os olhos dele eram amistosos e o rosto de Jacira desanuviou-se.

— É que estou com pressa. Atrasei-me, não avisei minha mãe e ela deve estar preocupada.

— Foi por uma boa razão. Vi quando saiu daquele salão.

— Viu?

— Sim, e a segui até o ponto de ônibus. Não queria perder a chance de conversar com você.
Vendo que ela não respondeu, ele pediu:
— Vamos nos sentar em um banco da praça para conversar um pouco?
Jacira estava sem saber o que dizer. Seu rosto estava corado e parecia-lhe estar fazendo alguma coisa errada. Por outro lado sentia vontade de ir.
— É tarde. Não posso demorar.
— Apenas alguns minutos não fará diferença, você já está atrasada mesmo.
Ela concordou com a cabeça e ambos foram caminhando até a praça; no caminho ele segurou delicadamente o braço dela para atravessarem a rua. Sentaram-se no primeiro banco. Ela não sabia o que dizer. Para deixá-la mais à vontade, ele perguntou se ela trabalhava e, percebendo que ele a tratava com respeito, aos poucos Jacira foi falando sobre seu trabalho na oficina. Por fim, perguntou:
— E você, trabalha em quê?
— Em um escritório de contabilidade.
— Você gosta?
— Nem tanto. Mas foi o que pude encontrar.
— Eu também não gosto da oficina. Mas preciso do emprego. Meus pais dependem de mim. E por falar neles, tenho de ir.
Jacira levantou-se, ele também, segurou a mão dela dizendo:
— Vou acompanhá-la até sua casa.
— Não é preciso.
— Faço questão.
Jacira teve medo de que sua mãe a visse e a maltratasse diante dele.
— Você vai apenas até a esquina.
— Mas você vai me mostrar a sua casa.
Eles foram caminhando e quando chegaram na esquina da casa dela, pararam. Jacira disse:
— Vamos nos despedir aqui.
— Qual é a casa que você mora?
— Não vale a pena lhe dizer. É uma casa velha e feia.
— Não importa.

Hesitante, Jacira apontou:
— É aquela cinza, no meio do quarteirão.
Ele tirou um cartão do bolso e o entregou a ela dizendo:
— Como você não tem telefone, aqui tem o meu número. Ligue-me nos próximos dias, poderemos sair, ir ao cinema, ou fazer o que você desejar.
Vendo que ela estava indecisa, ele continuou:
— Prometa que vai me ligar.
— Está bem. Agora tenho de ir.
Ela estendeu a mão que ele segurou e beijou-a na face. Jacira sentiu as pernas tremerem.
— Boa noite — disse ele sorrindo. — Não deixe de me ligar.
— Boa noite — respondeu ela, afastando-se depressa.
Seu coração batia descompassado. Parecia-lhe ter cometido um crime. Seu rosto maquiado, corado pela emoção, o atraso para chegar em casa, tudo isso faria com que a mãe notasse que algo diferente havia acontecido.
Abriu o pequeno portão de ferro do jardim, caminhou até a porta e esperou um pouco para entrar. Mas estava difícil de se acalmar. Olhou o relógio, passava das nove. Nunca tinha chegado em casa tão tarde. Respirou fundo, abriu a porta e entrou.
Seus pais estavam na sala vendo televisão na obscuridade e ela passou rápido, foi logo para o quarto. Ouviu a voz da mãe gritar:
— É você, Jacira? Por que voltou tão tarde e foi para o quarto? O que aconteceu?
— Nada. Está tudo bem.
— Desça para jantar e lavar a louça.
Apesar de estar com fome, ela respondeu:
— Não quero jantar. Estou cansada e vou dormir.
Ela fechou a porta do quarto e olhou-se no espelho. Seu rosto corado, maquiado, os cabelos brilhantes e arrumados fizeram-na sorrir com prazer. Parecia outra mulher, mas era ela.
Lembrou-se de Nelson, ele aparentava uns quarenta anos, era alto, moreno, grandes olhos castanhos, sorriso bonito, elegante, bem-vestido. Difícil acreditar que ele tivesse gostado dela.
Mas era verdade. O cartão dele ainda estava na sua mão.

Alguém mexeu na maçaneta da porta e Geni gritou irritada:

— Jacira! Por que trancou a porta? Abra, eu quero falar com você.

Ela não tinha coragem de abrir. A mãe bateu com insistência pedindo que ela abrisse. Jacira irritou-se, guardou o cartão na gaveta e depois abriu a porta dizendo:

— O que quer? Eu estava arrumando minhas coisas para amanhã cedo.

Ela entrou e colocou a mão na boca dizendo assustada:

— Jacira! O que você fez, ficou louca? Está parecendo uma...

Jacira a interrompeu:

— Não termine. Eu sei muito bem o que estou fazendo. Não quero sua opinião. Eu tenho idade para saber o que quero.

— Não acredito que esteja me desafiando desta forma. Ai... Estou me sentindo mal... Tide, venha depressa ver o que Jacira fez. Essa filha ainda me mata!

O programa de televisão estava interessante e Aristides fingiu que não ouviu. Jacira controlou a raiva e com voz firme respondeu:

— Você terá de se acostumar. De hoje em diante vou me arrumar assim.

Os olhos de Geni brilharam raivosos. Ela gritou:

— Tide! Venha aqui, já. Jacira está me afrontando. Eu que sempre me sacrifiquei por ela. Tiiide! Estou passando mal, socorro!

Jacira suspirou procurando conter-se. Naquele momento ficou claro que ela estava fingindo. Agia assim para manipular a família.

Nervoso por ter de atendê-la, Aristides subiu as escadas quase correndo e viu Geni amparada na porta do quarto.

— O que aconteceu? — indagou.

— Olhe para Jacira. Veja com seus próprios olhos o que ela fez.

Aristides olhou, viu e admirou-se:

— Jacira! Como você está bonita! Parece outra pessoa.

— Bonita?! É isso o que você diz? Ela está vulgar pintada desse jeito. Está me afrontando dizendo que vai pintar-se assim todos os dias.

— É, pai. Daqui para a frente vou me arrumar como as outras mulheres.

Aristides estava boquiaberto. Não é que Jacira estava até bonita? Voltando-se para Geni disse:

— Você está exagerando. Não é tanto como você diz.

Geni começou a soluçar dizendo:

— Você também está contra mim? Como pai deveria obrigá-la a lavar essa cara e arrumar o cabelo como antes. Filha minha não pode sair por aí como uma qualquer. Até as unhas ela pintou de vermelho. Onde já se viu?

— Jacira, você deve respeitar sua mãe e fazer o que ela pede — disse Aristides sem muita convicção.

— Pai, sou uma mulher de trinta e oito anos. Posso decidir me arrumar como gosto. Fazendo isso não estou faltando com o respeito a você e a ela. Eu não gosto da maneira como mamãe se arruma, mas nunca disse nada. Ela tem o direito de se vestir como quer.

— Está vendo? Agora ela me ataca dizendo que não sei me vestir. Ai, estou com falta de ar... Acho que vou cair...

Aristides segurou-a pelo braço:

— É melhor se deitar. Vou levá-la para o quarto.

Com muito custo ela deixou-se levar soluçando até o quarto. Jacira fechou a porta, abriu a gaveta e segurou o cartão que Nelson lhe dera. Ele era o primeiro resultado de sua mudança.

Sentiu uma onda de alegria. Abriu o guarda-roupa e pensou que precisava fazer outro vestido. Estava ansiosa para ir à aula de sábado e descobrir o que Ernesto diria de sua nova aparência.

No dia seguinte veria com Margarida como fazer isso.

Geni, assim que Aristides fechou a porta do quarto, parou de soluçar:

— Você ficou do lado dela e contra mim.

— Mas ela está mais bonita.

— É isso que você quer que ela sinta? Já pensou que se isso continuar, todo nosso esforço em educá-la para nos amparar na velhice terá sido inútil? Que logo vai aparecer um sujeito qualquer e levá-la embora? O que faremos se isso acontecer? Você não arranja mais emprego. Não temos renda. Sua aposentadoria não é suficiente para nos sustentar.

Aristides, pensativo, coçou a cabeça. De certa forma Geni tinha razão. O que fariam os dois sozinhos? Geni não aguentaria fazer todo serviço da casa. Ele teria que ajudar. Adeus leitura de jornais, os papos com os amigos na padaria e os programas de televisão. Não. Isso não poderia acontecer.

— Você está certa. Eu errei. Vou ficar do seu lado. Agora é tarde. Descanse. Amanhã falarei com ela. Jacira terá de nos obedecer como sempre fez.

— Isso mesmo. Nós precisamos dela e não podemos facilitar.

Após essa resolução, Aristides deixou Geni no quarto e prazerosamente voltou a sentar-se diante da televisão.

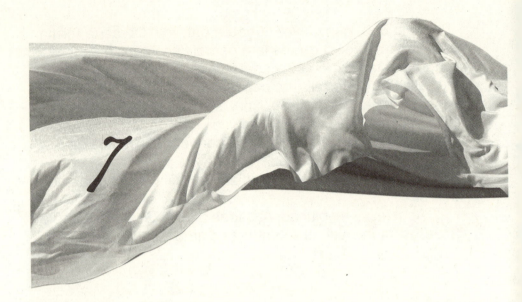

7

No sábado, diante do guarda-roupa, Jacira olhava preocupada para os vestidos pendurados. Ela queria muito ir à casa de Ernesto assistir às aulas. Depois da ida ao cabeleireiro, ficara motivada. Ainda bem que tinha o outro vestido que Margarida reformara. Resolveu colocá-lo.

Nos últimos dias, à noite, fechada em seu quarto, ela treinara maquiar-se e estava contente com o resultado.

Arrumou-se com cuidado, fez uma maquiagem leve, penteou os cabelos, olhou-se no espelho minuciosamente. Sorriu satisfeita. A sensação de estar elegante, de sentir-se mais bonita, era nova, mas muito agradável. Sentia vontade de cantar, rir, voar.

Apanhou a bolsa e saiu. Ao passar pela sala onde Aristides assistia ao programa esportivo e Geni lia uma de suas revistas favoritas, Jacira estremeceu quando a voz estridente de sua mãe gritou:

— Aonde vai a esta hora da tarde vestida desse jeito?

— Vou passear.

— Tide! Você não fala nada? Ela pintou a cara de novo e vestiu essa roupa apertada.

Aristides olhou contrariado e, sem prestar muita atenção, resmungou:

— O que está acontecendo aqui? Um homem velho, cansado, não pode assistir ao seu programa favorito porque vocês duas não se entendem? Jacira, trate de obedecer sua mãe.

Jacira sequer respondeu, virou as costas e saiu antes que Geni começasse a cena de sempre. Na rua, tratou de distanciar-se rapidamente, com medo de que sua mãe saísse na rua para repreendê-la, como já fizera algumas vezes.

Felizmente o ônibus estava chegando e ela conseguiu embarcar. Chegou à casa de Ernesto dez minutos antes do horário que ele havia marcado. O porteiro a reconheceu e abriu o portão para que ela entrasse.

Várias pessoas conversando, rindo, entraram também. Estavam bem-vestidas e Jacira sentiu receio de não estar vestida de acordo e um aperto no peito a incomodou.

Pensou em ir embora, mas nesse momento Ernesto estava no hall conversando com algumas pessoas e, vendo-a, aproximou-se sorrindo:

— Que bom vê-la! Eu estava aqui na entrada pensando se você viria.

— Como vai? — indagou ela apertando a mão que ele lhe estendia.

— Bem, e você está cada dia melhor. Esse penteado fica-lhe muito bem.

Jacira sentiu a opressão desaparecer:

— Obrigada.

— Veio assistir à aula de hoje? Estamos iniciando uma turma nova.

Ela hesitou um pouco, depois disse:

— Não sei. Antes preciso perguntar-lhe... — calou-se embaraçada.

Ele consultou o relógio e respondeu:

— Temos alguns minutos. Vamos à minha sala.

Uma vez sentados um diante do outro, Ernesto disse:

— Pode falar. Quais são suas dúvidas?

— Aqui é um ambiente fino, de pessoas bem-vestidas, não sou desse meio. Só tenho este vestido e assim mesmo porque Margarida me deu de presente.

Ele fixou seus olhos e perguntou:

— Você sente vontade de assistir às aulas?

— Sinto. Conversar com você me fez muito bem. Deu-me coragem para enfrentar minha família e mudar as coisas que me deprimiam.

— Nesse caso deve fazer o curso. Estou certo de que vai aproveitar muito. Você está no ponto certo para conseguir transformar sua vida, conquistando o que deseja.

— As pessoas podem não gostar de me ver aqui.

— Se você não deixar o orgulho de lado e lutar pelo que deseja, não poderei fazer nada por você.

— Não é por orgulho.

— É sim. Você se julga menos do que essas pessoas e receia enfrentar uma convivência temendo cometer erros e ser criticada. Entretanto, você não é menos nem mais do que ninguém.

— Eu sei o meu lugar. Sou uma operária pobre e sem instrução.

— As pessoas valem pelas qualidades que têm e não pela classe social em que se colocaram.

— Eu nasci assim, se pudesse escolher seria diferente.

— Você pode escolher. É livre para decidir o que deseja ser e transformar sua vida.

Jacira meneou a cabeça negativamente:

— Não creio. Quem nasce pobre não tem escolha. É trabalhar no que puder e resignar-se com o que tem.

Ernesto sorriu e respondeu:

— Vejo que está iludida. Está na hora da aula. Não temos mais tempo. Vamos. Depois conversaremos.

Um pouco hesitante, Jacira o acompanhou. Ao entrarem na sala lotada, o burburinho cessou e Ernesto colocou mais uma cadeira ao lado da primeira fileira, pedindo a Jacira que se sentasse.

Depois, apanhou o microfone, deu as boas-vindas a todos e começou a falar:

— Todos desejamos conquistar a felicidade, mas a maioria tem dificuldade de encontrar o caminho. Depois de anos de estudos sobre o comportamento humano, fazendo vivências com pessoas, descobri que a vida é muito mais do que parece e que nossa importância como pessoa é muito maior do que eu pensava.

Ele fez uma ligeira pausa passando os olhos pelas pessoas que o ouviam com atenção e continuou:

— Tornei-me espiritualista. Descobri que nosso espírito já viveu outras vidas aqui na Terra. Ao renascer, ele recebe um novo corpo para continuar a aprendizagem que visa ao amadurecimento do seu espírito. Quando esse corpo morre, o espírito volta para seu lugar de origem, em outras dimensões do Universo. Em nosso inconsciente, guardamos todas as experiências de todas as nossas vidas na Terra. Quando estamos aqui, não nos lembramos delas para ficarmos livres do passado, embora ele discretamente continue nos influenciando.

Os olhos de Ernesto brilhavam e sua voz agradável tinha a firmeza da sua crença. Fez um breve silêncio, depois continuou:

— No meu conceito, a vida existe de forma plena e verdadeira em nosso espírito, o condutor absoluto da nossa vida. Vocês vieram para um curso de autoajuda, porquanto quem deseja melhorar seu mundo interior não pode ignorar essa base. Se tem alguém aqui que não concorda, pode retirar-se e apanhar seu dinheiro de volta.

Ele esperou alguns minutos e como ninguém fez menção de sair, ele continuou:

— Muito bem, podemos então começar nossa aula.

Jacira, envolvida pelo olhar de Ernesto, ouvira tudo com atenção e, apesar de nunca ter pensado nesses assuntos, sentiu que tudo fazia sentido em seu coração.

Durante uma hora, Ernesto discorreu sobre problemas psicológicos determinantes de resultados negativos e falta de reconhecimento das pessoas na apreciação e utilização de suas qualidades como causa da infelicidade.

Por fim disse:

— Ao finalizar, peço-lhes que analisem todos os fatos da vida sob a ótica espiritual.

Algumas pessoas levantaram a mão desejando fazer perguntas, mas Ernesto disse:

— Na próxima aula lhes direi como fazer isso. Até a próxima semana.

Sob os aplausos entusiasmados dos alunos, Ernesto deixou a sala. Jacira estava encantada. O tempo passara rápido e ela notara que muitas crenças que ele disse serem erradas, ela tinha cultivado a vida inteira.

Deixou a sala e no corredor viu Ernesto rodeado por algumas pessoas conversando. Queria agradecer e despedir-se, mas não querendo interrompê-los foi passando discretamente, porém ele a chamou:

— Jacira, espere.

Ela parou. Ele continuou:

— Desejo apresentar-lhe algumas pessoas.

Ela aproximou-se e ele as apresentou:

— Jacira, esta é Marina, José, Marcos e Sônia.

— Muito prazer, Jacira — respondeu ela um pouco tímida. Mas eles um a um abraçaram-na, dando-lhe um beijinho na face.

Jacira sentiu uma onda de prazer invadir seu coração. Eles a cumprimentaram com carinho e alegria.

— Jacira está começando hoje — esclareceu Ernesto.

— Nós já estamos estudando aqui há dois anos — disse Marina.

— Eu mudei minha vida depois que vim para cá — afirmou José. — Vivia deprimido, triste, de mal com a vida. Agora sou outra pessoa.

— Aconteceu com todos nós — garantiu Sônia, sorrindo.

Conversaram alguns minutos mais, depois se despediram. Vendo-se a sós com Jacira, Ernesto disse:

— Venha tomar um café comigo. Vamos conversar. Quero saber o que você achou.

Ela acompanhou-o até a sala e sentaram-se à mesa onde já havia café, leite, biscoitos e algumas xícaras.

Ele puxou a cadeira para que ela se sentasse e sentou-se em seguida. Serviu-os de café com leite e depois disse:

— E então? O que sentiu durante a aula?

Jacira pensou um pouco, depois respondeu:

— Eu me senti muito bem. Principalmente quando disse que é espiritualista. Sempre acreditei que a vida continua após a morte do corpo físico, mas não conheço essa religião.

— Não é uma religião. A crença na vida após a morte e na reencarnação são naturais, fazem parte da vida.

— Se fossem naturais as pessoas não teriam tanto medo de morrer.

— A maioria se recusa a estudar o assunto por preconceito. De tanto dramatizar a morte, evitam tudo o que se relaciona a ela. É ilusão, uma vez que todos morreremos um dia.

— Só em falar nisso fico toda arrepiada!

Ernesto riu gostosamente e continuou:

— Se você soubesse o que acontece depois não diria isso. Lembra-se da outra vez que esteve aqui?

— Eu dormi e tive um sonho lindo. Nunca mais me esqueci.

— Eu lhe falei que não foi sonho. Você foi realmente a um lugar fora deste mundo.

— Você me disse que nós podemos nascer aqui várias vezes. Ainda não entendi bem como pode ser isso.

— Mais tarde compreenderá melhor. Naquela tarde, quando você dormiu, seu espírito saiu do corpo e foi visitar outra dimensão do Universo. É para lá que vamos depois da morte.

— Se isso for verdade, quero morrer agora!

— Calma. Só vai viver lá se tiver vivido aqui uma vida produtiva e estiver bem.

— Minha vida é muito ruim. Nesse caso penso que nunca irei para lá.

— Você está enganada. O que conta não é sua condição social, mas a elevação do seu espírito. Para conquistar isso basta procurar se tornar uma pessoa melhor, mais lúcida, mais feliz.

— Isso é tentador, eu me sentiria muito feliz se pudesse viver lá.

— Você tem tempo para conquistar essa condição. Tem muitos anos para viver aqui e aprender.

— É isso que você vai me ensinar?

— Podemos trocar ideias sobre espiritualidade porque, como eu disse, sem essa base fica mais difícil conquistar o equilíbrio. Tentarei passar para você o que sei sobre o assunto, principalmente por saber que você tem sensibilidade e vai entender. Mas nas aulas falo mais sobre o lado psicológico.

— Por que você disse hoje que as pessoas que não concordassem poderiam sair?

— Porque as pessoas são livres e eu não estou pregando nenhuma religião, mas minhas palavras refletem as pesquisas que tenho feito ao longo dos anos e comprovam essa realidade. Acho que estou falando muito e não desejo impor minhas ideias. É que me entusiasmo quando falo do meu trabalho.

— Eu ficaria o dia inteiro ouvindo o que você diz. Sinto que está me fazendo bem. Penso que sou eu que estou abusando. As pessoas foram embora, e eu, além de lanchar, ainda estou recebendo ensinamentos extras. Não sei como lhe agradecer.

— Não precisa. É que você foi tão chorona que senti vontade de dizer-lhe que não precisa sofrer e pode modificar sua vida.

— Só o tempo em que passei aqui já me deixou muito melhor.

Jacira levantou-se e continuou:

— Obrigada pelo lanche e pelas boas palavras.

— Espero que volte no próximo sábado e não fique fazendo luxo.

Jacira corou:

— Não vou perder a próxima aula de jeito nenhum. Virei ainda que seja com o mesmo vestido.

— Ótimo.

Ela despediu-se e saiu. Sentia-se alegre, valorizada e leve. Conhecera pessoas agradáveis, aprendera coisas novas. As palavras de Ernesto não lhe saíam do pensamento.

Será que apenas mudando o modo de pensar, ficando mais otimista, sua vida mudaria?

Essa ideia lhe parecia um tanto fantasiosa, mas, por outro lado, lembrou-se da mãe, que reclamava e criticava tudo de que ela gostava. Isso sempre lhe parecera injusto e exagerado. Apesar de dizer-se doente, Geni alimentava-se muito bem, tinha cores saudáveis.

Pela primeira vez perguntou-se: Por que ela fazia isso? Apesar das dificuldades financeiras, não lhe faltava o essencial, dava até para ela comprar as revistas de que tanto gostava.

Já o pai não aceitava o fato de não ser mais o operário especializado, mestre na fábrica, e preferia ficar desempregado, insatisfeito e infeliz a deixar o orgulho de lado e trabalhar no que lhe era possível.

Se eles mudassem o modo de pensar, talvez a família pudesse desfrutar de mais conforto e paz e ela não precisaria fazer tanto esforço para pagar as contas. Teria mais dinheiro para cuidar de sua aparência e ser mais feliz.

Agora que provara o prazer de ver-se mais bonita e arrumada, despertando admiração, desejava continuar se cuidando.

Quando desceu do ônibus, foi caminhando e, ao chegar na esquina de sua casa, viu Nelson parado à sua espera. Vendo-a, ele aproximou-se dizendo:

— Estava me perguntando se você estava em casa ou não. Eu ia tocar a campainha para perguntar.

Jacira assustou-se:

— Não faça isso! Minha mãe iria ficar muito zangada.

— Por quê? Eu me apresentaria e pronto.

Jacira respirou fundo e, olhando o rosto dele, esclareceu:

— Meus pais são à moda antiga. Não permitem que eu tenha amizade com rapazes.

Foi a vez de ele se admirar:

— Como assim? Você não me parece menor de idade.

— Não sou mesmo. Mas fui criada dessa forma. Nunca tive um namorado.

— Não acredito! Está brincando comigo?

— Não. Foi por esse motivo que no outro dia não o deixei me acompanhar até em casa. Por que veio até aqui?

— Tive vontade de vê-la. Hoje é sábado e pensei que podíamos sair, ir jantar, ao cinema, fazer o que desejasse.

— Não vou poder. Por ter saído esta tarde, minha mãe já vai brigar comigo. Não vou nem falar em sair. Depois, eu não costumo sair à noite, ainda mais com homens.

— Por quê? Sou um homem bem-intencionado. Se não fosse não viria até sua casa. Estou interessado em você de verdade. Gostei do seu jeito. Você não gostou de ter me conhecido?

Apanhada de surpresa, Jacira não soube o que dizer. Ele era um homem bonito, elegante, ela se sentira muito contente por seu interesse. Mas tinha vergonha de dizer a verdade. Ele podia pensar que ela era uma moça fácil.

— Não se trata disso. É que hoje eu fiquei fora toda a tarde. Já escureceu e eu tenho de ir para casa. Minha mãe não tem saúde e eu a ajudo nas tarefas domésticas.

— Você não se interessou por mim como eu por você. Se tivesse gostado de mim, faria tudo para sair comigo, ainda que fosse para darmos uma volta. Não vou insistir.

Jacira sentiu-se angustiada. Era-lhe difícil reconhecer que sentia vontade de ir e ao mesmo tempo medo de que ele, quando a conhecesse melhor, reconhecesse que ela não merecia seu interesse.

Indecisa, ela sorriu tentando desfazer a impressão que causara e disse:

— Não é bem assim. Você não sabe os problemas que tenho em casa. Mas se quiser, podemos dar uma volta agora, conversar um pouco e sair outro dia.

Seus olhos brilharam e ele sorriu mostrando dentes alvos e bem distribuídos.

— Ainda bem que mudou de ideia.

Foram andando lentamente, lado a lado até a praça, sentaram-se em um banco. Nelson segurou a mão dela e comentou:

— Está fria.

— É a primeira vez que saio com um homem.

— Nos dias de hoje, é difícil de acreditar.

— Vamos falar de outra coisa. Falei de minha família, mas você ainda não falou da sua.

— Não tenho muito para contar. Meus pais moram em Presidente Prudente, tenho uma irmã casada que vive lá também. Quanto a mim...

Ele fez uma pausa, escolhendo as palavras para dizer, depois decidiu-se:

— Eu sou separado e tenho uma filha de quinze anos.

Jacira sobressaltou-se:

— Quer dizer que você é casado?

— Fui casado. Mas há cinco anos nos separamos. Não deu certo.

Jacira levantou-se:

— Preciso ir. Está na hora.

Ele segurou-a pelo braço e pediu:
— Sente-se, por favor.
Jacira obedeceu. Ele continuou:
— Quer ir embora porque sou separado e tenho uma filha?
— Não... Não tenho nada a ver com sua vida.
— Eu gostaria que você soubesse mais a meu respeito.
— Não é por esse motivo... É que preciso ir mesmo. Está tarde, minha mãe deve estar preocupada.
Ela levantou-se de novo e desta vez ele fez o mesmo. Jacira estendeu a mão dizendo:
— Boa noite.
Ele olhou-a, passou o braço pela cintura dela, apertou-a de encontro ao peito e beijou-a demoradamente nos lábios.
Jacira sentiu as pernas tremerem e seu coração disparou. Quando ele a soltou, não soube o que dizer:
— Desde o nosso primeiro encontro senti vontade de fazer isso. Sei que não vai me telefonar, mas amanhã à tarde passarei aqui para vê-la.
Jacira sentia as pernas bambas, estava chocada. Pela primeira vez ela fora beijada! Ainda sentia os braços dele em sua cintura e o calor do seu corpo junto ao seu.
— Você precisa ir mesmo?
Essa pergunta teve o dom de trazê-la à realidade:
— Sim.
Ela deu as costas e começou a andar. Nelson a seguiu:
— Vou acompanhá-la até sua casa.
— Até a esquina.
Foram andando em silêncio, de mãos dadas. Na esquina da casa dela, pararam. Ele levou a mão dela aos lábios, depois disse:
— Foi muito bom conhecê-la.
— Boa noite!
Foi o que ela conseguiu dizer, afastando-se quase correndo, sem olhar para trás.

Jacira entrou em casa e, sem dar atenção às palavras de Geni e ao protesto do pai que queria ver televisão em silêncio, correu a fechar-se no quarto. Sentou-se na cama tomando fôlego.

Ela fora beijada pela primeira vez! O inesperado despertara emoções desencontradas, que não conseguia definir. Em seus devaneios da juventude muitas vezes imaginara como seria seu primeiro beijo de amor. Mas agora que havia acontecido, não entendia suas emoções, muito diferentes das que imaginara.

Sentia-se atraída por Nelson, mas não podia dizer que era amor. Em sua imaginação o amor deveria despertar uma sensação inebriante, o que não aconteceu. O medo foi mais forte do que qualquer sentimento.

Nelson parecia estar gostando dela. Como ele poderia gostar de uma mulher feia, pobre, inexperiente?

Era difícil de acreditar. Geni batia insistentemente na porta do quarto gritando irritada:

— Jacira, abra esta porta! Quero saber onde esteve o dia inteiro.

Ela não tinha nenhuma vontade de abrir. Não estava disposta a ouvir as queixas e reclamações da mãe. Precisava pensar melhor sobre o que estava lhe acontecendo. Nelson queria namorá-la, deixou esse ponto bem claro, mas ela não sabia como seria isso.

Em dado momento, pareceu-lhe ouvir a voz da mãe dizendo:

— Vai lavar essa cara. Você parece uma prostituta!

O que diria ela se soubesse que a filha estava saindo com um homem casado? Mesmo separado, na cabeça de Geni e de Aristides ele continuava casado.

Revendo os momentos que tivera com Nelson desde que o conhecera, sentia que ele não a julgara uma mulher de vida fácil, a havia tratado com respeito. Além disso, era um homem bonito, elegante.

Revendo a figura de Nelson, Jacira sorriu satisfeita. Ninguém mais poderia chamá-la de solteirona, principalmente os pais que tinham prazer em lembrar que ela nunca encontrara alguém que a amasse.

Por que em vez de incentivá-la a cuidar da aparência, eles faziam tudo para deixá-la sentindo-se incapaz e feia? Os pais devem amar os filhos, mas os seus não desejavam sua felicidade.

Geni não desistia de bater, e Jacira resolveu enfrentá-la. Abriu a porta, a mãe olhou-a, examinando-a de cima a baixo.

— Pintada desse jeito e com esse vestido apertado, curto, você não parece uma moça de família.

Jacira olhou-a friamente procurando controlar a irritação:

— Essa é a sua opinião. Mas os outros não pensam assim.

— Eu logo vi que você andava saindo com pessoas que querem destruir nossa família! Onde já se viu fazer isso comigo, que não faço outra coisa senão ser uma mãe dedicada?

— Mãe, estou cansada, não quero discutir. Vou dormir.

— Não passou a roupa da semana nem lavou a louça do jantar. Eu tive de lavar a do almoço.

— Você deveria ter lavado também a do jantar. Por que fica o dia todo em casa lendo revistas e larga tudo para eu fazer?

Geni colocou a mão na testa e recuou um passo como se tivesse sido ferida por uma bala. Seus olhos brilhavam rancorosos e ela esforçava-se para derramar algumas lágrimas.

Jacira percebeu claramente que ela estava fingindo.

— Tide! Venha depressa! Sua filha está me maltratando. Estou me sentindo mal, acho que vou cair.

Jacira a olhava sem se comover. Nunca aquela atitude lhe parecera tão falsa.

— Deixe o papai em paz. Agora, vou fechar a porta. Estou cansada e quero dormir.

Geni cambaleou, mas Jacira fechou a porta, passou a chave. Geni soluçava alto e Aristides foi até ela contrariado. Por que ela tinha de armar aquela cena no pedaço mais emocionante do filme?

Interessado em resolver logo o assunto e voltar para a sala, ele segurou Geni, que teimava em fingir que estava perdendo os sentidos.

— Viu o que ela fez comigo? Fechou a porta na minha cara. Filha cruel, malvada, não merece os sacrifícios que fazemos por ela.

— Chega, Geni. Vamos descer. Jacira não está bem. Ela quer dormir, deixe-a descansar.

— E eu? Terei de arrumar a cozinha toda? E a roupa para passar vai ficar. Logo, não teremos nenhuma peça para trocar.

Sem fazer caso de suas palavras, Aristides foi quase a arrastando para a sala.

— Sente-se e relaxe. Amanhã é domingo e ela terá o dia inteiro para dar uma ordem na casa.

— Você agora está do lado dela. Ela me afronta e você nem liga.

Aristides perdeu a costumeira paciência:

— Você está ficando muito implicante. Trate de se calar que eu quero ver o filme.

Sem dar importância aos soluços da mulher, ele sentou-se e dispôs-se prazerosamente a continuar vendo o filme.

Em seu quarto, Jacira remexia-se na cama, nervosa, procurando analisar o que sentia, confusa e emocionada. Havia momentos que lhe parecia estar mais bonita, sendo admirada, querida, mas havia outros que lhe parecia estar ouvindo a voz da mãe depreciando suas atitudes.

Depois de tantos anos ouvindo-a repetir as mesmas coisas, era-lhe difícil acreditar que pudesse encontrar alguém que a amasse de verdade. Quem poderia amar uma mulher feia, pobre e inexperiente como ela?

Nesse conflito ela quase não dormiu naquela noite. Mas, apesar disso, na manhã seguinte se levantou cedo, seus pensamentos tumultuados não a deixavam relaxar.

Eram sete horas e seus pais ainda dormiam. Foi à padaria, comprou pão, fez café, tomou uma xícara com leite, o que a fez recordar-se do encontro com Ernesto e de suas palavras animadoras.

Ele tinha cultura, era um professor, deveria saber o que estava dizendo. Afirmara que ela era bonita, tratava-a com respeito e atenção, confiava nela. Pensando bem, Ernesto tinha muito mais sabedoria e conhecimento do que seus pais, pessoas simples e sem cultura. Se ele afirmava que ela tinha condições de conquistar uma vida melhor, deveria acreditar.

Esse pensamento a deixou mais alegre, renovou sua disposição. Teve vontade de ir à casa de Margarida para contar-lhe a novidade e trocar ideias.

Olhando a pia cheia de louças, suspirou. Antes precisava resolver as coisas em casa. Colocou uma chaleira com água no fogo e começou a dispor a louça.

Pensando em acabar logo e ir à casa de Margarida, logo tudo estava em ordem. Foi para o quartinho passar a roupa da semana.

Geni acordou disposta a não deixar passar as ofensas da noite anterior, mas quando entrou na cozinha e viu tudo limpo, pão fresco na mesa e café pronto, procurou por Jacira, vendo-a passando roupa, mudou de ideia.

Decidiu mostrar abatimento, mas sem brigar. Afinal, ela estava fazendo o serviço.

Passava do meio-dia quando Jacira terminou o serviço, foi para o quarto e arrumou-se para sair. Quando ela passou pela sala, Geni não se conteve:

— Vai sair de novo?

Sem se perturbar Jacira respondeu:

— Vou visitar uma amiga.

— Que amiga? Desde que você arrumou amigas, ficou impossível. Não vai almoçar?

— Vai ficar tarde.

— E a louça?

— Fica por sua conta. Já fiz a minha parte por hoje.

E antes que ela respondesse, Jacira saiu e em poucos segundos estava na parada de ônibus.

Ao tocar a campainha da casa de Margarida, Marinho correu para abrir o portão, abraçando-a com alegria.

Jacira sorriu e entregou-lhe o saco de balas que comprara no caminho. Atrás dele, Margarida sorrindo, tornou:

— Estava pensando em você! Que bom que veio! Como você está bonita!

— Não diga isso que eu posso começar a acreditar.

Conversando animadas, as duas entraram.

— Hoje eu fiz para o almoço um frango recheado com farofa, como minha mãe fazia. Acabei de tirar do forno, ficou uma beleza! Marinho estava com vontade e eu até pensei: devia ter chamado Jacira para almoçar.

— Desculpe ter vindo na hora do almoço, mas aconteceu uma coisa e eu estava impaciente para lhe contar.

— Você sabe que na minha casa não precisa de cerimônia. Você é minha melhor amiga. Fico feliz quando vem aqui.

A mesa estava posta e Margarida acrescentou mais um prato. Marinho estava em volta ansioso para comer o frango e, conforme Jacira lhe pedira, deixara para chupar as balas depois do almoço.

Margarida colocou as travessas na mesa, sentaram-se, ela serviu o filho, depois perguntou:

— Fale, o que você tem para me contar? Seus olhos brilham quando fala nisso. Estou ansiosa para saber.

— Vamos comer. Depois conversaremos. É um assunto muito pessoal.

Margarida segurou a curiosidade. Quando terminaram de comer, Marinho foi brincar e Jacira contou tudo que lhe acontecera.

Margarida vibrava de alegria. Quando ela terminou, disse entusiasmada:

— Eu sabia que você logo iria encontrar alguém. Como é ele? Bonito?

— É alto, forte, moreno, bonito mesmo.

— Além de tudo sabe o que quer! Deu-lhe um beijo logo no primeiro dia!

— É isso que me incomoda. Acha que está certo? Ele não vai pensar que sou uma mulher fácil?

Margarida sacudiu a cabeça negativamente:

— Nada disso. Os homens gostam de mulher mais ardente.

— Eu não sou nada disso. Fiquei morrendo de medo.

Margarida riu gostosamente.

— Você começou tarde. Precisa tirar o atraso.

— Não brinque, Margarida. Para mim o assunto é muito sério.

— Não leve as coisas tão a sério. Foi sua primeira experiência. Que tal, gostou?

Jacira hesitou:

— Ainda não sei. Foi uma surpresa, minhas pernas tremeram, o coração disparou, foi difícil segurar o susto.

— Logo você vai perder o medo e gostar.

— Eu esperava que fosse diferente, não sei...

— Diferente como?

— Pensava que um beijo fosse me deixar enlevada, nas alturas, apaixonada, mas naquele momento eu só queria fugir, desaparecer, ir para casa.

Margarida olhou-a séria, passou a mão delicadamente acariciando os cabelos da amiga e respondeu:

— Você é ingênua como uma criança. Um beijo bem dado pode provocar várias sensações no corpo. Mas um beijo de amor é muito diferente. Emociona, não dá para explicar em palavras. Você mal conhece Nelson. Está curiosa de saber como é o namoro, mas ainda não está apaixonada por ele.

— Será? Ele é um homem bonito, amável, educado. Eu gosto dele, mas penso: ele não pode estar sendo sincero. Não sou uma mulher atraente, não sei nem como se namora. O mais provável é que ele não tenha boas intenções.

— Pensando assim você pode deixar passar o amor de sua vida. Você é uma boa moça, cheia de qualidades, bonita, trabalhadora. Você merece tudo. Não sei se esse Nelson é digno de você. Para mim, você vale mais do que ele.

— Você é minha amiga e diz isso para me animar.

Elas continuaram conversando animadas e Margarida tentava persuadi-la a ver-se de maneira melhor. Estava sendo sincera.

Depois de darem uma ordem na cozinha, Margarida levou-a para a sala de costura e lá abriu um baú onde tinha alguns cortes de tecido.

Jacira comentou:

— Que lindos. Você tem bom gosto, é muito boa costureira. Não sei por que seu negócio não deu certo.

— Como já lhe disse, não sou boa em contas. Atrapalho-me. Precisei trabalhar muito cedo e fui à escola só até o terceiro ano.

— Eu consegui tirar o diploma. Mas não tenho a capacidade que você tem de costurar.

— Lamento ter precisado fechar meu ateliê de costura. Sabe, Jacira, trabalhar por conta própria é muito melhor. Na verdade, trabalha-se mais, porém fazemos do nosso jeito, sem ter ninguém nos controlando.

Jacira suspirou:

— Quem me dera poder viver assim! Se eu tivesse uma profissão como a sua, deixaria o emprego e iria trabalhar por minha conta.

Os olhos de Margarida brilharam e ela colocou as mãos nos ombros de Jacira, olhando-a firme:

— Se você viesse trabalhar comigo, eu me animaria a voltar a costurar para fora.

— Eu?!... Não sei costurar.

— Sabe sim. Fazer os moldes, cortar, montar as roupas, eu sei muito bem. Não tenho medo. E você é ótima ajudante, capricha nos arremates e, além disso, é boa nas contas. Tenho notado como você controla seus gastos e os de sua família.

— Trabalhar com você seria maravilhoso! Mas, será que poderíamos deixar nossos empregos? Nós temos despesas. Daria para sustentar duas famílias?

— Como não temos capital, no começo poderemos trabalhar só nos fins de semana. Estou certa de que quando disser para minhas antigas freguesas que vou voltar a costurar, elas virão nos procurar.

— Temos de ter dinheiro para comprar material, tecidos, aviamentos etc. Não teremos como fazer isso.

— Muitas freguesas trazem os tecidos, mas se nós pudéssemos fornecer-lhes, o lucro seria muito maior. Ganharíamos o dobro.

— Infelizmente não temos esse dinheiro. Mas se elas trouxerem os tecidos, poderemos começar dessa forma.

— Que nada. Sou conhecida nas lojas porque comprava bastante e às vezes faltava parte do dinheiro, mas eu sempre pagava tudo direitinho. Estou certa de que tenho crédito pelo menos para o início.

— Está falando sério?

— Claro que estou. Seremos sócias. Com você controlando nosso dinheiro, sei que dará certo. Não será difícil ganharmos mais do que na oficina. Que tal, aceita?

— Ainda não sei. É bom demais para ser verdade. Mas preciso pensar.

— Pense com carinho. Vamos nos sentar e você já vai fazer algumas contas. Desta vez quero planejar tudo direito. Vamos fazer uma lista do que teremos que comprar para reabrir o ateliê, quanto vamos gastar, o preço que vamos cobrar e quanto vamos lucrar.

Margarida pegou um caderno, um lápis e o entregou a Jacira. Sentaram-se e começaram a trabalhar.

Estavam tão entusiasmadas que nem viram o tempo passar. Anoiteceu e Jacira se surpreendeu:

— É tarde! Que horas são?

— Sete e meia.

— Preciso ir.

— Vou esquentar o jantar, depois você vai.

— Não estou com fome. É melhor eu ir.

— Está certo. Você pensa e amanhã ou depois me dá sua resposta.

— Preciso me acostumar com a ideia. Terei de vir para cá todos os fins de semana. Tenho as aulas do doutor Ernesto aos sábados.

— Não se preocupe. Podemos começar apenas aos domingos. Quando a clientela aumentar pensaremos no que fazer.

Jacira despediu-se; durante o trajeto de volta não conseguia pensar em outra coisa. Tinha medo de deixar o emprego e o projeto não dar certo. Margarida era boa profissional, mas será que ganhariam o suficiente para sustentar as duas famílias?

Eram oito e meia quando desceu do ônibus perto de sua casa. Quando chegou na esquina percebeu que Nelson estava lá, parado, esperando-a. Assim que a viu foi a seu encontro:

— Faz tempo que a estou esperando. Eu lhe disse que viria no fim da tarde, esqueceu?

— Desculpe... eu precisei ir à casa de uma amiga.

— Não queria encontrar-se comigo?

— Não é isso... É que nós estamos planejando trabalhar juntas.

— Eu estou gostando de você, mas não sei se sou correspondido.

— Nós ainda nos conhecemos tão pouco!

— Seja sincera. Não quero sofrer uma decepção.

— É que eu nunca saí com ninguém. Não sei como me comportar. Sinto-me confusa.

Nelson olhou-a admirado. Ela já era mulher feita. Era-lhe difícil acreditar que fosse verdade.

— É a segunda vez que você me diz isso. Só pode estar brincando comigo.

Ela meneou a cabeça:

— Não! Esse assunto é para mim muito sério. Já lhe disse isso. Meus pais não me deixavam sair com amigas e minha mãe sempre diz que os homens só querem nos usar. De modo que eu até bem pouco tempo atrás só ia para o trabalho e não saía de casa.

— Não pensei que fosse assim.

— Pois foi. Mas cansei dessa vida e comecei a mudar. Você é o primeiro homem com quem eu saí e...

Ela parou e baixou os olhos. Nelson levantou o queixo dela e perguntou:

— Eu fui o primeiro homem que a beijou?

— Foi.

Ele apertou a mão dela e levou-a aos lábios. Depois disse:

— Eu senti que você era uma mulher muito especial. Ainda acredita que todos os homens são aproveitadores?

— Não sei... Estou confusa, um pouco descontrolada, sentindo emoções que não tinha sentido antes.

— Vamos nos sentar no banco da praça. Temos muito que conversar.

— É tarde. Não sei se posso...

— Você pode. Não é mais criança e se está tentando assumir sua vida, não pode depender de ninguém, deve tomar suas próprias decisões. O que importa é saber se você quer conversar mais comigo agora.

Jacira levantou a cabeça com certa altivez e respondeu:

— Eu quero, mas estou insegura.

— Nós nos conhecemos há pouco tempo. Para você confiar em mim, tem de conhecer-me melhor. Saber como penso, como tem sido a minha vida. Você me contou como tem sido a sua, desejo fazer a mesma coisa.

— Está bem. Vamos.

Foram caminhando até a praça de mãos dadas e sentaram-se em um banco mais discreto. Jacira sentia-se mais calma. Pelo jeito Nelson não pensava mal dela. Sua mãe estava errada.

— Tenho quarenta anos — começou ele — casei-me aos vinte e cinco. Foi um casamento errado. Eu nasci em Presidente Prudente, interior de São Paulo. Aos vinte anos, formei-me em contabilidade, queria progredir. Deixei minha família, meus pais e uma irmã e vim para cá.

"Nunca tinha saído de casa, nos primeiros tempos estranhei muito. Cheguei a passar dificuldades porque estava difícil conseguir um emprego. Eu não tinha prática na profissão, então tive de começar como entregador em um escritório.

"Mas trabalhei com coragem e fui melhorando no trabalho. Conheci Aurora, senti-me atraído por ela, casamo-nos um ano depois. Eu tinha vinte e cinco e ela dezoito anos."

Nelson fez uma pausa, dava para perceber que ao recordar essa época de sua vida, ele se entristecia. Seu rosto se contraíra penosamente e Jacira, apesar da curiosidade que sentia, disse penalizada:

— Se você se sente triste quando fala nisso, é melhor falarmos de outra coisa.

— Não. Eu quero lhe contar mesmo.

— Está bem, continue...

— Ela me disse que era órfã de pai e sua mãe morava no Rio de Janeiro. Ela era filha única. Achei estranho que ela não morasse com a mãe e estivesse sozinha em São Paulo. Mas ela disse que tinha vindo trabalhar e, como o emprego não tinha dado certo, estava à procura de outro.

"No começo nos demos bem, eu notava que ela era um pouco distraída, não cuidava bem da casa, que era pequena, não sabia controlar os gastos e eu fui forçado a cuidar das nossas despesas para que o salário fosse suficiente.

"Quando nossa filha nasceu, ela ficou pior, então começaram nossas discussões. Ela reclamava muito por ter de cuidar da menina, então pediu para a mãe vir ajudá-la por algum tempo. Eu não a conhecia, ela não viera ao nosso casamento. Dona Rosa era uma mulher vistosa, arrumava-se de maneira a chamar a atenção e não gostei do jeito dela desde o primeiro dia.

"Mas como se afeiçoou logo à menina e cuidava dela com capricho, acabei por aceitá-la. Para encurtar a história, descobri que Aurora deixava a filha com a mãe e saía quase todas as tardes. Ela estava muito diferente comigo. Tornara-se desagradável, esquivava-se de meus carinhos, isso tudo despertou minha desconfiança. Num dia, depois do almoço, fingi que ia trabalhar e fiquei vigiando-a. Nem meia hora depois, ela saiu, muito bem-arrumada, e eu a segui. Ela tomou um táxi e eu fiz o mesmo. Ela desceu pouco depois e entrou em um prédio de apartamentos. Entrei atrás, conversei com o porteiro e por algum dinheiro ele me contou aonde ela ia e com quem, com a condição de eu ficar calmo e não brigar com o homem:

'Sabe como é, se ele descobre que fui eu quem contou, vou perder o emprego. Tenho mulher e filhos e não posso ficar desempregado. Espere ela sair e vá brigar com ela quando deixar o prédio. Eu sabia que ela era casada e isso me incomoda muito. Prometa que não fará nada a ele. Afinal, não tem culpa, ela é que fica atrás dele.'

"Eu prometi e fiquei sabendo que fazia mais de três meses que ela ia lá duas vezes por semana. Fiquei cego de raiva.

Fingi que saí, mas quando o porteiro entrou na outra sala, entrei rapidamente e fui até o apartamento. Não bati na porta, fiquei a esperando sair. Eu juro que se eu tivesse uma arma naquele momento, teria matado os dois."

Ele passou a mão nos cabelos, respirou fundo e continuou:

— Não sei quanto tempo esperei até que a porta se abrisse. Escondi-me atrás de um canto da parede e fiquei olhando. Ela saiu abraçada a um homem forte, moreno, vi quando se beijaram e nesse momento não me contive. Avancei e a esbofeteei não sei quantas vezes, não me lembro bem. Quando penso nisso me dá um branco. O homem era covarde, assim que apareci, ele entrou e fechou a porta com a chave.

— Ela deve ter ficado com muito medo! — comentou Jacira assustada.

— Qual nada. Ela reagiu, afrontou-me e alguns moradores até abriram a porta para ver o que estava acontecendo. O porteiro ficou nervoso e pediu que saíssemos. Só sei que ela saiu correndo e eu ainda fiquei sem saber bem o que fazer. Sentia vontade de desaparecer, sumir.

"Deixei o prédio e não sei por quanto tempo caminhei sem rumo. Eu não podia voltar para casa, mas ao mesmo tempo pensava em minha filha, a quem eu adorava."

Jacira, comovida, acariciou o braço dele querendo confortá-lo.

Olhos fixos em um ponto indefinido, rosto contraído, preso às lembranças, Nelson continuou falando:

— Era tarde da noite quando fui para casa. Entrei e não encontrei ninguém. No quarto, os armários abertos e vazios: Aurora tinha fugido levando minha filha.

"Fiquei desesperado. Se de um lado senti alívio por não ter de vê-la novamente, por outro fiquei profundamente preocupado. Eu queria minha filha. Não podia concordar que ela ficasse com a menina depois da cena que presenciei. Para onde teriam ido?

Apesar do adiantado da hora apanhei o telefone e liguei para dona Rosa. Ela atendeu logo, dizendo que Aurora estava em sua casa com Célia. Respirei aliviado. Prometi a ela que não iria fazer nada contra Aurora, mas que não desejava vê-la nunca mais."

Nelson suspirou e ficou calado por alguns instantes, depois continuou:

— Dona Rosa aconselhou-me a esfriar a cabeça e descansar, que conversaria comigo no dia seguinte. Bem, fiz o que ela me pediu, mesmo porque sentia dores pelo corpo, estava moído. Parecia que um trem havia passado sobre mim. No dia seguinte, procurei um advogado para pedir a separação e a guarda de Célia. Consegui provar a traição e, além do desquite, obtive a guarda da menina. Meus pais e minha irmã moram em Presidente Prudente e minha filha está morando com eles.

— Sua filha se acostumou com a mudança de vida?

— Melhor do que eu pensava. Aqui ela vivia mais com a avó do que com a mãe. Meus pais são amorosos, minha irmã é alegre e está sempre de bem com a vida. Ao lado deles, Célia melhorou muito. Ficou mais falante, mais alegre. Vou vê-la uma vez por mês. Quando chego lá, ela sempre tem muitas coisas para contar. Adora a escola, tem amigas, enfim, a melhor coisa em tudo isso é que ela está muito bem.

— E Aurora, ainda mora em São Paulo?

— Não sei. Depois de formalizarmos o desquite, nunca mais a vi.

Jacira estava comovida. Sentia que aquela confissão derretera a barreira que existia entre eles. Com prazer, enfiou o braço no dele que, sentindo-se compreendido, segurou a mão dela levando-a aos lábios.

Jacira sentia que estavam se conhecendo, que Nelson era um homem sensível, bom, querendo esquecer o passado e reconstruir sua vida.

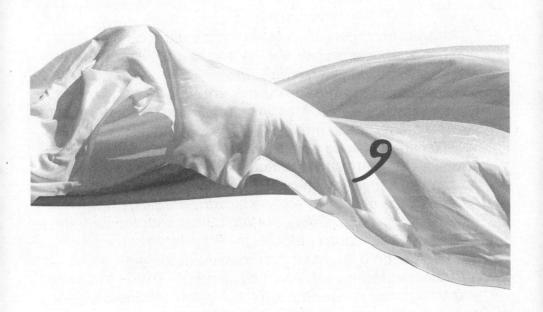

A partir dessa noite a vida de Jacira mudou radicalmente. Durante o dia trabalhava na oficina com Margarida; nos fins de semana, ia para a casa dela costurar; e, dia sim, dia não, encontrava-se com Nelson, às vezes indo ao cinema, outras dando algumas voltas pelas redondezas e sentando-se na praça para conversar.

Fazia dois meses que ela não ia às aulas de Ernesto Vilares, por causa do trabalho na casa de Margarida. Sentia falta daqueles encontros agradáveis, das coisas que aprendia todas às vezes que ia lá. Mas a cada dia mais freguesas apareciam e elas, entusiasmadas, aceitavam mais encargos.

Em um sábado, quando Jacira chegou na casa da amiga para trabalhar, ela disse-lhe contente:

— Estou pensando em deixar a oficina. A cada dia estamos tendo mais encomendas. Continuando na oficina, estamos deixando de ganhar muito mais. Se eu trabalhar aqui o dia inteiro, será mais lucrativo, sem falar do prazer que sinto em ter novamente um negócio próprio. Não quer fazer o mesmo?

Jacira assustou-se:

— Deixar o emprego?

— Nós duas iremos longe. Você me ajuda nas contas e na costura como até agora.

Jacira ficou pensativa. Nada iria lhe dar mais prazer do que deixar aquela oficina. Mas se o fizesse, ganharia o suficiente para sustentar a família?

— Você acha que seria vantagem?

— Penso que sim. Mas você, que é boa nas contas, vai calcular tudo e saberemos.

Jacira sentou-se com o caderno onde, desde o início, anotava cada roupa confeccionada, as despesas e o tempo gasto e começou a calcular o quanto ganharam naqueles meses. Como o dinheiro entrava picado, Margarida dava-lhe uma parte do lucro. Como era um dinheiro extra, com ele Jacira comprara coisas pessoais.

Somando o quanto tinha recebido nesse período, surpreendeu-se. Mesmo trabalhando apenas nos fins de semana, elas tinham tirado mais do que recebiam na oficina. Quanto ganhariam trabalhando todos os dias?

Jacira pensou durante alguns minutos, depois decidiu:

— Hoje no fim da tarde vamos juntas até a casa do doutor Ernesto. É uma pessoa em quem eu confio muito. Antes de tomar essa decisão, vamos ouvir o que ele tem a nos dizer.

— Não podemos atrasar o serviço. Temos o vestido da dona Alice para entregar daqui a três dias.

— Não faz mal. Eu fico até mais tarde.

— Está bem. Eu também gostaria de conhecer esse seu amigo famoso.

Elas deixaram Marinho com uma vizinha e saíram. Alguns minutos antes das dezessete horas, entraram na casa de Ernesto, exatamente quando as pessoas estavam saindo da sala de cursos.

Algumas pararam para cumprimentar Jacira e Margarida, e ela adorou ser apresentada àquelas pessoas simpáticas e alegres. Ernesto estava conversando com alguns alunos, e Jacira esperou que ele terminasse e viesse ao seu encontro:

— Como vai, Jacira? Sentimos sua falta. Hoje eu pensei muito em você.

— Eu também senti falta das aulas. Esta é minha amiga Margarida.

Ernesto estendeu a mão sorrindo:

— Como vai? Jacira fala muito em você.

— E no senhor também. Suas aulas muito a têm ajudado.

— Nós estamos aqui porque precisamos tomar uma decisão importante e gostaríamos de ouvir a sua opinião — tornou Jacira.

— Nesse caso, vamos tomar um café e conversar.

Elas, satisfeitas, acompanharam-no e depois de ele explicar para Margarida em breves palavras seus objetivos naquele espaço, finalizou:

— Agora, podem falar. No que lhes posso ser útil?

Jacira falou dos seus projetos, de como o volume de trabalho estava crescendo, e finalizou:

— Nós pensamos que está na hora de deixarmos o emprego na oficina e nos dedicarmos exclusivamente ao nosso negócio.

Margarida interveio:

— Devo esclarecer que eu já tive um ateliê antes, mas fracassei porque não sou boa nas contas. Freguesas nunca faltaram, mas eu não avaliava bem o trabalho, tinha vergonha de cobrar e fazia tudo barato.

— Se você pretende abrir novamente seu negócio, o primeiro passo é valorizar seu trabalho. Quando você não valoriza adequadamente o que faz, acaba cortando seu sucesso. Para progredir terá de colocar um preço justo, onde você possa ter dinheiro suficiente para manter uma vida confortável, com tudo o que tem direito.

As duas olharam admiradas para Ernesto e Margarida argumentou:

— Eu sinto que fracassei por não saber lidar com dinheiro. Meu pai, quando eu era criança, dizia que o dinheiro é perigoso porque abre a porta de todas as tentações. Eu tinha medo de que as clientes me julgassem uma mercenária. Queria provar que eu era uma boa pessoa e não ligava para dinheiro.

— O dinheiro não é culpado pelo mau uso que alguns fazem dele. Quando bem utilizado pode proporcionar coisas muito boas. É o caso das grandes fortunas que se interessam em contribuir para a melhoria da sociedade, auxiliando nas pesquisas que aliviam o sofrimento humano, dando oportunidade de emprego para as pessoas, possibilitando as grandes conquistas de progresso.

— Olhando dessa forma... — tornou Margarida admirada.

— A vida nos dá tudo o que precisamos para desfrutar uma existência útil, rica e feliz. Saúde, inteligência, oportunidades para nosso desenvolvimento em todas as áreas, mas os resultados dependem do uso que fazemos, e serão bons se escolhermos o melhor.

— Eu queria melhorar, fiz o meu melhor, mas ainda assim não tive sorte.

— Você fez o que pensou ser o melhor. Mas enganou-se na avaliação. É comum acontecer isso. Mas não é uma questão de sorte.

— Como não? — questionou Margarida. — Sou uma pessoa honesta, trabalhadora, não exploro ninguém, tenho certeza de que sou boa profissional. As pessoas gostam do meu trabalho. O que me falta?

Ernesto sorriu, pensou um pouco, e respondeu:

— Você tem tudo para conseguir sucesso profissional. O que lhe falta é apenas conhecer como a vida funciona.

— Como assim?

— A maneira como vemos as coisas, nossa forma de pensar, é o que determina nossas atitudes, e elas é que movem os fatos em nossa vida.

Margarida meneou a cabeça negativamente franzindo o cenho e considerou:

— Não estou entendendo.

— É simples — respondeu Ernesto. — Para que as coisas aconteçam do jeito que você quer, terá de aprender como lidar com as energias de maneira adequada. Você não vai conseguir ter sucesso em seus negócios tendo vergonha de cobrar pelo seu trabalho. Você está oferecendo um trabalho bom, que custou seu esforço e merece obter alguma coisa em troca. Isso não quer dizer que você esteja sendo mercenária. A troca é muito justa.

— É verdade, Margarida — interveio Jacira. — As pessoas gostam do que você faz e estão sempre querendo mais.

— O que eu não entendo é como esse fato pode fazer com que meu ateliê tenha fracassado.

— O pensamento no qual acreditamos tem muita força. Se ele é verdadeiro, positivo, leva-nos ao sucesso; se negativo, empurra-nos para o fracasso. Nós somos responsáveis por tudo quanto nos acontece nesta vida.

— Neste caso, além de ter boa contabilidade, teremos de aprender a pensar do jeito certo — tornou Margarida.

— Isso mesmo. Depois que assisti a algumas aulas aqui, minha vida mudou muito — considerou Jacira.

— Vocês podem continuar vindo às aulas aos sábados como minhas convidadas. Eu gostaria de trocar ideias com vocês e contribuir de alguma forma com seus projetos. Podem contar comigo. Agora eu gostaria de saber como pretendem iniciar o empreendimento.

Margarida explicou o que estavam fazendo, os resultados positivos que alcançaram e a vontade de deixar o emprego e trabalhar por conta própria.

Depois, Jacira perguntou:

— Devemos deixar a oficina ou continuamos mais algum tempo como estamos?

— Vocês fizeram as contas e não há dúvida de que é melhor começar já.

Jacira olhou para Margarida e seus olhos brilhavam:

— Então, vamos deixar a oficina?

— Vamos! Desta vez tudo vai dar certo.

Ernesto aconselhou-as a procurar um escritório de contabilidade para abrir uma empresa, colocando-se à disposição para auxiliá-las em tudo e acompanhar o desenrolar das atividades.

Depois de combinarem todos os detalhes, as duas, radiantes, deixaram a casa de Ernesto e voltaram para a casa de Margarida bem animadas.

Para adiantar o serviço, Jacira ficou trabalhando até mais tarde. Eram mais de onze e meia quando ela entrou em casa.

As luzes estavam apagadas e ela ficou aliviada. Seus pais deveriam estar dormindo e assim não teria de suportar as costumeiras reclamações da mãe, que não se conformava com suas novas atitudes.

Sentiu sede e foi à cozinha. Quando tomava água, Geni apareceu, de camisola, dizendo nervosa:

— Finalmente chegou! Onde esteve até esta hora? Já é meia-noite! Uma moça de família não anda na rua até esta hora!

Jacira não se incomodou, acabou de tomar a água, colocou o copo sobre a pia e respondeu:

— Os tempos mudaram, mamãe. Tinha muita gente na rua.

— Não me conformo em ver como você tem se comportado. Nem parece a mesma pessoa que eu eduquei com tanto carinho. Esquece que tem pais idosos que precisam de atenção e de ajuda?

Jacira deu de ombros:

— Pelo que sei vocês gozam de boa saúde, não são inválidos e podem cuidar de si mesmos. Não lhes falta comida, remédios, eu continuo cooperando com os serviços da casa.

— Mas hoje é sábado, dia de passar a roupa da semana e você desapareceu desde cedo e o cesto está cheio.

— Sei disso. Amanhã cedo eu passo tudo, mas à tarde vou sair.

— De novo? Vai nos deixar sozinhos?

Jacira olhou nos olhos dela e disse com voz firme:

— Minha vida está mudando e vai mudar muito mais. Vou trabalhar muito e você vai precisar cooperar mais.

— Eu? Como assim? Estou cansada, trabalhei a vida inteira e mereço descansar.

— Você vai ter de cuidar mais de vocês. Eu não terei tempo para fazer muitas coisas em casa.

— Não estou entendendo. Que eu saiba você continua na oficina e sai às cinco e meia da tarde todos os dias. Dá muito bem para fazer o serviço da casa.

— Vou sair da oficina e trabalhar por conta própria. Não terei horário.

— Você enlouqueceu? Vai deixar um emprego fixo, com carteira assinada para fazer o quê? Você não sabe fazer nada, não tem profissão.

— Sei o que estou fazendo. Eu e minha amiga Margarida vamos costurar para fora. Está tudo combinado.

— Não é possível que você seja tão descabeçada. Onde já se viu? Vamos todos morrer de fome.

Jacira olhou-a com raiva e respondeu:

— Durante toda minha vida você me colocou para baixo. Não acredita que eu possa ser inteligente, capaz e tenha qualidades. Por quê? Fez-me acreditar que eu era muito feia, insignificante, incapaz, perdendo, assim, os melhores anos da minha juventude. Mas agora chega! Você não vai mais me impedir de seguir em frente, de fazer o que tenho vontade. Vou progredir, ganhar dinheiro, ter uma vida melhor! Eu mereço viver sem precisar contar os centavos para comprar o essencial. Você tem uma cabeça pobre e por esse motivo nós sempre temos vivido na miséria! Não importa o quanto eu tenha trabalhado, o dinheiro nunca nos favoreceu. Você, com suas ideias negativas, impediu-nos de prosperar. Agora que eu estou conseguindo sair dessa condição em que nos colocou, você ainda tenta me segurar?

— O que está dizendo? Eu sou culpada por seu pai ser apenas um operário, estar desempregado e você não saber fazer nada para ter um emprego melhor? Eu? Uma pobre mulher que não teve chance nesta vida, que se casou mal, foi abandonada pelos filhos e nunca teve sorte?

Geni chorava inconformada com o que ouvira. Jacira olhava-a séria sem comover-se com suas lágrimas e respondeu:

— Você se coloca na posição de vítima, o que certamente não é. Reage muito forte sempre que se sente ameaçada. Mas é bom saber que de hoje em diante vou cuidar da minha vida do jeito que acho certo. Se não concordar, posso me mudar, ir embora de casa.

Geni parou de chorar e olhou-a assustada. Alguma coisa no tom de Jacira a fez perceber que ela estava falando sério. Decidiu não facilitar. Enxugou as lágrimas e disse lamentosa:

— Nunca pensei que você fosse capaz de nos abandonar. Pensava que fosse diferente de seus irmãos, que nos deixaram. Mas vejo que estava enganada. Você é capaz de fazer o mesmo. O que será de nós, velhos, pobres, abandonados? Só nos restará ir para um asilo, viver da caridade alheia. Isso depois de ter criado três filhos e feito tudo por eles.

— Pare de se lamentar. Mesmo que um dia eu saia de casa, não deixarei que lhes falte nada. Pode parar de querer me impressionar. Você sabe que não sou egoísta, sempre gastei com vocês todo dinheiro que ganho na oficina.

— Mas você mudou! Quem me garante que amanhã também não nos abandonará?

— Chega, mãe. Estou cansada e vou dormir.

Jacira afastou-se, foi para o quarto. Geni abriu o armário, apanhou a lata onde guardava as bolachas, pegou duas e começou a comê-las com prazer. Depois, tomou água e subiu para dormir.

Entrou no quarto onde Aristides, deitado de costas, roncava. Estendeu-se ao lado dele, empurrando-o com o pé, como sempre fazia, para que ele se virasse e parasse de roncar.

Ele resmungou algo que ela não entendeu, virou-se e o ronco cessou, ela acomodou-se pensando no que Jacira lhe dissera. No dia seguinte conversaria com Aristides, exigindo dele uma atitude mais autoritária com a filha. Afinal, esse era o papel do pai. Depois, virou de lado e logo adormeceu.

Na manhã seguinte, Geni acordou cedo, levantou-se e prestou atenção nos ruídos que vinham da cozinha. Deduziu que Jacira estava tomando café e deitou-se novamente. Não desejava encontrar-se com ela. Queria que ela pensasse que ainda estava na cama, triste, sem ânimo, por causa da conversa da noite anterior.

Ela dissera que iria deixar o emprego. Seria a maior loucura. Precisava fazer alguma coisa para impedi-la. Sem emprego, o que seria deles?

Talvez ela estivesse pensando mesmo em deixá-los, como seus irmãos fizeram. Tinha que evitar isso a todo custo. Aristides, ao seu lado, ressonava tranquilo. Irritada, sacudiu-o chamando:

— Acorda, Tide. Vamos. O teto está caindo sobre nossa cabeça e você continua placidamente dormindo.

— Ah! Ah! — resmungou ele sem abrir os olhos.

— Acorda, homem. Você precisa fazer alguma coisa. Vamos!

Ele abriu os olhos fixando-a ainda sem entender o que estava acontecendo.

Ela continuou sacudindo-o:

— Acorda, vamos...

— O que foi, mulher? Aconteceu alguma coisa?

— Não aconteceu ainda, mas vai acontecer uma desgraça. Você tem de evitar que Jacira acabe com a nossa vida!

— Jacira? Como assim? Você deve estar sonhando. Deixe-me dormir.

— Nada disso. Você precisa fazer alguma coisa. Sabe o que ela disse ontem à noite? — Sem dar-lhe tempo de responder continuou: — Vai pedir demissão do emprego. Já imaginou o que vai nos acontecer?

Aristides franziu o cenho, sentou-se na cama dizendo:

— De onde você tirou essa ideia? Ela não é louca de fazer uma coisa dessas.

— Foi o que ela disse que vai fazer. Como eu fui contra ameaçou até ir embora de casa.

Aristides passou a mão nos cabelos, meneando a cabeça negativamente:

— Não acredito que faça isso. Você vive cutucando ela com vara curta, exigindo isso ou aquilo. Vai ver ela perdeu a paciência. Foi isso. Falou só para assustá-la.

— Nada disso. Eu não briguei com ela. Só perguntei onde tinha estado até aquela hora. Passava da meia-noite. Então ela respondeu que eu precisava me acostumar em fazer o serviço da casa porque daqui para a frente, só vai fazer o que tem vontade. Vai deixar a oficina e trabalhar por conta própria.

— Foi isso? Vai ver que arrumou um emprego melhor.

— Não. Ela vai encontrar-se com aquela amiga. Sempre fui contra essa amizade. Essa colega está enchendo a cabeça dela de besteiras. Você tem de falar com ela já.

Aristides deitou-se de novo dizendo:

— Mais tarde eu falo. Quero descansar.

— Já é tarde. Ela disse que ia passar a roupa e sair em seguida.

Aristides bufou nervoso. Para ele não havia coisa pior do que ter de levantar-se em um domingo para discutir com a filha. Geni sempre o obrigava a fazer isso. Ele obedecia mesmo sem vontade, apenas para que ela o deixasse em paz.

Não sabia o que era pior, ter de brigar com a filha contra sua vontade ou ouvir as reclamações de Geni, obrigando-o a fazer coisas desagradáveis.

Fechou os olhos, tentou dormir, mas Geni levantou-se, abriu a janela. O sol entrou forte e ele protestou. Ela tornou decidida:

— Vamos, homem. É melhor agir agora do que chorar depois.

Aristides levantou-se nervoso, sabia que ela não o deixaria mais dormir. Foi ao banheiro, lavou-se lentamente querendo de alguma forma provocá-la, mas quando voltou ao quarto, Geni, já vestida, esperava-o decidida.

Ele não teve alternativa senão fazer-lhe a vontade. Quando os dois desceram as escadas, Jacira estava passando a última peça de roupa.

Geni aproximou-se, mãos na cintura esperando desafiadora que Aristides falasse.

Jacira continuava passando uma toalha calmamente.

— Filha — começou ele sério —, sua mãe me disse que você vai pedir demissão do emprego. Claro que não acreditei que fosse fazer essa loucura. Mas ela insiste que é verdade. O que me diz?

— É verdade, sim. Amanhã vou pedir demissão da oficina.

— Eu não disse? — declarou Geni triunfante.

— E como é que vamos viver sem o seu salário?

— Vou montar um ateliê de costura com uma colega. Não se preocupe. Nada vai lhes faltar. Ao contrário. Vou ganhar muito mais.

Aristides meneou a cabeça negativamente e respondeu:

— Não entre nessa ilusão. Você não tem profissão. Deveria dar graças a Deus por ter sido aceita naquela oficina.

— Estou decidida. Vocês não vão me convencer do contrário. Sei o que estou fazendo.

— Você não pode deixar que ela faça isso. O que vai ser da nossa vida? Morreremos de fome.

Jacira olhou-os admirada. Apesar de saber que reagiriam contra não imaginou que fossem tão veementes.

Não se interessaram em saber de seus projetos, não perguntaram que tipo de negócio ela iria fazer, apegavam-se ao pequeno salário que recebia, condenando-se a viver a vida inteira naquela penúria.

Os dois lhe pareceram parados no tempo, sem nenhuma motivação de progresso, acomodados em uma vida pobre onde viviam contando as moedas.

Jacira dobrou a toalha, desligou o ferro e disse calmamente:

— Pronto, mãe. Já passei tudo. Fica a seu cargo guardar.

Foi saindo e Geni interceptou-lhe os passos.

— Aonde vai? Certamente para a casa daquela amiga que anda enchendo sua cabeça com todas essas bobagens.

Sem se perturbar Jacira respondeu:

— O nome dela é Margarida. Uma mulher maravilhosa, que trabalha muito e, como eu, deseja melhorar de vida. Vocês deveriam agradecê-la pela oportunidade que está me oferecendo de conquistar uma vida melhor.

Jacira afastou-se, apanhou a bolsa e ia sair quando Geni colocou-se na frente da porta dizendo:

— Pelo visto você está de cabeça feita. Mas saiba que se fizer o que deseja vai destruir nossa vida.

Jacira segurou o braço dela afastando-a, abriu a porta e saiu sem dizer mais nada.

Geni, revoltada, olhou o marido:

— Você não faz nada? Deixa que ela nos desrespeite dessa forma? É o fim. Onde foi que eu errei? Por que Deus nos castiga desse jeito? Filhos malvados e um marido que não lhes dá uma lição?

Aristides, no auge da irritação, tornou:

— Não jogue a culpa de tudo em cima de mim. Seus filhos foram embora porque você vivia se indispondo com eles. Se não tomar cuidado, Jacira vai acabar fazendo o mesmo. Ela quer melhorar de vida e tem o direito de experimentar.

— Vai me dizer que ela está certa? Já pensou no que pode nos acontecer?

— Se precisar vou aceitar qualquer emprego, mesmo que seja para baixar o salário na carteira. É melhor você parar de se lamentar. Vou tomar um café e você trate logo de cuidar do almoço.

— Agora é você que me culpa de tudo. Que falta de sorte a minha!

— Poupe-me de suas lamúrias. Não quero ouvir mais nada. Depois do café quero ler meu jornal em paz.

Ele foi à cozinha, tomou uma xícara de café, apanhou o jornal e prazerosamente acomodou-se em sua poltrona favorita. Estava cansado dos problemas domésticos. Naquele momento não queria pensar no futuro.

    A segunda-feira amanheceu chuvosa e Jacira apressou-se. O ônibus estava cheio, e ela viajou em pé. O cheiro úmido em razão da chuva, que caíra durante toda a noite, e da falta de higiene era desagradável. Mas Jacira não se importou. Nem a fisionomia fechada das pessoas foi capaz de deixá-la para baixo.

    Não via a hora de chegar à oficina e pedir a conta. Na véspera, ela e Margarida tinham refeito as contas e tomado a decisão definitiva. Aquele seria o último dia em que trabalhariam naquela oficina.

    O serviço acumulado que tinham pegado nos fins de semana garantia-lhes mais do que o minguado salário que ambas recebiam no emprego durante o mês inteiro.

    Na noite anterior, Nelson tinha ido buscá-la na casa de Margarida. Por causa do trabalho, ela não fora encontrar-se com ele no sábado, como de costume. Apesar de explicar-lhe suas razões, Nelson não se deu por satisfeito.

    Não entendia como Jacira podia trocar um encontro com ele para trabalhar.

    — Não gostei de passar esse fim de semana sozinho. Não fui na casa de mamãe ver minha filha só para sair com você. Estou gostando de você de verdade. Gostaria que me dissesse com sinceridade. Está querendo me dar o fora?

Jacira olhou-o surpreendida. Ela gostava de sair com ele. Sentia-se mais mulher. Era uma experiência nova, excitante, agradável. Como ele podia pensar uma coisa dessas?

— Você não está entendendo. Eu nunca tive uma oportunidade como estou tendo agora. Estou mudando minha vida, montando um negócio próprio. Para que dê certo, tenho que me dedicar. Amanhã vou pedir demissão da oficina.

Nelson meneou a cabeça pensativo:

— Pensou bem? Você, na sua idade, nunca trabalhou por conta própria. Em minha profissão tenho visto muitas pessoas que fazem isso e acabam sem emprego e sem dinheiro. Não seria melhor continuar na oficina? Pelo menos tem a garantia do salário no fim do mês.

Jacira olhou-o como se o estivesse vendo pela primeira vez. Nunca Nelson lhe parecera tão insignificante. Tentou dissimular a decepção. Respondeu apenas:

— Estou disposta a tentar. Garanto que vou me dedicar ao máximo, trabalhar muito, fazer o meu melhor. É bom você saber que talvez daqui para a frente, pelo menos no início, não terei muito tempo livre.

— Não está querendo se livrar de mim?

Jacira parou, olhou-o nos olhos e respondeu:

— Se eu não quisesse mais sair com você, pode estar certo de que lhe diria. Estou sendo sincera.

Durante o trajeto, pensou nas palavras de Nelson. Ela tinha imaginado que ele fosse louvar sua ousadia, desejar-lhe sucesso. As palavras dele a fizeram lembrar-se de Geni.

Por um momento sentiu uma ponta de medo. Mas depois se lembrou das palavras de Ernesto, do entusiasmo com que ele as auxiliara a estudar o projeto.

"Tenho de acreditar que eu posso! Ernesto é um homem instruído, sabe o que diz. Não me estimularia se nós não tivéssemos condições de sermos bem-sucedidas."

Deu de ombros e decidiu:

"Não vou dar ouvidos aos que me querem pôr para baixo."

O ônibus estava chegando ao ponto e ela desceu sentindo o entusiasmo voltar. Margarida a esperava na porta da oficina.

— E então? Decidida?

— Decidida. Vamos falar com seu Noel agora mesmo.

Elas entraram e foram à pequena sala onde o patrão estava sentado atrás de uma velha escrivaninha, em meio a alguns papéis. Vendo-as entrar, ele levantou os olhos.

Elas disseram um bom-dia, que ele nem se dignou a responder. Disse apenas:

— O que vocês querem?

— Nós viemos aqui para pedir demissão — disse Margarida.

Ele levantou-se, olhando-as admirado:

— Aconteceu alguma coisa?

— Não. Nós decidimos deixar a oficina. Temos outro negócio — informou Margarida.

— Já sei. O Michel lhes ofereceu um salário maior! Não se iludam com ele. Lá vocês não vão ter as regalias que têm aqui. Ele faz as moças pagarem todas as peças que estão com defeito.

— Não se trata disso. Nós queremos sair para trabalhar em um negócio nosso.

— Você vai se meter de novo a ser modista? Não está satisfeita com o prejuízo que teve naquele negócio e ainda vai arrastar sua colega?

— Desta vez não vai ser igual. Eu sou uma boa profissional.

— Vamos fazer assim, vou dar-lhes uma semana para refletir. Estou certo de que o bom-senso vai fazê-las mudar de ideia. — E, fixando em Jacira, ele continuou: — Sua mãe sabe que você vai deixar o emprego?

— Sabe sim. Estamos decididas, seu Noel. Hoje é nosso último dia de trabalho.

Ele olhou-as irritado e tornou:

— Está certo, então vou fazer as contas. Podem ir. Mas fiquem sabendo que de hoje em diante esta porta está fechada para vocês duas. Quando tudo der errado, não vai adiantar virem implorar o emprego de volta.

As duas, caladas, deixaram a sala. O sinal ainda não tinha tocado e elas sentaram-se à espera. Jacira comentou:

— Por que será que as pessoas só pensam no mal? Só sabem valorizar o fracasso? Nós vamos vencer, Margarida. Você vai ver!

— Isso mesmo. O que ele queria é que nós ficássemos a vida inteira trabalhando para ele. Nós somos boas funcionárias e ele não quer nos perder.

— É. Você é quem faz mais peças de roupas por dia e não entrega nada com defeito!

— E você é como eu. Ele ficou até vermelho de raiva porque vamos embora.

O sinal tocou e as duas acomodaram-se para trabalhar.

No fim do expediente, foram chamadas na sala do patrão, acertaram tudo e saíram.

— Estou sentindo um friozinho no peito, mas também o prazer da liberdade — comentou Jacira sorrindo.

— Eu também. Esse é um momento muito importante em nossa vida.

— Apesar de tudo, foi um dia difícil. Minha mãe quis impedir a todo custo que eu saísse da oficina. Sabe que ontem até o Nelson me aconselhou a continuar no emprego e desistir do nosso negócio?

— É mesmo? Que seu Noel desejasse nosso fracasso, eu até posso entender. Mas sua mãe, o Nelson?! Eles deveriam nos animar.

— Eu fiquei com muita raiva. Mas eles me deram motivos para trabalhar muito mais. Nós vamos mostrar a eles que somos capazes de vencer!

— Isso mesmo, Jacira! É por essa razão que eu gosto de você! Juntas, seremos fortes e ninguém nem nada vai nos derrubar.

— Isso mesmo. Amanhã bem cedo estarei em sua casa. Vamos entrar firme no trabalho. A primeira coisa a fazer é abrirmos a empresa. Eu tinha pensado que o Nelson poderia nos ajudar nisso. Ele é contador formado. Mas depois do que ele me disse ontem, acho que devemos procurar outra pessoa.

— Por quê?

— Ele também não acredita em nós. O doutor Ernesto vai nos ajudar. Nele podemos confiar.

— Está certo. Combinado. Amanhã cedo espero por você.

De volta do trabalho, no começo da noite, quando Jacira entrou em casa, encontrou Geni na sala lendo uma fotonovela, como de costume. Vendo-a entrar, levantou-se e acompanhou-a até a cozinha.

A louça empilhada na pia, as panelas sobre o fogão. Sem dizer nada, Jacira começou a esquentar a comida.

Ela sabia que Geni estava com vontade de saber se ela tinha mesmo se demitido, mas continuou calada. Colocou a comida no prato: arroz, feijão e verdura.

Estava com fome, apanhou a frigideira, fritou um ovo enquanto Geni comentou:

— A carne acabou. Seu pai comeu o último pedaço. Amanhã é dia de ir ao mercadinho fazer a despesa da semana.

— Não faz mal — respondeu Jacira resignada.

Sentou-se para comer, e Geni sentou-se do outro lado da mesa. Como Jacira comia em silêncio, ela não se conteve e comentou:

— Naturalmente você estava brincando quando disse que ia se demitir da oficina. Queria só me assustar...

Jacira depositou o garfo no prato e respondeu calmamente:

— Eu disse a verdade. Hoje foi o meu último dia de trabalho lá.

Geni levantou-se nervosa:

— Então você se demitiu mesmo? Não pode ser! O que será de nós? Amanhã mesmo você vai voltar lá e dizer ao seu Noel que se arrependeu.

— Amanhã vou começar a trabalhar em outro lugar. É melhor você se acostumar. Ficarei trabalhando até mais tarde. É bom você não deixar mais a louça do dia sem lavar.

— Isso não é justo! Eu sou uma pessoa doente, não posso fazer muito esforço. Como vai deixar todo o serviço por minha conta? Já é difícil fazer a comida toda!

Jacira levantou-se, colocou o prato na pia e respondeu:

— Você se habituou a deixar o serviço da casa para mim. Mas isso não vai mais continuar assim. Daqui em diante, como já lhe disse, vou trabalhar por conta própria. Não terei horário e se tiver serviço é do meu interesse ficar até mais tarde. Portanto, não conte comigo para o serviço da casa.

— Isso não é direito. Você é nova e eu tive muito trabalho para criar os filhos. É justo que agora eu desfrute de mais conforto. Quer que além de cozinhar para você ainda limpe seu quarto, cuide de sua roupa? Você não é mais criança.

— Não mesmo. Não precisa fazer nada para mim. Eu vou limpar meu quarto e cuidar de minhas roupas. Mas você tem um marido para cuidar e saúde suficiente para prover a necessidade de ambos. Se um dia eu puder, pagarei uma pessoa para ajudá-la. Mas, por enquanto, terão de cooperar fazendo a sua parte. Hoje ainda vou lavar a louça e deixar no escorredor para você guardar. Mas amanhã nem sei se virei para jantar. Portanto, não me espere.

Notando que Jacira estava determinada, Geni foi ter com Aristides, que assistia ao noticiário na televisão. Aproximou-se triste, sentou-se ao seu lado e começou a chorar.

Surpreendido, ele perguntou:

— O que foi, mulher, aconteceu alguma coisa?

— Jacira está desempregada! O que faremos agora?

O assunto era sério e Aristides olhou-a preocupado.

— Ela teve coragem?

— Teve. Pediu demissão da oficina. Você precisa fazer alguma coisa! Eu tentei, mas ela disse que não vai voltar atrás. Está de cabeça virada. Acha que vai ganhar muito dinheiro. Está iludida. Prometeu até que um dia vai pagar alguém para ajudar no serviço da casa.

Aristides levantou-se. Precisava saber a verdade. Foi à cozinha e encontrou Jacira lavando a louça. Aproximou-se:

— Jacira, sua mãe me disse que você está desempregada.

Sem parar o que estava fazendo ela respondeu:

— Deixei a oficina, mas não estou desempregada. Só não tenho patrão.

Ele meneou a cabeça preocupado:

— Como assim? Não estou entendendo.

— É simples, pai. Vou abrir um negócio próprio com uma amiga.

— Então é verdade? Você deixou um emprego com carteira assinada e todas as garantias para ir atrás da conversa de uma amiga?

— Sei o que estou fazendo, pai. Nós começamos esse negócio faz alguns meses. Trabalhando juntas vamos ganhar muito mais do que ganhávamos na oficina. Já fizemos todas as contas. Vamos abrir uma empresa.

Aristides, assustado, passou a mão nos cabelos e argumentou:

— Até agora você só trabalhou com a orientação do patrão. Não tem profissão liberal. Não acha que está iludida? Você tem muita chance de fracassar. Eu tive dois colegas da fábrica que ao se aposentarem decidiram abrir um comércio e foi um horror. Perderam tudo! Ficaram até sem ter o que comer. Não fosse a ajuda dos parentes eles teriam morrido de fome.

Jacira respirou fundo e respondeu:

— Nós não somos eles, pai. Margarida tem profissão, é uma boa profissional, eu estou aprendendo com ela. Vamos ganhar dinheiro, sim. Temos boas clientes que pagam pelo nosso trabalho. Está na hora de melhorarmos nossa vida.

— Mesmo à custa do sacrifício de sua mãe? Você vai deixar todo serviço da casa para ela. Acha que vale a pena?

Jacira sentiu brotar dentro de si uma onda de indignação. Olhou firme nos olhos dele e disse com voz firme:

— A cada dia que passa mamãe está ficando cada vez mais preguiçosa. Antes era mais disposta. Agora se cansa por qualquer coisa. A culpa é nossa, minha e sua, que sempre fizemos tudo para poupá-la. Se continuarmos assim, ela vai acabar entrevada em uma cama, sem forças para nada. É isso o que quer?

Ele ia responder, mas Jacira não lhe deu tempo:

— Limpar uma casa, lavar uma roupa, uma louça, faz movimentar o corpo e melhora a cabeça. Enquanto a indolência amolece o corpo, debilita a saúde, favorece a depressão. Para dizer a verdade, não sei como você aguenta viver sem trabalhar, ficar sem fazer nada. Não é só pelo dinheiro, mas o trabalho, qualquer que seja, dá dignidade, faz com que a pessoa se sinta viva e útil.

Aristides baixou os olhos impressionado com as palavras dela. Jacira nunca fora tão firme e, embora surpreendido, ele reconhecia que ela estava falando a verdade.

Recordou-se de como se sentia orgulhoso quando trabalhava na fábrica. Naquele tempo sentia-se mais alegre, mais feliz. Recordou-se também que antes Geni era mais caprichosa, arrumava-se melhor, era até mais cheirosa. Nos últimos tempos, tornara-se mais lamuriosa, menos asseada. Seus cabelos tinham perdido o brilho e seus olhos, se tornado apagados.

Todos esses pensamentos passaram rapidamente pela sua mente e ele tentou justificar-se:

— Eu não estou desempregado porque quero. Não sou preguiçoso. Você sabe muito bem o que aconteceu.

— Não o estou criticando. Mas sinto que se nós não mudarmos, nossa vida vai ficar cada vez pior.

Jacira enxugou a mão e colocou-a no braço do pai dizendo:
— Pai, venha, sente-se, vamos conversar.
Ele obedeceu e ela continuou:
— Eu tenho quase trinta e nove anos e minha vida tem sido só trabalhar e viver contando as moedas. Um dia conheci um professor que me convidou para assistir a suas aulas. Sabendo que não poderia pagar, ele me deu uma bolsa. Recebeu-me no meio de pessoas muito finas, de classe, que são seus alunos. Foi ele quem me fez entender que todos temos dentro de nós condições de mudar nossa vida para melhor. Mas para isso temos que acreditar que somos capazes.
— Foi isso que fez você mudar! Parece que ficou mais nova, mais bonita!
— Ele me ensinou que quando não estamos felizes, temos que perceber que tipo de crenças temos. Como nos vemos. Ele diz que conforme pensamos, fazemos as escolhas e, de acordo com elas, colhemos os resultados. Quem acredita que não tem capacidade, que nunca vai ter chance de melhorar, só pensa no mal, só vai atrair o mal.
— Será? Nesse caso sua mãe nunca conseguirá nada!
— Enquanto ela continuar assim. Mas se ela mudar sua maneira de enxergar, acreditar que merece ser mais feliz, começará a atrair coisas boas.
Aristides meneou a cabeça negativamente dizendo:
— É tão fácil assim? Não pode ser. Tudo de bom nesta vida só se consegue com muita luta e sacrifício. Nada vem de graça neste mundo.
— Nada vem de graça mesmo. Cada um terá de fazer a sua parte, esforçar-se para melhorar seus pensamentos, acreditar no bem. Esse é o preço que a vida exige e teremos de pagar para conquistar o progresso. E eu, pai, acredito nisso. Vou progredir, ganhar mais, ter uma vida melhor. Estou me esforçando para melhorar nossa vida. Entende?
Os olhos de Aristides brilharam emocionados quando respondeu:
— Você está certa. Amanhã mesmo vou procurar o seu José da oficina e ver se ele ainda precisa de um ajudante. Também quero fazer alguma coisa para melhorar nossa vida.
Jacira levantou-se e deu um beijo no rosto do pai:

— Faça isso, pai. Obrigada por ter me apoiado. Estou certa de que vamos conseguir.

Geni ficara escondida atrás da porta escutando a conversa. Sentia-se assustada. Jacira teria alguma chance de conseguir uma vida melhor? Ela falava com tanta segurança!

Naquele momento pareceu-lhe ouvir uma voz que indagava: "E se ela estiver errada? Como uma mulher sem profissão, sem muita instrução, pode se tornar uma empresária?".

Torceu as mãos angustiada. Os tempos tinham mudado. O mundo estava cheio de perigos e armadilhas. Jacira estava sendo ingênua, ignorante, iludindo-se.

Algumas lágrimas apareceram. Ela tinha horror de ficar na miséria. Sua vida sempre fora difícil. Mesmo quando era mais jovem. Aristides ganhava bem, mas a família era grande e ele não pensou em economizar para o futuro.

A aposentadoria dele era insuficiente para sustentar as despesas. Geni sempre se preocupara com a velhice, temia ficar doente. A qualquer indisposição ia para a cama assustada.

O salário de Jacira era uma garantia de que não lhe faltaria o necessário. Por esse motivo, desde que ela era pequena, Geni evitara que Jacira tivesse amigas. Desde a adolescência dela, exigira que se vestisse, se comportasse de maneira a não chamar a atenção dos rapazes.

Quando tudo parecia estar do jeito que ela queria, eis que Jacira se juntara com essa colega, ficara vaidosa, passara a usar vestidos mais curtos e agarrados, até usava pintura e mudara o corte dos cabelos.

Geni enxugou os olhos e pensou: "Preciso reagir. Jacira tem de mudar de ideia. Amanhã cedo não vou me levantar. Ficarei na cama para mostrar que estou doente. Ela vai se arrepender de me desobedecer".

Vendo que o marido tinha encerrado a conversa com Jacira, correu e sentou-se no sofá da sala. Aristides chegou segundos depois e acomodou-se ao lado dela.

— Você viu que desgraça? — começou ela com voz triste.

— Pare com isso, Geni. Jacira não é criança. Ela quer melhorar nossa vida. Vamos torcer para que dê certo.

— Você acredita nisso? Acha que uma moça pobre e sem experiência de vida como ela pode se tornar uma empresária? Onde está com a cabeça?

Aristides fixou-a irritado e respondeu:

— Pare com isso, mulher! Você só sabe acreditar em desgraças. Pois eu senti que ela sabe o que quer e tem muita chance de conseguir.

— De onde você tirou isso? Está na cara que não vai dar certo.

— Guarde sua opinião para si. Você só pensa no mal. Estou começando a notar que essa sua maneira de pensar é que tem atrapalhado nossa vida. Eu vou apoiar Jacira e quero também fazer alguma coisa para melhorar.

— Ela disse que de amanhã em diante não vai mais fazer o serviço da casa. Vai deixar tudo para mim. Se você quer mesmo fazer alguma coisa, então assuma o trabalho da casa. Eu estou cansada, doente, e com mais este golpe posso ficar pior.

Ele olhou-a admirado, depois respondeu:

— Nada disso. Essa será a sua parte. Se o seu José ainda precisar de um ajudante, vou aceitar. Senão, vou sair em busca de algo para fazer. Chega de ficar o dia todo parado, sem fazer nada.

Geni levantou-se nervosa:

— Você agora ficou do lado dela, contra mim. Nunca pensei que depois de tantos anos juntos, de criar três filhos com dedicação e carinho, fosse acabar minha vida sozinha, abandonada, tendo que arcar com o peso de todo serviço desta casa. Vocês também moram aqui. Precisam ajudar. Não podem tirar o corpo e sair por aí.

Aristides olhou-a sério. Franziu o cenho e respondeu:

— Você faria melhor se cooperasse. Não está tão velha, nem doente e pode cuidar da casa, sim. Estamos todos juntos aqui, mas tanto eu quanto Jacira vamos arranjar dinheiro para dar mais conforto para você também. E chega de reclamar. Vou assistir à televisão em paz e não quero ouvir nem mais um piu.

Geni percebeu que ele estava falando sério. Há muito tempo ele não assumia essa atitude de comando. Sentiu que o melhor seria não insistir. Iria deitar-se e pensar em um jeito de reverter a situação.

Na manhã seguinte, Jacira levantou-se cedo, vestiu-se, arrumou o quarto, foi à cozinha, fez café, esquentou o pão, tomou café, lavou a xícara, enxugou e guardou. Apanhou a bolsa e saiu.

Eram sete horas e seus pais ainda dormiam. O dia estava bonito e ela sentiu-se alegre, feliz. Ia iniciar uma vida nova. Sentiu-se livre, mais dona de si, disposta a dar o máximo na realização do novo trabalho.

Era gratificante sentir-se dona do próprio destino, decidir como queria viver dali para a frente. Em seus olhos havia um brilho novo, um entusiasmo que nunca sentira antes.

Tomou o ônibus sem se importar de viajar em pé, apertada entre uma senhora gorda carregada de pacotes e um jovem de ombros largos que tomava todo espaço, fazendo com que ela se apertasse entre os dois.

No centro da cidade todos desceram e ela respirou aliviada. Encaminhou-se para o ponto do ônibus que a levaria até a casa de Margarida. Não tinha fila. Logo o ônibus chegou, lotado, mas todos desceram e ela subiu e acomodou-se satisfeita.

Algumas pessoas subiram e uma mulher morena pediu licença e sentou-se ao lado dela. Estava bem-vestida e um delicado perfume vinha dela.

O ônibus partiu e, depois de alguns minutos de viagem, a mulher disse de repente:

— Continue assim que você vai conseguir tudo o que deseja.

Surpreendida, Jacira não entendeu bem:

— O que disse?

— Você está mudando sua vida. Pode ir em frente que vai dar certo, apesar daqueles que não desejam seu sucesso.

— Como é que a senhora sabe?

Em vez de responder a pergunta ela disse:

— Meu nome é Lídia Martini, e o seu?

— Jacira da Silva. Estou mesmo mudando de vida. Como a senhora sabe?

Lídia sorriu e respondeu:

— Às vezes eu sei o que as pessoas estão pensando. Senti que você deixou o emprego e está começando a trabalhar por conta própria.

— É verdade. E o que mais a senhora sabe?

— Na verdade, desde criança vejo espíritos e converso com eles, que me orientam.

Jacira sentiu um arrepio e tornou:

— A senhora não tem medo?

Lídia sorriu, seus olhos brilharam quando respondeu:

— Não. Eles trouxeram luz à minha vida. Com eles tenho aprendido a lidar com minhas emoções e encontrado respostas para minhas dúvidas. Perdi o medo da morte porque eles me mostraram que só existe vida e que nosso espírito é eterno.

— A senhora fala como um amigo meu que muito tem me ajudado.

— Não me chame de senhora. Faz-me sentir velha.

— Não tive a intenção...

— Eu sei. Mas sinto que podemos ser amigas. — Ela tirou um cartão da bolsa, entregou-o a Jacira e continuou: — Vou descer daqui a pouco. Vá a minha casa qualquer dia destes. Alguém está me dizendo que sua vida vai mudar não só no aspecto profissional, mas também no afetivo. Vai conhecer uma pessoa que fará a diferença.

— Eu já conheci. Tenho um namorado.

Lídia abanou a cabeça negativamente:

— Não se trata dele. Você vai conhecer quando estiver pronta.

— Como vou saber?

— Você saberá. É só o que posso dizer por agora. Mas vá à minha casa e conversaremos. Vou descer no próximo ponto. Foi um prazer conhecê-la. Sucesso para você.

— Obrigada. Eu irei sim.

Lídia desceu e Jacira, intrigada, seguiu-a com os olhos até perdê-la de vista. Cinco minutos depois, chegou sua vez de descer, mas a conversa que tivera não lhe saía da cabeça.

Foi a primeira coisa que disse para Margarida assim que chegou:

— Hoje me aconteceu uma coisa estranha.

Contou tudo quanto tinham conversado e ao terminar Margarida tornou:

— Ela é médium. Igual ao seu Norberto que tinha um Centro Espírita e recebia o pai José. Quando precisava, minha mãe ia conversar com ele, pedir conselhos e sempre teve bons resultados. Ele ajudou muito nossa família.

— Ela não me pareceu uma pessoa religiosa. Era uma mulher muito elegante, bem-vestida, fina, amável. Gostei dela.

— Ela deve mesmo receber espíritos. Como ia saber tudo sobre você?

— Ela disse que tinha amigos espirituais que lhe contavam as coisas.

— Igual a seu Norberto, que tinha o pai José. Ele também era um espírito.

— Seja como for, assim que tiver um tempinho vou fazer uma visita a ela.

— Eu vou com você. Não vou perder essa. Ultimamente tenho me preocupado muito com o futuro do Marinho. Não sei se fiz bem em não querer que o pai dele soubesse que tivemos um filho.

— Você nunca falou sobre isso.

— É uma coisa que eu não gosto nem de lembrar. Mas eu era muito nova, apaixonei-me.

— Quando você engravidou ele foi embora?

Margarida hesitou um pouco, depois disse:

— Eu lhe disse isso, mas não foi bem assim. Nós nunca moramos juntos. Ele era casado, tinha dois filhos. Eu não quis prejudicar a família dele. Quando fiquei grávida, entendi que deveria assumir sozinha as consequências dos meus atos. Eles moravam perto da minha casa, eu não queria que ninguém soubesse que ele era o pai do meu filho.

— Você foi corajosa.

— Minha mãe brigou muito comigo. Exigia que eu dissesse o nome do responsável. Mas eu nunca disse. Meu pai ficou furioso, mandou-me embora de casa. Arrasada, mas digna, fui morar em um pensionato das freiras no bairro do Ipiranga. Lá eles recolhiam as mães solteiras até o nascimento do bebê e, caso elas não pudessem ou não quisessem assumir a criança, arranjavam pais para fazer a adoção da criança.

— Você sofreu muito!

— As freiras foram muito boas comigo. Logo de início eu lhes disse que assumiria o bebê. Minha família nunca me procurou e eu fui levando. Ajudava as freiras fazendo o que podia e foi lá que aprendi corte e costura. Arranjei emprego em uma casa de família e deixava Marinho na creche com as freiras para trabalhar. Sou muito grata a elas pelo que fizeram por mim. Economizei, comprei uma máquina de costura, comecei a costurar, e o resto você já sabe.

— A cada dia eu a admiro mais. Qualquer outra iria atrás do pai do menino, pedir dinheiro, brigar na justiça. Você foi muito digna.

— E não me arrependo. Acho até que o Hélio gostava muito de mim. Soube que me procurou muito. Eu custei a esquecer o amor que sentia por ele. Mas de que me adiantaria lhe contar a verdade? Ele estava casado, tinha dois filhos. Não acho que iria separar-se da família por minha causa. Mas se ele quisesse fazer isso, eu ia me sentir muito mal por ter sido a causa da dissolução de uma família. Afinal, eu me apaixonei, vivi momentos de muito amor e não me arrependo. Tenho um filho que é tudo para mim. Foi melhor assim. Ele que seja feliz com os seus. Eu vou procurar viver minha vida em paz.

— Qualquer hora você vai encontrar alguém e refazer sua vida.

— Não sei se quero. Estou vivendo em paz, sem ninguém para mandar em mim e, depois, eu não suportaria colocar em casa um homem que viesse a mandar em meu filho. É por esse motivo que desejo muito que nosso ateliê dê certo. Quero ganhar dinheiro, fazer meu filho estudar, ter uma carreira, ser bem encaminhado na vida.

— Vai dar certo. Vamos trabalhar muito, ganhar bastante dinheiro. Quero provar para minha mãe que eu posso, que sou capaz, e inclusive dar à nossa família uma vida melhor.

— Isso mesmo. Vamos ao trabalho.

— Assim é que se fala.

As duas foram para a sala de costura e dedicaram-se ao trabalho com entusiasmo. Lidar com coisas bonitas, moda, tecidos coloridos era muito agradável e elas adoravam.

A partir daquele dia, Jacira entrou na rotina. Levantava muito cedo e fazia tudo como no primeiro dia. Só não tinha horário para voltar. No decorrer dos dias, o serviço foi aumentando, novas clientes apareceram, ela ia chegando em casa cada dia mais tarde. Tomava o último ônibus.

Em casa, Geni fizera de tudo para impressioná-la. Nos primeiros dias deixara louça para lavar, roupas amontoadas, casa sem limpar, mas como Jacira fazia tudo conforme prometido e ignorava o resto, ela fora forçada a ir cuidando da casa. Fingia-se de doente, mas, como a filha nunca estava, ela não tinha plateia.

Aristides tinha ido falar com José da oficina mecânica para dizer que aceitava o emprego, mas ele já havia arranjado outra pessoa.

Como estava mesmo decidido a encontrar trabalho, todos os dias depois do café saía procurando. Depois de quase um mês finalmente chegou em casa muito alegre. Tinha conseguido um emprego. Reencontrara um ex-colega de fábrica que, ao aposentar-se, com o dinheiro que recebera da empresa alugara uma casa e montara um bar.

Ele andara o dia inteiro na sua busca, entrara no bar para tomar um refrigerante e viu no caixa seu amigo Euzébio. Abraçaram-se contentes e, ao saber que Aristides desejava trabalhar, disse-lhe:

— Estou precisando de um garçom. Tenho apenas um menino, que na hora do movimento não dá conta. É trabalho duro, é salário mínimo, mas tem as gorjetas. Outra coisa, sem carteira assinada. Não tenho dinheiro para isso.

— Eu aceito. Quando posso começar?

— Amanhã mesmo. Eu abro às dez da manhã, mas se tem movimento vou até as onze da noite. O movimento maior é nos fins de semana.

— Eu estarei aqui amanhã às dez.

Quando contou para Geni ela não gostou:

— Um bar? No meio de pinguços e de mulheres da vida? Você vai ficar viciado depois de velho?

— Você faria melhor em não ser tão maldosa. Vou trabalhar, trazer dinheiro para casa, melhorar a nossa vida. E é isso que você me diz?

Geni desatou a chorar:

— Todos me abandonaram! O que será de mim agora? O que foi que eu fiz para ser assim tão castigada?

— Você não faz outra coisa a não ser se queixar. É você quem atrai para esta casa a miséria em que se transformou nossa vida. De hoje em diante não quero ouvir nem mais uma frase de queixa. Se quiser ficar na maldade, fique sozinha. Eu tenho sessenta e três anos, mas me sinto forte, capaz e quero ter uma velhice melhor. Vou trabalhar, economizar, coisa que nunca fiz. Se tivesse feito, hoje seria um comerciante como Euzébio. Mas não, entreguei-me à preguiça, ao desânimo, achando que o mundo tinha acabado para mim. Mas Jacira fez-me ver que eu ainda posso mudar, fazer alguma coisa, ser útil, sentir-me vivo.

— Só eu vou ficar sofrendo!

— Porque quer. Porque tem uma cabeça viciada na preguiça, na incapacidade. Vive de ilusão lendo essas revistinhas de fotonovela, sonhando com as mocinhas e com o príncipe encantado, como se a vida fosse só isso. Abra os olhos, mulher, antes que seja tarde. Cuide de si, da casa, de sua vida. Deixe de se queixar e fingir que está doente. Se não mudar, qualquer dia destes vai acabar ficando doente de verdade.

Geni soluçava desesperada. Nunca Aristides tinha sido tão duro com ela. Ele sempre a tratara com suavidade, desde o namoro, como se ela fosse uma boneca delicada. Por que estava sendo tão duro? Ela chorava de medo. Além dos filhos, corria o risco de perder também o marido? E se ele, desgostoso com ela, fosse embora de vez? O que seria dela?

Sem dizer mais nada, correu para o quarto, deitou-se e continuou chorando. Sentia que ele estava cansado de suas artimanhas para se poupar e obrigar os outros a fazer tudo do jeito que ela queria.

Mas no dia seguinte, assim que o marido e a filha saíram para o trabalho, ela, olhando para a pia cheia de louças e a mesa posta, achou melhor arrumar tudo. Sentia-se solitária, abandonada.

Quando terminou, foi para o quarto pensando em deitar-se mais um pouco. Mas ao passar pelo corredor, sentiu um cheiro desagradável vindo do banheiro.

Aristides tomara banho antes de sair e deixara toalhas espalhadas pelo chão. Irritada foi colocá-las no cesto de roupas sujas. Ele estava cheio. Lágrimas vieram-lhe aos olhos e ela não sabia se eram de raiva ou de repugnância por precisar fazer aquele serviço.

Jacira costumava cuidar de tudo antes de ir trabalhar. Lembrou-se de que fazia alguns dias que ela não mexia no cesto. O cheiro de mofo vinha dele. Deixando as lágrimas correrem livremente, sustendo a respiração, Geni tirou toda a roupa e levou-a para o tanque. Resignada, colocou-as de molho em água e sabão enquanto a máquina de lavar enchia. Depois as colocou para lavar, foi para sala, apanhou uma revista, foi para o quarto e estendeu-se na cama, mergulhando prazerosamente na leitura.

Mais tarde, sentiu fome. Desde que começara a trabalhar, Aristides comia no emprego.

— Nós servimos refeições aqui. Não tem cabimento você ir almoçar em casa — dissera Euzébio desde o primeiro dia.

A princípio Geni achara bom não ter de fazer almoço. Comia qualquer coisa, pão, banana, ovo frito, o que tivesse na hora. Mas depois de alguns dias começou a sentir vontade de comer um bom prato de arroz com feijão, um bife acebolado do qual ela gostava tanto.

Levantou-se e foi para a cozinha. Decidiu fazer um almoço de verdade. Colocou feijão na panela de pressão, refogou o arroz e aspirou o cheiro do tempero com prazer.

Enquanto cozinhava ela pensava: "Todos foram embora. Ninguém liga para mim. Eles querem me ver acabada, chorando, implorando que me ajudem. Mas eu não vou lhes dar esse gosto. Vou me tratar bem. Fazer do jeito que eu gosto. Colocar aquela pimenta vermelha que eu adoro e o Tide não gosta".

Fez tudo no capricho e em vez de estender o pano de prato para comer como de costume, foi buscar uma toalha, arrumou a mesa, com copo, guardanapo de papel e tudo. Depois se sentou satisfeita e almoçou, saboreando a comida que havia preparado, que nunca lhe pareceu tão gostosa.

Fazia muito tempo que não se sentia tão bem. Tanto que não deixou a louça para lavar. Arrumou tudo. Depois foi estender a roupa para aproveitar o sol. Quando acabou, apanhou uma revista e sentou-se na poltrona da sala para ler.

Naquela noite, Jacira trabalhou até muito tarde. Elas desejavam entregar dois vestidos para uma cliente que iria viajar para o exterior na noite seguinte e ela só se deu por satisfeita quando os viu prontos.

— É melhor você ir logo para não perder o ônibus. Pode deixar que eu guardo tudo.

Jacira concordou, apanhou a bolsa e saiu apressada. Ao chegar no portão, encontrou com Nelson e disse:

— Eu não sabia que estava aqui!

— Esqueceu? Você me prometeu que iria sair mais cedo. Estou esperando desde às nove e já são quase meia-noite.

— Eu sinto muito. Mas nós tínhamos de acabar dois vestidos para entregar amanhã.

— Vamos andando, senão perderemos o ônibus.

Durante todo o trajeto de volta, Nelson ficou calado. Jacira notou que ele estava irritado e sentiu-se culpada por ter combinado de sair mais cedo. Tentou conversar, mas ele respondia por monossílabos e ela também ficou calada.

Ao chegarem perto da casa dela, pararam e ele disse sério:

— Nós precisamos conversar. Esta situação não pode continuar.

— Eu não devia ter marcado tão cedo. Estava tão empenhada em acabar o serviço, que só me dei conta do horário quando Margarida me alertou que eu iria perder o ônibus.

— Vamos nos sentar na praça e conversar.

— É tarde. Deixa para outro dia?

— Não. Tem de ser hoje.

— Está bem. Mas não vamos demorar.

Andaram até a praça, sentaram-se e Nelson segurou a mão dela dizendo em tom conciliador:

— Jacira, eu gosto muito de você. Depois de tudo que passei nesta vida, tinha jurado não amar mais nenhuma mulher. Quando a conheci, gostei porque, sendo mais amadurecida, nosso relacionamento seria mais confiável.

Fez ligeira pausa e, notando que ela o ouvia com atenção, continuou:

— Quando você trabalhava na oficina, tinha horário, tudo ia muito bem. Mas depois que resolveu trabalhar com Margarida, nosso namoro tem sido prejudicado.

Ela retirou a mão e fez menção de responder, mas ele pediu:

— Estou abrindo meu coração e peço-lhe para ouvir tudo quanto tenho a dizer, sem me interromper.

Vendo que ela concordou, ele prosseguiu:

— Você não tem hora para estar comigo. Todas as noites trabalha até muito tarde e nos fins de semana sempre tem mais alguma coisa para fazer na casa de Margarida. Eu me sinto rejeitado. Sinto que você não gosta tanto de mim como eu pensava. Nunca me liga durante o dia, não se esforça para estar comigo. Para você o trabalho vem antes de mim. Eu fico sempre em segundo lugar. Isso não é amor.

Ele se calou triste e ela tentou esclarecer:

— Você está enganado. Você é meu primeiro namorado. Eu prezo muito sua amizade. Mas, entenda, eu estou tentando melhorar de vida. Meu trabalho é muito importante e eu quero vencer. Até aqui minha vida tem sido muito difícil. Pela primeira vez estou tendo uma chance de conseguir coisa melhor. Nosso negócio está indo bem. Estou ganhando mais do que antes. E estou certa de que vai melhorar muito mais.

— Você já me disse tudo isso. Mas eu tenho uma proposta para lhe fazer. Estou me sentindo muito sozinho. Quero que venha morar comigo. Tenho uma casa boa, ganho o suficiente para lhe oferecer uma vida confortável e você não vai mais precisar trabalhar. Se tudo der certo, mais tarde poderemos nos casar.

Jacira sentiu como se ele tivesse lhe jogado um balde de água fria. Teve vontade de responder que não. Mas ele segurou a mão dela novamente:

— Não responda nada agora. Quero que pense no assunto. É uma forma de demonstrar se gosta mesmo de mim e se confia no meu amor.

Jacira respirou fundo e respondeu:

— Está bem. Prometo que vou pensar. Mas agora preciso ir. É muito tarde. Amanhã preciso me levantar cedo.

Ela levantou-se, ele abraçou-a com força e beijou-a nos lábios longamente. Depois disse:

— Pense bem. Eu quero muito você. Não vejo a hora de podermos estar juntos para sempre.

Jacira sentiu uma sensação desagradável, uma inquietação e vontade de ir embora.

Na porta de casa, despediu-se rapidamente e entrou sentindo-se aliviada.

A casa estava às escuras e ela foi direto para o quarto. Havia jantado muito cedo com Margarida, mas apesar do adiantado da hora estava sem fome. Aquela conversa com Nelson a irritara muito. Tomou um banho e estendeu-se na cama recordando suas palavras.

Para ela, o trabalho significava sua libertação. A figura de Geni apareceu em sua mente. A proposta dele iria transformar sua vida e torná-la uma cópia de sua mãe. Agora que estava tendo a chance de tornar-se independente, não permitiria que ninguém a impedisse.

Tendo decidido recusar a proposta dele, deitou-se e, sem pensar em mais nada, adormeceu.

Na manhã seguinte, na casa de Margarida, Jacira desabafou:
— Vou acabar meu namoro com Nelson.
Margarida olhou-a surpreendida:
— Por quê? Aconteceu alguma coisa?
— Ele está irritado porque não tenho tido tempo para sair. Quer que eu deixe de trabalhar e vá morar com ele. Veio com uma conversa de que ele pode me sustentar, dar-me conforto, mas eu quero muito mais. Eu quero ser independente e ele quer me pôr na coleira, mandar em mim.
— Por esse motivo é que eu não quis me casar de novo. Mas eu já experimentei o amor, tenho meu filho e me sinto bem assim. Mas você está começando sua vida amorosa. Se acabar o namoro, não vai se arrepender?
— Sabe que não? Tem dia que me sinto bem em conversar com ele, mas há outros que quando estamos juntos não vejo a hora de ir embora.
— Nesse caso, é melhor terminar mesmo. Você não o ama.
— Pode ser. Mas eu estou descobrindo que posso ter uma vida melhor. Pela primeira vez sinto prazer em trabalhar, adoro ouvir nossas freguesas elogiarem nossos vestidos.

Sinto-me útil, realizada. Gosto de manusear esses tecidos tão lindos, aprender a olhar a moda, sentir que estou viva.

Margarida sorriu e respondeu:

— É o que eu sinto também. Que bom que você me entende! O prazer de fazer, de criar coisas bonitas me fascina. Você está certa de que é isso mesmo que quer?

Jacira suspirou pensativa:

— Só não sei como dizer a ele. Parece que o estou rejeitando, sendo ingrata, cruel. Ele foi o primeiro homem que gostou de mim. Eu tenho me esforçado para gostar dele. Mas ontem, quando ele me beijou, eu queria sair correndo.

Margarida colocou a mão sobre o braço da amiga e tornou:

— No amor não há como fingir. Quando você ama, quer ficar junto. Se em vez disso, não tolera a intimidade, o melhor mesmo é sair fora. Dizer que não está preparada. Ele vai sofrer, mas respeitar sua atitude. Seria cruel fingir um amor que não sente.

— Você está certa.

— Aquela mulher que você conheceu no ônibus, acertou.

— Como assim?

— Ela disse que sua vida ia mudar até no lado afetivo. Isso significa que você vai gostar de outro.

— Será? Duvido. Nelson foi o único que me viu como mulher.

— Isso foi no tempo em que você era triste, deprimida. Hoje você está muito diferente. Vai aparecer outro, sim.

Jacira sorriu, pegou a bolsa, apanhou o cartão da mulher que conhecera no ônibus e leu:

— Lídia Martini. Ela disse que mora perto daqui e convidou-me para ir à sua casa a fim de conversarmos. Estou com vontade de ir até lá. O que você acha?

— Se você for, eu vou junto para ver o que ela pode dizer sobre minha vida. Se ela for como o seu Norberto, pode nos ajudar e aconselhar.

Margarida olhou o cartão e continuou:

— Essa rua fica aqui perto, podemos ir a pé. Seria bom irmos antes de o Marinho voltar da escola.

— E o vestido de dona Odete? Ela ficou de vir experimentar amanhã.

— Está bem adiantado. Estou morrendo de curiosidade.

— Está bem. Vamos.

As duas saíram e em dez minutos estavam tocando a campainha da casa. Enquanto esperavam no pequeno portão de ferro, contemplavam encantadas o jardim onde um belo pé de primavera, cheio de flores, subia ao lado da varanda.

Uma mocinha abriu a porta e vendo-as, aproximou-se:

— Meu nome é Jacira e esta é minha amiga Margarida. Gostaríamos de conversar com dona Lídia. Ela está?

— Está sim. Um momento, vou avisá-la.

Ela entrou novamente na casa e alguns segundos depois, voltou acompanhada por Lídia que, vendo-as, sorriu, abriu o portão e convidou-as a entrar.

— Eu sabia que viria.

— Esta é minha sócia, Margarida.

Lídia olhou-a firme nos olhos dela e disse:

— É um prazer recebê-las em minha casa.

— Adorei seu jardim. O que faz para que as flores sejam tantas e tão bonitas? — perguntou Margarida.

— Elas gostam de ficar aqui porque sabem que são muito amadas. Eu adoro este jardim e elas retribuem.

Entraram na sala e Lídia, aproximando-se da mocinha que as recebera, disse:

— Esta é minha filha Estela. É ela quem cuida do nosso jardim.

— Está muito bonito. — Disse Margarida, continuando: — Desculpe termos vindo fora de hora, é que mais tarde meu filho chega da escola e eu não poderia mais sair. Eu desejava muito conhecê-la.

— Fizeram bem. Sentem-se, vamos conversar.

Depois de vê-las acomodadas no sofá, Lídia, voltando-se para Jacira, tornou:

— Você veio porque as coisas que eu disse começaram a acontecer.

— É. De fato. Há algum tempo minha vida vem mudando. Tenho tomado decisões. Algumas, eu sei que foram acertadas, mas...

— Há uma que você sabe que deve tomar, mas fica dividida pelo receio de decepcionar uma pessoa para a qual é muito grata.

— Isso mesmo. Meu namorado quer que eu vá morar com ele e deixe de trabalhar. Isso eu não vou fazer.

— Vocês estão trabalhando por conta própria e adoram o que estão fazendo. Eu sinto que terão mais sucesso do que esperavam.

Lídia fechou os olhos durante alguns segundos, depois disse:

— A amizade de vocês vem de outras vidas, quando pertenceram à mesma família. Têm grande afinidade espiritual. Você, Margarida, sempre lutou para conseguir melhorar de vida, mas nada dava certo. Teve algumas decepções que a fizeram sofrer, mas nunca se entregou à depressão. Sempre lutou com coragem e alegria. Ao reencontrar Jacira, que também não era feliz, você sentiu vontade de ajudá-la. Unidas, encontraram motivação para mudar e progredir.

A voz de Lídia estava um pouco modificada e ela falava com firmeza e doçura. As duas ouviam comovidas, percebendo que havia alguma coisa diferente no ar. Parecia-lhes que de repente o ar se tornara mais leve e um sentimento de alegria as envolvia.

Depois de alguns segundos em silêncio, Lídia perguntou:
— Quem é Hélio?

Margarida estremeceu, mas não respondeu. Lídia continuou:

— É um homem alto, moreno, rosto cheio, cabelos lisos penteados para trás, veste uma camisa azul, está me mostrando um anel de ouro, de formatura com uma pedra vermelha.

— Meu Deus, é o pai do Marinho!

— É esse mesmo. Ele pede para eu lhe dizer que está muito arrependido do que fez, deseja que o perdoe.

Margarida, trêmula, não conseguia conter as lágrimas:
— Eu não tenho raiva dele. Também tive culpa pelo que aconteceu.

— Diz que você deveria ter lhe contado sobre Marinho. Ele os teria amparado e você não teria sofrido tanto. Nunca se conformou com seu desaparecimento e só agora, depois que ele morreu, foi que descobriu tudo.

Margarida chorava, enquanto Jacira segurava a mão dela tentando dar-lhe coragem.

— Não sabia que ele tinha morrido! Como foi isso?

— Foi de repente, do coração. Faz mais de um ano.

— Eu nunca soube! — murmurou Margarida, enquanto as lágrimas continuavam a banhar-lhe o rosto emocionado.

— Ele precisa ir embora, melhorar. Quando puder, voltará para protegê-la e ao menino. Admira sua coragem e a mulher que você é. Entendeu que você desapareceu da vida dele para não criar problemas com sua esposa e seus outros filhos. Lamenta não tê-la ajudado quando mais precisava.

Lídia calou-se. Respirou profundamente, abriu os olhos e disse:

— Vamos mentalizar uma luz azul-clara e envolvê-lo com amor, desejando que ele se recupere logo.

Ela fez uma oração que as duas acompanharam em pensamento. Depois, abriu os olhos, levantou-se e voltou em seguida trazendo uma bandeja com copos e uma jarra de água, colocando-a sobre a mesa. Encheu os copos e os entregou às duas, servindo-se também.

Tomaram a água. Quando se sentiu mais calma, Margarida quebrou o silêncio comentando:

— Estou triste, não sabia da morte dele.

— A morte faz parte da vida. Todos nós teremos que passar por essa viagem. Mas como vocês viram, ela não é o fim de tudo. É apenas uma mudança de estado e de lugar, nós continuaremos vivendo em outras dimensões.

— Eu tenho um amigo que muito me ajudou, chama-se Ernesto Vilares. Trata-se de um homem muito instruído, que estuda os fenômenos da vida e tem me falado sobre todas essas coisas.

— Já tive oportunidade de fazer alguns cursos com ele e considero-o um mestre no assunto. Fico feliz que vocês o conheçam. Se puderem, frequentem o Instituto dele — respondeu Lídia com alegria.

— Eu já assisti a algumas aulas. Ele deu-me uma bolsa e eu aproveitei. Suas palavras mudaram a minha vida.

Jacira contou como o conhecera e as experiências que tivera quando dormira e conhecera uma mulher chamada Marina, que disse ser sua protetora, e finalizou:

— Eu estava me sentindo tão bem, tão feliz, que quando acordei reclamei. Preferia continuar dormindo.

— Eu a conheço. No dia em que se sentou ao meu lado naquele ônibus, eu a vi perto de você. Foi ela quem pediu que lhe desse meu endereço.

— É incrível! — comentou Margarida. — Sempre ouvi falar de espíritos, algumas vezes cheguei a ir a um Centro Espírita, mas tive medo de voltar lá. Minha mãe dizia que é um lugar perigoso.

— As pessoas têm medo do que não conhecem e não podem controlar. Mas os espíritos são pessoas comuns, que viveram aqui e continuam como eram do outro lado da vida, tendo qualidades e pontos fracos. De um modo geral, não podem nos fazer mal. Só conseguem nos envolver de forma negativa quando não valorizamos a vida, depreciamo-nos, ficamos no mal. São nossas fraquezas que lhes abrem a porta da nossa intimidade. Quando estamos no mal não atraímos só espíritos perturbados, mas também pessoas que podem nos prejudicar.

— O que aconteceu hoje abriu minha cabeça. Desde que Jacira falou de você, senti muita vontade de conhecê-la. Mas pensei que fosse para saber se nosso negócio ia dar certo. O que aconteceu aqui foi uma prova muito grande de que a vida continua depois da morte. E isso, para mim, é mais importante que tudo.

— De fato. A prova de que somos eternos nos comove e amplia nossos horizontes. Saber dessa realidade é uma bênção que devemos agradecer à bondade divina — comentou Lídia com os olhos brilhantes de alegria.

— Gostaria de saber mais sobre esse assunto — tornou Margarida.

— Voltem aqui sempre que desejarem. Terei prazer em conversar com vocês. Tenho muitos livros de pessoas que estudaram o assunto e posso emprestar-lhes. São pesquisas que comprovam que a vida continua.

Jacira interveio:

— Você falou que estou sem coragem de tomar uma decisão. Devo acabar com esse namoro?

— Essa resposta está dentro do seu coração. Só você pode decidir. Pense no assunto, analise seus sentimentos e decida de acordo com sua verdade. Seja qual for sua decisão, seja sincera. Não tenha receio de ser verdadeira.

— Eu já pensei e sei o que fazer.

Lídia foi até a estante de livros, apanhou alguns e mostrou-os para elas dizendo:

— Dois destes são romances espiritualistas ditados por espíritos aos médiuns. São mais simples e fáceis de entender. Os outros são estudos feitos por cientistas sobre os fenômenos da mediunidade. Eu gosto muito deste — continuou Lídia apanhando um deles: — Chama-se *Fatos espíritas* e foi escrito por Sir William Crocks, um cientista inglês. Trata-se de um caso de materialização que ele pesquisou. Ele provou que a vida continua depois da morte do corpo físico. Tem fotos dos espíritos materializados.

— Como foi isso? — indagou Jacira admirada.

— É melhor você levar e ler. É muito interessante — disse Lídia.

Jacira segurou o livro, folheou-o e disse admirada:

— É incrível! Todas as pessoas deveriam ler isso!

— Nem todos estão preparados para essa realidade. Cada coisa acontece no tempo certo.

— Agora é o meu tempo. Pode me emprestar? — indagou Jacira.

— Sim.

— Eu adoro romances — disse Margarida.

Lídia indicou um deles. Ao se despedirem, Margarida agradeceu muito a atenção e abraçando-a disse:

— Sinto que encontrei uma amiga. Gostaria de convidá-la para ir conhecer minha casa. Leve sua filha. Terei o maior prazer em mostrar-lhe nosso trabalho.

— Domingo de manhã tenho um compromisso, mas à tarde passarei lá.

— Nesse caso, eu também estarei à sua espera.

Elas despediram-se e, durante o trajeto de volta, comentaram com emoção o encontro.

Recordando que Lídia dissera que seriam bem-sucedidas no trabalho, elas retomaram as atividades com entusiasmo.

Naquela noite, para compensar, Jacira deixou a casa da amiga uma hora mais tarde do que o habitual. Apesar disso, estava satisfeita, porquanto tinham adiantado bem a tarefa.

Assim que fechou o pequeno portão do jardim e ganhou a rua, viu Nelson na esquina se aproximando.

Pela sua fisionomia percebeu logo que ele não estava bem.

— Faz mais de uma hora que a estou esperando. Tive vontade de tocar a campainha da casa para chamá-la.

— Você sabe que eu não gosto que faça isso.

— Não é possível que vocês tenham tanto trabalho assim. Acho mais é que vocês ficam conversando. Parece que o fato de saber que eu a estou esperando não importa.

Jacira parou de caminhar, olhou bem nos olhos dele e respondeu:

— Tanto importa que tomei uma decisão.

— Você vai deixar o trabalho e se mudar para minha casa?

— Não. Eu não gosto de pensar que você está me esperando. Eu decidi que não quero ir morar com você.

— Não estou entendendo. Nesse caso...

— Nesse caso o melhor é acabar com o nosso namoro. Eu não estou preparada para fazer o que você quer. Eu quero melhorar minha vida, dedicar-me de corpo e alma ao trabalho. Esse é meu objetivo agora. Por esse motivo, é melhor não nos vermos mais.

Ele olhou-a admirado e respondeu nervoso:

— Depois de tudo que eu fiz por você, não esperava que me dispensasse como se eu nunca tivesse sido nada em sua vida.

A atitude dele indignou Jacira, que colocou as mãos na cintura e retrucou irritada:

— O que você fez por mim, além de reclamar porque sou uma mulher que trabalha e luta por uma vida melhor?

— Você está iludida. Acreditou nas bobagens daquele professor. Mas vai cair do cavalo. A realidade é bem outra. Você não fica rica só porque quer. Quem nasce pobre, morre pobre.

— Você é um conformado, sem ambições. Há anos curte esse emprego, fazendo tudo sempre igual. Eu não quero isso para mim. Vou aprender coisas, melhorar de vida, dar conforto a minha família.

— Sua família tem vivido pendurada em você e vai continuar assim. Estou arrependido pelo tempo que perdi com você!

— Pois vá com Deus e me deixe em paz. Nunca mais quero vê-lo.

Jacira saiu pisando duro, apertando o livro que segurava e a alça da bolsa. Caminhou rapidamente tentando se acalmar. Chegou no ponto do ônibus que já estava encostando e subiu apressadamente. Sentou-se ao lado da janela e, quando o ônibus saiu, ela ainda viu Nelson olhando com raiva para ela.

Aos poucos, Jacira foi se acalmando e alguns minutos depois, recordando-se da cena de momentos antes, começou a rir. Como pudera pensar que gostava do Nelson? Ela que tivera receio de magoá-lo, agora percebia que ele não era nada do que imaginara. Era um homem possessivo, autoritário, que desejava manipulá-la e impedir que ela continuasse progredindo. Se aceitasse o que ele queria, iria se transformar em uma mulher apagada, infeliz e derrotada.

Ela descobrira o prazer de tomar decisões que tinham transformado sua vida para melhor. Não queria de forma alguma voltar atrás. Sentia-se mais dona de si, mais forte. Esse caminho não tinha volta. Ao contrário, ela só aceitaria ir para a frente.

As palavras de Lídia confirmaram o que ela sentia. Lembrou-se do espírito de Marina. Ela colocara Lídia em seu caminho. Sentia que podia confiar na amizade dela.

Era prazeroso fazer amigos. Encontrara pessoas que valorizavam sua amizade.

Lembrou-se das palavras de Geni:

"Não existe amizade sincera. As pessoas são interesseiras e só fazem o que lhes convêm. Eu não tenho amigas. Não confio nelas."

Ela nunca tivera amigas porque sua mãe pensava dessa maneira. Acreditara em suas palavras. Reconhecia agora o quanto estava equivocada.

Havia pessoas boas, capazes de cultivar uma amizade. Margarida era uma prova disso. Sentia que Lídia também era confiável e iria se tornar uma boa amiga.

Ela sabia que a mãe pensava daquela forma. Acreditara em tudo que ela lhe dissera. Ficara só e triste. Não se lembrava de vê-la recebendo alguém em casa.

Já o pai tinha vários amigos fora de casa, mas nunca os convidava para visitá-los. Certamente porque Geni não gostava.

Ela não queria ser igual à sua mãe. Gostaria de ter amigos para conversar, compartilhar suas alegrias e tristezas.

Arrependia-se de ter se deixado influenciar pelas ideias de Geni. Por ela pensar dessa forma, nunca convidara Margarida para ir à sua casa. Era sempre ela quem ia à casa da amiga, mesmo nos dias em que não tinham de trabalhar.

Talvez fosse o momento de mudar isso. Ela não desejava passar o resto da vida em uma casa onde não pudesse receber seus amigos. O que Geni faria se ela levasse Margarida em sua casa?

Jacira desejava mudar, sentia prazer em desfrutar da amizade de pessoas das quais gostava. Era muito agradável trocar ideias com Margarida e agora com Lídia.

Lembrou-se das pessoas que conhecera no espaço do doutor Ernesto. Eram amáveis, inteligentes, educadas, falavam coisas boas. Quando ia às aulas, várias delas se aproximavam para conversar. Contudo, ela se afastara com medo de não ser apreciada.

"Quem nasce pobre não tem chance na vida. Dê graças a Deus por encontrar o emprego na oficina. Senão, estaríamos morrendo de fome."

De novo as palavras de Geni vinham-lhe à mente. Ou então:

"Não adianta querer ser o que não é. Não adianta querer se pintar para aparecer. Você nunca será bonita. Seja discreta. Não deve sair por aí como se fosse uma prostituta."

Essa era a maneira de pensar de sua mãe. Ela já não pensava mais assim. Sabia que havia um bom lugar na vida e percebia que poderia ocupá-lo se quisesse.

Sentia-se com coragem para lutar em busca de uma vida melhor e o primeiro passo seria livrar-se das crenças que, durante a vida inteira, ouvira da mãe e nas quais já não acreditava mais.

Ela conseguira mudar de vida, estava trabalhando por conta própria, sendo capaz de sustentar melhor sua família. Um homem havia se interessado por ela, beijara-a, quisera viver com ela, sustentá-la. Ela o havia recusado porque não o amava o suficiente, mas esse acontecimento provara que como mulher tinha condições de encontrar alguém que a amasse de verdade e com o qual construiria sua família.

Sentia-se livre, capaz, feliz e forte. Tinha toda uma vida pela frente para construir sua felicidade.

Chegou em casa e encontrou Geni sentada na sala lendo uma de suas revistas. Vendo-a entrar comentou:

— A cada dia você chega mais tarde. Onde ficou até esta hora?

Apesar do tom malicioso, Jacira não se incomodou e respondeu:

— Trabalhando. Temos tido muito serviço. Amanhã vou receber e no sábado você vai comigo ao supermercado fazer as compras do mês.

— Eu?! Não tenho saúde para essas andanças.

— Você nunca sai de casa. Está na hora de dar uma volta, respirar um ar.

— Eu sou doente, canso-me com facilidade. Não vou aguentar.

— Vai sim. Andar faz bem à saúde. Não vai precisar carregar nada. Eu vou mandar entregar. Depois, estou pensando em lhe comprar algumas peças de roupa.

Geni arregalou os olhos:

— Para mim?

— Sim. Ganhei um pouco mais e quero que escolha alguma coisa no bazar.

Os olhos de Geni brilharam quando ela respondeu:

— Vamos ver se consigo ir.

Jacira sorriu e Geni continuou:

— Deixei comida no forno.

— Comi com Margarida, vou só tomar um café com leite.

Jacira foi à cozinha e notou que não havia nenhuma louça suja. Geni limpara tudo. Sentiu-se feliz. Tomou seu café com leite e bolachas, depois foi para o quarto. Sentia-se calma e com sono. Lavou-se, vestiu a camisola, deitou-se e em poucos minutos adormeceu.

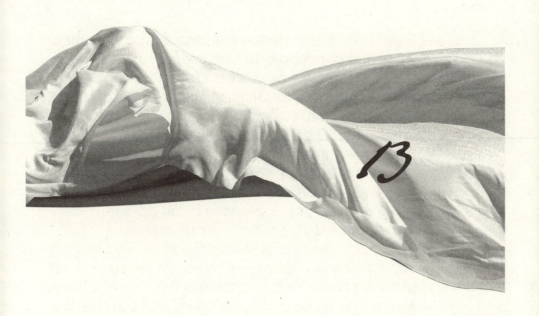

No sábado, Jacira levantou-se muito cedo e foi à casa de Margarida. Fazia dois meses que elas estavam trabalhando por conta própria, queriam fazer contas e avaliar o progresso do negócio.

O volume de freguesas tinha aumentado e não estavam dando conta de todo o trabalho. Pensavam em contratar uma pessoa para ajudá-las. Jacira queria verificar o montante de despesas que lhes traria, se tinham condições.

Antes de sair de casa, surpreendeu-se vendo Geni aparecer na cozinha tão cedo, pois ela adorava dormir até mais tarde.

— O que foi, mãe, por que se levantou tão cedo?
— Você vai trabalhar hoje?
— Vou.
— Então não vamos sair para fazer compras?
— Vamos sim. No fim da tarde estarei de volta e iremos ao supermercado. Não quer ir comigo?

Geni hesitou um pouco, depois respondeu:

— Acho que vai dar. Hoje acordei um pouco melhor.

Jacira disfarçou o sorriso e perguntou:

— Papai está dormindo?

— Está. Ontem ele chegou em casa depois das onze. Hoje só vai para o bar depois do almoço, mas vai ficar lá até a madrugada. Isso não é vida! Ele é aposentado, não deveria ter de continuar trabalhando. Depois, um bar não é ambiente para ele. Enquanto isso, eu fico em casa sozinha. Você vem cada dia mais tarde. O que farei se me sentir mal?

— Ele não se queixa. Ao contrário. Está gostando muito de trabalhar para o Euzébio.

— Às vezes ele chega em casa com as pernas doendo e vai fazer um escalda-pés. Está velho e não consegue mais ficar correndo de um lado a outro servindo mesas.

— O trabalho faz bem à saúde. Ele sente-se útil. Fica feliz em trazer dinheiro para casa. Em vez de reclamar, você deveria apoiar e agradecer o esforço dele.

— Não gosto de ficar sozinha o tempo todo. Nos fins de semana ainda é pior. No sábado ele trabalha mais. Não tem descanso!

— Mas eu percebo que ele gosta muito de ir para o trabalho. Está mais alegre, disposto. Não parece tão cansado como você diz.

— Ele não reclama, mas eu sei que está cansado. Você diz que está ganhando melhor, nesse caso deveria dizer a ele que não precisa mais trabalhar. Ele está se sacrificando por nós.

— Eu não penso assim. Ele está mais alegre, disposto, ontem estava até cantando no banheiro. Agora preciso ir.

— Vou ficar a esperando para irmos às compras.

— Pode esperar.

Durante o trajeto para a casa de Margarida, Jacira foi pensando na conversa com a mãe. Não era verdade o que ela dissera. Por que Geni sempre torcia as coisas? Seu pai estava adorando trabalhar no bar do amigo.

Aprendera rápido a servir as mesas, era respeitoso, gentil com os fregueses, e, além de ganhar boas gorjetas, fizera novos amigos.

Ele antes era muito sério, mas depois que começara a trabalhar naquele bar, mudara muito. Jacira se divertia vendo-o imitar alguns fregueses, brincando com os fatos que presenciava durante o trabalho.

A vida deles começara a melhorar. Só Geni ainda continuava insatisfeita e infeliz. Precisava fazer alguma coisa para que ela olhasse a vida de forma mais otimista.

Quando chegou na casa de Margarida, encontrou-a mais alegre. Recebeu-a com olhos brilhantes, o que fez Jacira indagar:

— Você está diferente, aconteceu alguma coisa?

Margarida abraçou-a e respondeu:

— Aconteceu. Dona Ester ligou dizendo que estaria aqui dentro de meia hora. Deseja nos fazer uma proposta muito boa.

— Ela é nossa melhor freguesa. O que será que ela quer?

— Não sei. Mas falava com entusiasmo. Pedi para adiantar o assunto, mas ela disse que só falaria pessoalmente.

— Vai ver que tem alguma encomenda grande. Vamos ter de procurar uma ajudante o mais depressa possível.

— Outro dia na feira, conversei com algumas amigas e já tenho duas mocinhas interessadas em trabalhar aqui. As duas moram perto, o que vai facilitar tudo.

— Vamos fazer as contas para ver quanto poderemos pagar.

— Vamos contratá-las como aprendizes.

— Não vai dar mais trabalho?

— É melhor. Dessa forma posso prepará-las para fazer tudo do nosso jeito. Gosto de ensinar e não me custa nada.

As duas sentaram-se, Jacira apanhou o caderno em que registrava tudo e começou a fazer as contas. No fim, sorriu satisfeita. Tinham ganhado mais do que no mês anterior.

— Vou separar um dinheiro para as despesas do próximo mês, deixar alguma reserva. O restante vamos dividir entre nós duas.

— Tenho vontade de comprar uma geladeira. A que eu tenho ganhei de dona Itália quando ela comprou outra. Mas está muito velha e a porta não fecha direito. E você?

— Vou comprar roupas para mamãe. Quero ver se ela se anima. Está sempre reclamando de tudo. Também, fica em casa o dia inteiro sem fazer nada. Em casa faz o menos possível.

— Isso não é bom. O trabalho faz bem à mente.

A campainha tocou e Margarida apressou-se em ir atender. Pouco depois, voltou acompanhada de uma mulher de uns quarenta anos, alta, loura, elegante.

Depois dos cumprimentos, Margarida serviu um café e sentaram-se para conversar.

— Você está muito bem, parece que remoçou! — comentou Margarida sorrindo.

— De fato. Você me conhece há muito tempo.

— Desde quando eu tinha o antigo ateliê.

— Sabe tudo da minha vida. Quando meu marido foi embora com outra, foi com você que eu me desabafei. Eu a considero minha melhor amiga. Quando eu estava casada, vivia rodeada por amigas que desapareceram assim que descobriram que eu tinha perdido aquele marido rico e me mudara daquela mansão para um pequeno apartamento.

— Você não perdeu nada. Elas eram interesseiras.

— Eu sei. Mas você fez o que pôde para me ajudar. Animou-me a procurar trabalho e seu apoio foi muito importante. Agora minha vida vai mudar e eu desejo que você seja a primeira a saber.

— Esse brilho de felicidade em seus olhos revela que essa mudança será para melhor.

— Eu estou muito feliz. O diretor da empresa onde trabalho se declarou. Quer casar comigo. Estamos tratando dos papéis do divórcio. Sabe que o João ficou furioso com isso? Procurou-me e disse que queria reatar. E eu tive o prazer de dizer não. Se ele está infeliz com a outra, é problema dele. Eu estou apaixonada pelo Renato. Um homem bonito, elegante, gentil, que sabe valorizar uma mulher.

— É o doutor Renato Dermazolli?

— Esse mesmo.

— Ele é um homem bonito e rico. O que acontecerá se o João se recusar a assinar o divórcio?

— Renato disse que vai procurá-lo e convencê-lo a evitar um processo litigioso. Pelo que eu sei, a empresa dele não tem interesse em enfrentar um processo onde ele seria investigado.

Margarida levantou-se dizendo:

— Uma notícia dessas merece uma comemoração. Vou abrir um vinho para brindarmos.

— Antes vou dizer-lhes o que estou querendo. Vocês duas são pessoas muito corretas, esforçadas, trabalhadoras, as quais admiro muito. Vocês merecem ter sucesso. Eu havia prometido a mim mesma que se algum dia tivesse condições iria ajudá-las. Renato quer que eu me mude para a casa dele mesmo antes de o divórcio sair. Não quer esperar. Eu aceitei. Ele mora em uma casa linda nos Jardins e quer que eu o ajude a mudar a decoração. Ontem fui até lá com ele. Pensei em vocês. A rua onde vou morar seria ideal para vocês montarem um ateliê.

— Bem que eu gostaria, mas não sei se estaríamos em condições de dar um passo desses. Não temos capital e o aluguel lá deve ser muito alto! — tornou Margarida.

— Seria maravilhoso — aduziu Jacira. — Mas nós ainda não temos meios para tanto.

Ester sorriu e seus olhos brilharam alegres quando respondeu:

— Renato possui uma casa muito boa ao lado da que ele mora. Está vazia no momento. Ele não estava querendo alugá-la de novo porque os últimos inquilinos, além de não pagarem o aluguel direito, depredaram tudo. Então, falei em vocês. E ele disse que vocês podem se mudar para lá. Dá para morar e montar o ateliê. Estou certa de que com a capacidade que têm, poderão ganhar muito dinheiro.

Margarida olhou para Jacira, que estava tão assustada quanto ela.

— É um passo muito grande para nós! — comentou Margarida.

— Ele disse quanto vai querer de aluguel? — indagou Jacira emocionada.

— Não vai lhes cobrar nada.

— Não é justo — tornou Margarida. — Não é direito.

— Por enquanto ele não vai lhes cobrar nada. Vocês podem cuidar da casa, pagar o imposto predial e só. Penso que poderão arcar com essas despesas. No começo, se precisarem, eu posso ajudá-las. Acreditem, é um excelente negócio para Renato. Ele não vai ter despesas com a casa, vocês vão cuidar bem dela, que eu sei, e quando ganharem muito dinheiro poderão propor um aluguel a ele. E então? Aceitem. Quero tê-las como vizinhas.

As duas entreolharam-se indecisas. Era uma mudança grande.

— Jacira, lembra-se do que Lídia nos disse?

— Sim. Ela nos disse que nossa vida iria mudar.

— E que teríamos sucesso em nossos negócios.
— Foi mesmo.
— De quem estão falando?

Jacira falou-lhe sobre Lídia e da visita na casa dela.

— Nesse caso não há por que duvidar. A vida está lhes dando essa oportunidade e não podem perder.

As duas entreolharam-se, olhos brilhantes de emoção, e Jacira respondeu animada:

— Estou tentada a pensar... Vamos fazer as contas para saber se teremos como fazer frente às despesas.

— A casa é grande e vocês poderão morar lá também. Economizarão o aluguel.

— Margarida poderá, mas eu não.

— O ideal seria que você também fosse. Lá há espaço para você também.

— Meus pais não concordariam.

— Você não tem mais irmãos?

— Tenho dois, que há anos foram embora e sumiram no mundo. Meus pais estão sozinhos e eu os ajudo como posso.

— O pai dela é aposentado, ganha pouco e Jacira é quem paga a maioria das despesas. Bem que eu gostaria que ela fosse morar comigo!

— Para mim seria um prêmio! Ficar longe das reclamações de mamãe, não precisar mais ficar pendurada em um ônibus lotado e, além do mais, estar em companhia de Margarida, do Marinho.

— Foi pensando nisso que eu sugeri que morassem juntas. Pense em você, Jacira, no seu bem-estar. Seu trabalho renderia muito mais e você estaria mais bem-disposta.

— De fato, eu adoraria. Mas não sei... mamãe ficará sozinha!

— Ela tem seu pai, depois você poderá ir vê-la sempre que quiser e ajudá-la como sempre fez.

— Meu pai começou a trabalhar no bar de um amigo dele. Ela reclama que fica muito só.

— De qualquer forma, você também trabalha e não pode fazer-lhe companhia. Mas estou certa de que sua situação financeira vai melhorar e então poderá contratar uma pessoa para ajudá-la nos trabalhos domésticos e fazer-lhe companhia — sugeriu Ester.

— Que ideia boa! — exclamou Margarida.

Jacira estava hesitante, mas seus olhos brilhavam emocionados. Não sabia o que dizer.

— Vamos combinar o seguinte: durante esta semana estarei muito ocupada com a mudança, a decoração da casa de Renato e tudo o mais. Mas daqui a quinze dias virei buscá-las para que conheçam Renato e a casa. Enquanto isso, vocês pensam, façam as contas, imaginem o sucesso que farão.

— Tem certeza de que o doutor Renato vai nos ceder a casa e nós só vamos pagar o imposto predial? — indagou Jacira.

— Sim. Quando voltar aqui lhes direi qual o valor do imposto. Mas já adianto que se vocês no começo não puderem dispor do dinheiro, eu vou ajudá-las.

— E se nós não tivermos sucesso? — perguntou Margarida.

— Tenho certeza de que vocês vão pagar esse imposto, todas as despesas e ganhar muito dinheiro. Eu mesma vou mandar-lhes muitas clientes. Terão tanto trabalho que logo precisarão contratar funcionárias.

— Isso já está acontecendo — informou Jacira. — Temos até uma moça em vista.

— Eu não disse? — exclamou Ester satisfeita. — É isso mesmo! Agora preciso ir. Ainda tenho muitas coisas para fazer hoje.

As duas a acompanharam até a porta, despediram-se, e Ester afirmou:

— Daqui a quinze dias virei buscá-las rumo à nova vida!

Depois que ela se foi, as duas entraram comentando a novidade. Margarida estava entusiasmada com a ideia de levar Jacira para morar com ela na nova casa.

— Não sei se poderei deixar meus pais...

— Você não vai abandoná-los. Ao contrário. Poderá dar-lhes uma vida melhor.

— Sabe o que estou pensando?

— Não.

— Se eu morasse no local do trabalho, teria um tempo livre para fazer aquele curso de modelagem industrial.

— Seria o máximo. Você iria se atualizar e, quem sabe, mais tarde poderíamos montar uma confecção.

— Vamos fazer nossas contas, saber se temos alguma possibilidade de aceitar a oferta de Ester.

Passava das quatro da tarde quando Jacira voltou para casa e encontrou Geni mal-humorada:

— Você disse que viria para irmos ao mercado, fiquei esperando desde o meio-dia.

— Eu disse no fim da tarde. Podemos ir agora.

— Você sabe que eu não gosto de ficar na rua depois do escurecer. É perigoso!

— Vai dar tempo para tudo. Depois, para acontecer uma coisa ruim não depende da hora.

Jacira notou que Geni tinha se arrumado, vestira uma saia preta guardada para ocasiões especiais, que nunca usava e já estava fora de moda, e uma blusa um tanto apertada na altura da barriga.

Elas saíram e Geni perguntou:

— Vamos só ao mercado?

— Não. Primeiro vamos a uma loja que eu conheço. Você está precisando de roupas.

— Esta blusa está um pouco apertada, mas a saia está boa.

— Está fora de moda. Vamos comprar alguma coisa mais moderna.

Geni olhou-a admirada:

— Não é melhor guardar o dinheiro para pagar as contas?

— Não. Vou gastar só o que posso.

Caminharam um pouco e Jacira notou que Geni tinha dificuldade para andar. Andaram três quadras e ela reclamou:

— Vamos devagar. Eu não deveria ter saído de casa. Estou com falta de ar.

— Era de se esperar. Você vive sentada, deitada, não anda! Se continuar assim vai acabar ficando inválida!

— Você está agourando! Não vou ficar inválida, não!

— Então, trate de andar, não reclame. Estamos perto.

Chegaram à rua comercial do bairro e Jacira parou diante de uma loja de roupas.

— É aqui. Vamos entrar.

Elas entraram e Geni procurou logo uma cadeira e se sentou. Jacira conversou com a balconista e ela trouxe alguns vestidos tamanhos especiais. Geni tinha engordado.

Depois de olhar os preços, Jacira separou dois para Geni provar. Ela nunca se lembrava de ter ido a uma loja com a mãe para fazer compras.

Geni observava tudo sem se levantar. Jacira separou duas saias e duas blusas e levou tudo para o provador chamando Geni.

Ao entrar e ver as roupas que Jacira tinha separado, ela disse baixinho:

— Tem certeza de que tem dinheiro para tudo isso?

— Nós não vamos comprar tudo. Você vai vestir e escolher o que lhe agradar mais.

Quando Geni tirou a blusa, Jacira notou que suas roupas íntimas estavam em péssimo estado. Ela precisaria de um guarda-roupa completo. Infelizmente, não tinha dinheiro para tanto.

Os olhos de Geni brilharam quando ela vestiu uma saia marrom e uma blusa verde. A saia era elegante e a blusa caiu-lhe muito bem. Depois, experimentou um vestido azul, que fez Jacira comentar:

— Esse ficou lindo!

Geni passou as mãos nos cabelos, revirando-se diante do espelho.

— Estou velha — comentou. — O tempo passou e eu nem percebi.

— Está na hora de cuidar mais de você.

— Bem que eu gostaria. Mas somos pobres. Não temos como.

— Não diga isso. Você só fala em pobreza. Temos que falar em riqueza.

— Não vou me iludir. Quem nasce pobre, morre pobre.

— Pois de hoje em diante você está proibida de dizer isso. É até um pecado. Você está viva, lúcida e, por mais que se diga doente, tem uma saúde de ferro. O que você precisa é olhar as coisas boas que têm na vida e agradecer a Deus. Vamos ver o que vai dar para levar.

Jacira levou o vestido, a saia e a blusa que tinham separado e foi conversar com a balconista. Ela não queria fazer crediário. Conversou e conseguiu comprar tudo com o dinheiro que tinha reservado.

Geni estava assustada. Há muitos anos ela não entrava em uma loja e comprava coisas para si.

— Agora, vamos ao supermercado.

Uma vez lá, Jacira pegou um carrinho e começou a escolher os alimentos. Geni sentia-se atordoada, preocupada, tentando fazer as contas do que estavam gastando. Mas se confundia. Ao chegarem à padaria do mercado, um cheiro gostoso de pão fresco as envolveu.

Jacira escolheu alguns pães e também uma rosca doce, coberta com açúcar cristal e uva-passa, cujo aroma estava delicioso. Geni não aguentou:

— É melhor fazer as contas. Você tem dinheiro para tudo isso?

Há muito tempo Geni não saía para fazer compras. Jacira comprava o essencial e Aristides pagava as contas de luz, água. Quando faltava alguma coisa, ela ia ao mercadinho do Rubens, ao lado de sua casa, e comprava na caderneta, sempre com medo de que no fim do mês não tivessem dinheiro para pagar.

— Tenho, mãe.

— É melhor verificar.

Jacira sorriu e respondeu:

— Eu já lhe disse que estou ganhando mais e nosso negócio está prosperando. Pode acreditar.

Pegado ao mercado havia uma drogaria, Jacira entrou, comprou alguns produtos simples de higiene e maquiagem. Ao conferir o dinheiro, comprou também uma água de colônia de rosas.

— Esta é para você. Veja como é cheirosa!

Ela estava se divertindo com a cara assustada que Geni fazia, mas ao mesmo tempo percebeu o quanto elas tinham estado à margem, sem poderem cuidar-se.

Estava anoitecendo quando chegaram em casa, carregadas de pacotes. Ajudando a mãe a colocar as compras no lugar, ela se sentiu satisfeita e intimamente prometeu a si mesma trabalhar muito para terem uma vida melhor.

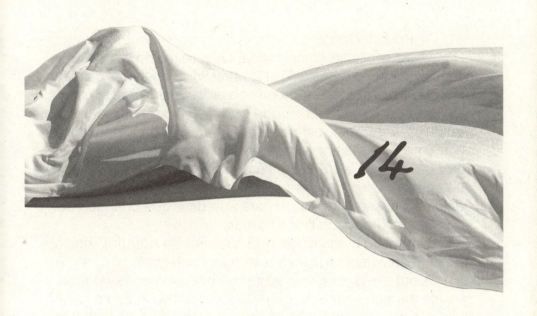

Conforme combinado, Ester voltou a procurá-las. Estava muito elegante, olhos brilhantes irradiando alegria. Depois dos cumprimentos, Margarida brincou:

— Você remoçou! O amor está lhe fazendo bem!

— Você nem imagina quanto! Já me mudei para a casa de Renato. Estamos muito felizes!

— Dá para notar! Parabéns! — tornou Jacira sorrindo.

— Vim levá-las para conhecerem Renato e a casa de que lhes falei. Estou com o carro na porta e ansiosa para decidirmos tudo.

As duas entreolharam-se indecisas e Ester não lhes deu tempo para responder:

— Vamos logo. Renato está nos esperando. Não vamos demorar.

— Está bem. Vamos? — indagou Margarida olhando para a amiga.

— Vamos.

As duas se arrumaram rapidamente e acompanharam Ester:

— Este é Jorge, nosso motorista.

As duas olharam o carro elegante, o motorista bem-arrumado e sentiram-se acanhadas. Ester não lhes deu tempo de dizer nada. Fê-las entrar no carro e sentou-se também:

— Pode ir, Jorge.

Jacira sentia-se emocionada. O carro macio e o perfume gostoso que vinha de Ester fê-la lembrar-se das palavras da mãe:

"Quem nasce pobre, morre pobre. Não adianta fazer nada."

Isso era mentira. O mundo estava cheio de pessoas que pensavam diferente, esforçaram-se, acreditaram que mereciam uma vida melhor e conseguiram. Lá estava ela, em um carro de luxo, ao lado de uma grande amiga e de uma mulher que estava interessada em ajudá-las. Mesmo que aquele negócio não desse certo, dava para acreditar que quando você faz o seu melhor, tudo pode mudar.

Lembrou-se das aulas que assistira do doutor Ernesto, onde ele ensinava tudo isso e afirmava categórico:

"Além de fazer a sua parte melhorando seus conhecimentos para crescer e progredir, você precisa cultivar a generosidade, a honestidade. As bênçãos que a vida dá a alguém devem ser compartilhadas. A ganância, a mesquinhez, o egoísmo limitam a conquista da felicidade. Alguns até podem progredir financeiramente, mas a infelicidade vai acompanhá-los."

Ester conversava animadamente com Margarida, Jacira seguia em silêncio pensando que se a vida lhe desse a oportunidade de melhorar, saberia aproveitar, ajudar sua família e quem mais aparecesse em seu caminho.

Ela sempre vira a mãe como uma mulher preguiçosa, implicante, mal-humorada, ignorante. Mas naquela tarde que fora às compras com sua mãe percebeu o quanto ela se colocara à margem da vida. Mergulhada na desesperança, cultivando pensamentos depressivos, Geni perdera o gosto pela vida. Suas reclamações constantes eram uma forma ainda que inconsciente de pedir socorro, de dizer o quanto estava triste. Pela primeira vez, Jacira entendeu por que ela se apegara tanto às fotonovelas. Foi a forma que Geni encontrou de sentir alguma emoção, de viver as histórias dos outros e esquecer a própria vida.

O carro parou e Ester disse alegre:

— A conversa estava tão boa que nem vi o tempo passar. Chegamos!

O carro tinha passado pelo grande portão, circulado pelo belo jardim e todos se encontravam na entrada da casa.

O motorista abriu as portas e elas desceram. A casa era antiga, mas muito bem cuidada conservando toda sua beleza.

As duas estavam um tanto acanhadas, e Ester brincou:

— Vamos entrar! Fale alguma coisa, Jacira! Nós falamos tanto e você veio tão calada!

— Estava admirando a beleza do lugar!

— É uma casa maravilhosa! — comentou Margarida.

— Eu também acho. Mas quem mora dentro dela vale mais do que tudo isso. Eu casaria com ele mesmo que não tivesse nada. Ele é meu tesouro!

— Ela está apaixonada! — tornou Margarida sorrindo.

— Estou mesmo. Venham, vamos entrar.

Subiram os degraus da varanda e entraram. Ester levou-as até a sala e, antes que se acomodassem, um homem de estatura mediana, rosto claro, cabelos castanhos, muito elegante aproximou-se, abraçou Ester, beijando-a na face. Depois, fixou seus olhos penetrantes e vivos nas duas visitantes.

— Então estas são suas melhores amigas! — exclamou ele. Sua voz era agradável, mas firme.

Depois das apresentações, elas se sentaram e ele disse sério:

— Ester disse que vocês são empreendedoras. Têm um negócio próprio.

— É verdade — respondeu Margarida. — Por enquanto ainda é pequeno. Mas pensamos que temos tudo para crescer e prosperar.

— É um ateliê de costura. Margarida é muito boa profissional, eu estou aprendendo, mas estamos nos esforçando para melhorar.

— Há quanto tempo estão trabalhando?

— Há cerca de seis meses. Tempos atrás eu montei um ateliê, mas apesar de ter muitas clientes, fracassei.

— A que você atribui o fracasso?

— Bem, eu não valorizava o trabalho. Tinha vergonha de cobrar. Não queria parecer gananciosa.

— Pensando desse jeito jamais iria prosperar. O trabalho bem-feito merece o preço justo. Nem mais nem menos.

— É o que eu penso — interveio Jacira.

Renato falava olhando dentro dos olhos delas e as duas sentiam-se fascinadas porque ele conversava com naturalidade, fazendo-as sentirem-se à vontade, apesar de elas não estarem habituadas àquele ambiente. Parecia-lhes conhecê-lo há muito tempo.

As duas contaram como se conheceram e Jacira relatou suas experiências com as aulas do doutor Ernesto.

— Eu o conheço muito e admiro. Além de um profissional gabaritado, é um homem excepcional. Vocês ainda estão indo às suas aulas?

— Margarida nunca foi e eu por enquanto parei por conta do trabalho. Mas adoro ir lá e algum dia ainda voltarei para aprender mais. Foi depois de conhecê-lo que comecei a olhar a vida de maneira diferente.

Renato ficou pensativo por alguns instantes e Jacira notou nos olhos dele um brilho de tristeza. Foi apenas um segundo, porém ela sentiu que ele devia ter vivido alguma experiência muito dolorosa em alguma época de sua vida.

Os olhos dele voltaram a brilhar com alegria e Jacira ficou em dúvida se o que ela tinha sentido era verdadeiro.

Continuaram conversando até que Renato tocou no assunto que as interessava. Falou da casa vazia, das dificuldades que tivera com inquilinos, e que fora aconselhado pelos advogados a vendê-la e aplicar o dinheiro em um negócio mais rentável. Ele explicou:

— Eu não quis. É uma casa que pessoas muito queridas da minha família construíram, moraram e foram muito felizes. Na verdade, sou um sentimental. Ester sugeriu que a emprestasse a vocês e eu achei a ideia muito boa.

As duas iam responder, mas ele pediu:

— Não digam nada agora. Vamos até lá e depois conversaremos.

A casa era antiga, mas estava bem conservada.

— Eu mandei restaurar há pouco tempo e deixei-a igual a quando foi construída. Depois de verem tudo, Ester perguntou:

— E então? Não é linda?

— É... — respondeu Margarida. — Mas é muito grande... Nosso negócio é pequeno... Não vai dar...

— Bem que eu gostaria — aduziu Jacira —, mas não temos capital para começar. Este é um bairro de luxo. Nós estamos instaladas em uma casa simples, em um bairro pobre.

— Mas apesar disso, vocês conseguiram ter uma clientela de nível elevado. Já encontrei lá mulheres de muita classe — opinou Ester.

— Para nos instalarmos aqui, teríamos de fazer um ateliê melhor, de acordo com o lugar. Precisaríamos de dinheiro. Depois que deixamos a oficina para trabalharmos por conta própria, nossa situação financeira melhorou, mas ainda não deu para formarmos um capital.

— Você fez algum curso de administração empresarial? — indagou Renato.

— Não. Eu fiz o ensino fundamental I. Não foi possível cursar uma faculdade.

— Sua forma de pensar prova que você sabe o que é preciso para iniciar um negócio. Quer dizer que se vocês tivessem capital para instalar-se aqui, aceitariam nossa proposta?

Os olhos de Jacira brilharam quando ela respondeu:

— Seria maravilhoso! Mas no momento não temos como dar esse passo.

— Não tenha pressa. Vocês têm todo tempo para estudar o assunto, pensar. Não vou mesmo alugar a casa para ninguém. — Ele fez uma ligeira pausa, depois perguntou: — Vamos imaginar que vocês tivessem esse dinheiro. Como montariam um ateliê aqui?

As duas se entusiasmaram e começaram a planejar onde montariam cada seção. Os dois observavam as amigas admirados. Apesar das duas serem pessoas simples, revelaram bom gosto e certo conhecimento.

Margarida tivera clientes abastadas e fora atendê-las em casa, e com isso adquirira certo refinamento. Já Jacira, o único lugar de classe que tinha conhecido fora o espaço de Ernesto e lá percebera a beleza de um lugar harmonioso, cheio de coisas bonitas.

Ester lembrou que seria bom elas morarem na casa. Porquanto, além de ser muito prático e econômico, faria o trabalho render mais.

— Isso para mim seria maravilhoso — considerou Jacira —, mas não posso deixar meus pais. Eles dependem de mim.

— Eles são doentes? — indagou Renato.

— Não. Meu pai passou dos sessenta e minha mãe está quase lá.

— Ele trabalhava em quê?

— Foi operário qualificado em uma fábrica durante mais de vinte anos. Despedido quando passou dos cinquenta anos, ele nunca se conformou. Quis trabalhar, mas não conseguiu trabalho. Durante anos vivemos só com o dinheiro que eu recebia na oficina e sua aposentadoria. Quando deixei a oficina, eles ficaram com medo que eu não conseguisse ganhar o suficiente.

— Você foi corajosa — comentou Renato.

— Eu estava cansada da miséria em que vivia e resolvi virar a mesa. Margarida me incentivou e propôs sociedade. Só deixamos a oficina quando percebemos que estávamos ganhando mais do que o salário. Foi a melhor coisa que fizemos.

Jacira sorriu e continuou:

— Sabem o que aconteceu? Papai encontrou um ex-colega de trabalho, que foi mais previdente do que ele. Quando foi demitido, com a indenização montou um bar onde ele e a esposa trabalham. Eles precisavam de um garçom e o contrataram.

— Deve ter sido ótimo para ele! O trabalho faz bem ao espírito. Eu não gostaria de ficar em casa sem fazer nada. Seria horrível! — declarou Renato.

— De fato. Ele remoçou, às vezes chega cansado, mas muito feliz. Fez novos amigos, está mais falante, conta coisas que acontecem no bar.

— Sua mãe deve estar feliz! — tornou Renato.

— Ela não está. Reclama o tempo todo que está sozinha, abandonada. Eu saio muito cedo e chego bem tarde. Ela não se conforma de ter de cuidar da casa sozinha. Estou pensando em pagar alguém para ajudá-la no trabalho doméstico. Mas por enquanto ainda não posso.

Eles conversaram durante mais algum tempo, já havia escurecido e Jacira levantou-se dizendo:

— Já é noite! Acho que estamos abusando de sua paciência. O senhor é um homem ocupado.

— Eu reservei todo tempo de hoje ao nosso encontro. Vamos voltar para casa e vocês jantam conosco.

Elas protestaram, mas Ester insistiu e, apesar de acanhadas, elas ficaram. No momento de se despedir, Renato disse:

— Eu gostaria de conhecer o ateliê de vocês. Ester adora ir lá.

— Teremos muito gosto em recebê-lo, doutor.

Elas se despediram e Renato mandou o motorista levá-las em casa. Primeiro ele deixou Margarida, depois foi levar Jacira. Ela disse que não precisava, mas ele insistiu. Era uma ordem do patrão e ele tinha de obedecer.

Passava das nove quando Jacira desceu do carro diante de sua casa. Ela observou que uma vizinha saiu na porta para olhar. Mas não se incomodou, disse um boa-noite e entrou.

Geni a tinha visto chegar e esperava nervosa:

— O que você anda fazendo até uma hora dessas? De quem é esse carro que a trouxe?

— É de uma das nossas clientes. Ela mandou o motorista me trazer.

— Que luxo! A troco de quê?

— De gentileza, mãe. As pessoas de classe são gentis e amáveis.

— O que os outros vão pensar vendo você chegar uma hora dessas em um carro de luxo?

— Não tenho tempo para me incomodar com a maldade dos outros. Seria muito bom se você também não se preocupasse.

Jacira estava emocionada pelo encontro, pela possibilidade de aumentar seu negócio e ansiosa para contar tudo aos pais. Mas olhando o ar crítico de Geni, achou melhor ficar calada. Ela certamente faria objeções, encontraria dificuldades.

— Deixei comida no forno, mas lave sua louça. Trabalhei o dia inteiro, estou exausta e hoje não quero lavar mais nada.

— Não se preocupe. Eu já jantei.

Ela subiu para o quarto e Geni foi atrás:

— Esse carro não parece ser de uma cliente. Não creio que vocês tenham clientes desse nível. Por que não fala a verdade? Arranjou outro namorado?

Jacira parou na porta do quarto, olhou-a séria e respondeu:

— Acredite no que quiser. Não direi mais nada. Eu também estou cansada. Boa noite.

Entrou rapidamente no quarto e fechou a porta, não dando tempo para que sua mãe dissesse algo. Respirou fundo, tentando conter a irritação. Precisava conservar a calma para analisar a proposta de Renato.

Tomou um banho procurando refazer as energias, depois se estendeu na cama, pensando no que fazer. Reconhecia que era uma oportunidade excelente. Mas antes de dar esse passo, precisaria melhorar seus conhecimentos na área administrativa.

Desde que deixara a oficina e se juntara a Margarida, ela sentia a necessidade de aprender mais sobre como cuidar melhor da parte financeira.

Margarida não gostava dessa parte, não tinha facilidade de fazer contas e deixava tudo sob a responsabilidade de Jacira. Ela agia com cuidado, procurando fazer o melhor, mas quando tinha alguma dúvida, não sabia como se informar.

Pensando na proposta que receberam, ela achava que ainda não estavam preparadas para crescer tanto. Depois de muito pensar, decidiu não aceitar a proposta de Renato, mas procurar algum curso onde pudesse melhorar seus conhecimentos e sentir-se mais segura para dar esse passo.

Por sua mente passavam muitas ideias, planos e indagações. Custou a adormecer.

No dia seguinte, quando chegou à casa de Margarida, encontrou-a também preocupada com a proposta que tinham recebido.

— Quase não dormi esta noite — disse Margarida —, aquela casa deu voltas em minha cabeça. Fiquei imaginando como faria o ateliê, a sala onde as freguesas seriam recebidas, o lugar das provas, a oficina de costura! Desde ontem não consigo pensar em outra coisa.

— Eu também.

— Tive algumas ideias muito boas. Você reparou que no andar superior há três suítes e que se nós duas mudássemos para lá, eu ficaria em uma, você em outra e Marinho na menor. Há ainda duas salas, você ficaria com uma, eu com outra. Iríamos morar com muito conforto e ainda teríamos espaço no térreo para um ateliê completo e muito chique.

— Sonhar é bom, mas ainda é cedo para darmos esse passo. Não temos estrutura nem dinheiro. Depois, eu não posso deixar minha família.

Margarida suspirou, pensou um pouco, depois disse:

— Eu pensei tudo isso, mas sei que não temos como "aceitar" essa oferta. Ester disse que temos tempo para pensar no assunto. Mas você está certa. Não quero meter os pés pelas mãos e de novo ficar cheia de dívidas.

— Ainda bem que você entende. Mas isso não quer dizer que estamos desistindo. Estou pensando em arranjar tempo para fazer um curso prático de administração, enquanto isso vamos economizar o quanto pudermos. Quando estivermos em condições, se essa casa ainda estiver disponível, poderemos seguir adiante.

— Isso vai demorar e o doutor Renato não vai deixar a casa vazia para sempre.

— Se ela não estiver vaga, encontraremos outra. O importante é nos prepararmos bem para fazer nosso negócio crescer de maneira segura.

— Isso mesmo. Vamos trabalhar. Temos muito serviço para entregar.

Apesar de terem decidido não aceitar, elas continuaram imaginando como seria se montassem o ateliê. Margarida insistia com Jacira:

— Não tem cabimento você ter de ir todos os dias de sua casa até o ateliê. Além de ser longe, você perderia muito tempo. Ester tem razão. Você teria de ir morar junto.

— Você sabe que isso não seria possível. Não posso deixar meus pais.

— Por quê? Eles se habituariam. Depois, não estou dizendo para você abandoná-los. Até lá, estaríamos ganhando muito dinheiro. Você daria mais assistência, arranjaria uma pessoa para fazer os serviços da casa.

— É, não custa sonhar. Seria maravilhoso. Além de o serviço render, eu não teria mais de ficar na fila do ônibus, nem viajar em pé, espremida.

— Nossa vida seria muito boa. Poderíamos sair, ir ao cinema, já pensou?

— É tentador. Ainda ficaria livre das queixas de mamãe. Ela adora jogar a gente para baixo.

Margarida ficou calada durante alguns segundos, depois disse:

— Ela vê a vida de uma maneira trágica, sente-se infeliz.

— É verdade. Concordo que a nossa vida tem sido difícil. Mas, por outro lado, ela não reage, não faz nada para melhorar. Tenta se conformar com as dificuldades, mas por dentro fica revoltada. O problema é que ela ainda não percebeu que a queixa, além de não ajudar em nada, ainda a deixa pior. O ambiente em nossa casa é triste, sombrio.

— Seu pai também é assim?

— Não. Antes meu pai era alegre, conversador. Eu me recordo que quando eu era criança, algumas vezes ele levava amigos em casa, mas mamãe não gostava. Ficava de cara fechada e quando eles iam embora ela reclamava de tudo. Do trabalho por ter de fazer um café, da despesa porque ele gostava de servir alguma coisa mais. Ele acabou desistindo. Quando se aposentou, ela ficou mais queixosa e ele tornou-se mais desgostoso.

— Sua mãe é daquelas pessoas que só vai valorizar a família que tem quando for tarde demais. Infelizmente é assim.

— Faz tempo que você não visita sua família?

— Faz. Desde que eles descobriram que eu estava esperando um filho de um homem casado. Disseram que eu só continuaria morando com eles se abortasse. Então arrumei as minhas coisas, deixei minha cidade e vim para São Paulo. Nunca mais estive com eles.

— Eles não conhecem Marinho?

— Não. Mas, depois que vim para cá, encontrei duas pessoas da minha cidade, que frequentavam a casa deles. Isso faz três anos. Elas estavam aqui de passagem. Estou certa de que, ao chegarem lá, foram lhes contar tudo.

— Mas eles nunca a procuraram?

— Nunca. Meus pais são muito rígidos. Eu tenho uma irmã três anos mais nova e eles disseram que com meu comportamento depravado não poderia mais conviver com ela.

— Deve ter sido duro para você.

— Foi. Mas já passou. Eu enfrentei as dificuldades e o amor de meu filho me tornou forte. Não me arrependo de nada. Não tenho medo da vida. Aprendi uma profissão, trabalho, sustento meu filho honestamente. Sei que errei, mas assumi as consequências, enfrentei os desafios e me tornei uma pessoa forte, determinada.

— Apesar do que você passou, é uma pessoa alegre, amável, não se revoltou.

— Não mesmo. Eu gosto de viver e de ser dona do meu nariz.

— Talvez algum dia você encontre alguém que a ame como merece.

— Não sei se eu quero. Estou tão bem assim!

— Sei o que você está dizendo. Eu queria muito ter um namorado. Tive. Mas fiquei aliviada quando terminamos.

A conversa foi longe enquanto elas trabalhavam trocando confidências. Jacira não se abria com a mãe e Margarida estava separada de sua família. Elas se apoiavam mutuamente enquanto se esforçavam para construir uma vida melhor.

O dia estava clareando quando Jacira se levantou e arrumou-se para ir trabalhar. Foi até a cozinha, estava coando o café, quando Geni apareceu:
— Você se levantou cedo!
— Estamos com muito serviço.
— Por quê? Vocês contrataram as auxiliares, elas não ajudam? Vai ver estão gastando dinheiro à toa. Elas não estão servindo para nada. A cada dia você trabalha mais!
— Elas estão fazendo o que podem. É que nossa clientela está aumentando a cada dia. Nós temos um casamento neste fim de semana, precisamos entregar tudo até depois de amanhã.
— Quando você estava na oficina não precisava trabalhar tanto.
— Mas também não ganhava o que estou ganhando agora.
Geni alisou o penhoar cor-de-rosa que vestia e concordou:
— É verdade. Mas agora você gasta muito mais. Não guarda nada.
— Ainda não dá. Nós estávamos precisando de tudo. Pelo menos agora podemos nos olhar no espelho com prazer.
— Eu ainda acho que você deveria usar vestidos mais compridos e não tão agarrados no corpo.

Jacira deu de ombros:

— É assim que eu gosto e vou continuar usando. Vai me dizer que não gostou daquele conjunto que lhe dei na semana passada?

— Gostei, mas ele não é tão curto. Depois, eu nunca saio de casa, não tenho como usar.

— Por que não convida papai para sair, ir ao cinema?

— Ele não se importa comigo. Não sai daquele bar.

— Ele tem uma noite de folga. Decerto pensa que você prefere ficar em casa. Vive dizendo que está cansada, não gosta de nada...

— Mas eu sou gente. Gostaria muito de sair, passear.

— Nesse caso, trate de mudar. Ninguém convida uma pessoa que está cansada para sair.

Jacira, que tinha terminado o café, levantou-se:

— Preciso ir. Estou com pressa. Se nós não terminarmos todo trabalho hoje e ficar muito tarde, vou dormir na casa de Margarida. Assim ganharei tempo.

— De novo? Parece até que você não gosta de vir para casa. Enche a boca para dizer que vai dormir lá.

— Você sabe que não é isso. Ela tem vindo aqui, você disse que gosta dela, mas está sempre reclamando. Eu não vou passear. Estou trabalhando! Voltarei se terminar cedo. Não me espere.

Jacira apanhou a bolsa e saiu. Fazia seis meses que elas tinham recusado a proposta de Ester para montar o ateliê na casa de Renato. Mas Ester continuava insistindo, dizendo que a casa continuava vazia, o que era uma pena.

Durante esse período, elas tinham progredido. O número de clientes aumentara e as duas mocinhas que contrataram faziam todo trabalho de acabamento nas roupas.

As duas estreitaram a amizade com Lídia e a filha. Ela lhes indicara um professor amigo seu para dar aulas a Jacira. Fazia quatro meses que Dorival ia todos os sábados à casa de Margarida ensinar Jacira, orientá-la nos negócios, tirar suas dúvidas.

Dorival era formado em administração de empresas, ministrava aulas em uma faculdade. Tinha quarenta e seis anos, viúvo, uma filha de doze anos, Marta. Sua esposa, quando adoeceu, procurou Lídia para pedir-lhe ajuda espiritual. Ela os apoiou, auxiliando-os a atravessar essa fase difícil. Depois que ela morreu, Marta apegou-se a Estela e tornaram-se inseparáveis.

Quando Jacira lhe disse que queria ter aulas de finanças, Lídia lembrou-se de Dorival e apresentou-o a Jacira. Conversaram. Ele prontificou-se a ajudá-la. Ficou contente por poder atender a um pedido de Lídia e fazer alguma coisa em favor de Jacira e Margarida. Não quis lhes cobrar nada pelas aulas.

Todos os sábados, Dorival conferia todas as contas, ensinava-as a organizar os pagamentos etc. Tirava todas as dúvidas, enquanto Marta se divertia contando histórias a Marinho.

Dorival e a filha adoravam esses encontros. Margarida sempre fazia algum bolo ou salgadinho para servir com café.

Quando Jacira chegou na casa de Margarida, ela já estava trabalhando.

— Você começou cedo! Ainda não são oito horas!

— Eu estava preocupada com um detalhe do vestido da noiva. Achei que ia faltar renda. Mas deu tudo certo!

— Ainda bem.

Arlete e Joana chegaram e logo se entregaram ao trabalho. As horas passaram rapidamente. No fim da tarde, elas tinham adiantado bastante o serviço e estavam tomando café quando a campainha tocou.

Arlete foi abrir e voltou em seguida acompanhada de Ester e Renato. Depois dos cumprimentos, Renato tornou:

— Viemos aqui conversar com vocês, em particular.

— Nesse caso, vamos até a sala.

Uma vez acomodados, Ester foi a primeira a falar:

— Renato tem uma proposta a lhes fazer.

As duas olharam para ele esperando, em silêncio.

— Na verdade, sou um grande admirador de vocês duas. Meses atrás, quando Ester me falou de vocês, concordei em oferecer-lhes aquela casa, só para ter alguém que cuidasse bem dela. Como sabem, tenho amor à propriedade, onde estão todas as boas lembranças de minha família. Mas o tempo foi passando e eu comecei a conhecê-las melhor. Apesar da pouca experiência, agiram com bom-senso, de maneira correta, procurando se aprimorar, tiveram a humildade de estudar, dedicaram-se e estão obtendo sucesso.

Ele fez ligeira pausa e, vendo que elas o ouviam atentamente, continuou:

— Vocês não precisam de ajuda. Estou certo de que esse negócio vai crescer muito. Mas observando o entusiasmo de Ester, o bom gosto e o prazer que ela sente em estar com vocês, tive uma ideia: vocês aceitariam Ester como sócia para montar uma confecção de roupas femininas?

As duas, coradas de emoção, não conseguiam dizer nada. Por fim, Margarida tornou:

— Seria maravilhoso! Esse sempre foi o meu sonho!

— De fato, sonhamos com isso, mas por enquanto é só um sonho! — aduziu Jacira.

— Estou disposto a investir nesse negócio. Acho que vocês estão prontas para esse desafio.

— Não sei, doutor Renato... — considerou Margarida pensativa. — Nós progredimos, mas ainda não temos capital.

— Vocês têm o mais difícil, que é o senso profissional, a ética no trato do negócio, a vontade de progredir. Quanto ao capital, estou disposto a bancar. Então, o que acham? Aceitam?

— Precisamos pensar... — tornou Margarida.

— É um passo muito grande! Será que daremos conta do recado? — perguntou Jacira.

— Eu tenho experiência, sei que vocês estão prontas. Claro que com o tempo poderão deslanchar mais. Estou certo disso.

Ester interveio:

— Eu sempre gostei de trabalhar. Depois que nos casamos, queríamos viajar, deixei o emprego. Mas Renato é muito ocupado e eu tenho todo tempo livre. Vou adorar me dedicar ao nosso negócio. Isto é, se vocês me aceitarem como sócia.

Margarida levantou-se e abraçou-a com carinho:

— Será uma honra trabalharmos juntas. Sempre admirei seu bom gosto, sua classe!

Jacira juntou-se a elas:

— Vai ser um sucesso. Eu estou aprendendo a conhecer o mundo da moda. Você tem muito a nos ensinar!

— Isso quer dizer que aceitam! — tornou Renato sorrindo. — Vamos combinar tudo. Temos muito trabalho pela frente. Vocês precisam escolher o nome da empresa e eu farei o contrato social. Já tenho uma ideia do quanto vou investir de capital.

— Nós precisamos saber o prazo que teremos para pagar seu investimento, os juros que vai cobrar e a participação dos lucros de cada uma — pediu Jacira.

— Não se preocupe, serei razoável. Estou torcendo para que vocês tenham sucesso. Os lucros serão divididos em três partes iguais — esclareceu Renato.

— O senhor está nos dando um presente! — disse Margarida.

— Não penso assim. Sou um homem de negócios. Não colocaria meu dinheiro em um negócio no qual não confiasse. Estou certo de que também vou ter lucro.

Elas sentaram-se ao redor da mesa, Margarida apanhou dois blocos e começaram a fazer planos. Passava das nove quando Ester e o marido se despediram, ficando de voltar na noite seguinte para continuar o assunto.

Depois que eles se foram, Margarida abraçou Jacira, dizendo emocionada:

— Agora não temos como voltar atrás!

— Dá um friozinho nas costas só em pensar em tudo!

— Gostaria de conversar com Lídia, mas hoje não dá. Se sairmos o serviço ficará parado — lembrou Margarida.

— Não podemos deixar a noiva na mão. Vamos voltar ao trabalho. Já avisei mamãe que vou dormir aqui. Estou disposta a recuperar o atraso.

— Ótimo. Eu também. Vou ver um lanche rápido para nós e voltaremos ao trabalho.

Apesar de estarem atentas ao trabalho, as duas não conseguiam esquecer a proposta de Renato. De vez em quando uma lembrava algum detalhe e a conversa girava em torno dos novos projetos.

Passava das três horas da madrugada, quando finalmente reconheceram que estavam cansadas e foram dormir.

Marinho cedia sua cama para Jacira e ficava feliz porque adorava dormir com a mãe.

Ela lavou-se rapidamente e, apesar de cansada, lembrou-se da proposta recebida e agradeceu a Deus, porém pensou no espírito de Marina e pediu sua proteção para os novos projetos.

Adormeceu em seguida. Pouco depois, viu-se em um jardim florido, cujo perfume delicado a fez recordar-se de que já havia estado naquele lugar.

Olhou em volta e viu Marina se aproximando. Não conteve a emoção. Abraçou-a dizendo:

— Que bom vê-la! Adoro estar com você neste lugar maravilhoso. Gostaria de poder ficar aqui para sempre!

— Ainda não é hora de voltar. Venha, temos de conversar.

Sentaram-se em um banco, Jacira aspirava o ar com prazer, desejando não perder nem um segundo desse encontro, e esperou que Marina falasse.

— Sua vida vai mudar. Novos acontecimentos, novas pessoas vão fazer parte de sua vida. Você terá toda chance de conseguir realizar o que foi buscar nessa sua encarnação, mas tudo vai depender de como você vai agir nessa nova fase.

— Estou disposta a fazer tudo o que for possível para conseguir. Sinto que preciso vencer alguma coisa importante, mas não sei o que é.

— Você esqueceu o passado. Foi preciso para que pudesse suportar os desafios do caminho. Mas eu pedi aos nossos superiores que me permitissem auxiliá-la nessa trajetória.

— Que bom! Há momentos em que me sinto insegura, não sei o que fazer...

— Não deveria. Apesar dos desafios que têm tido em sua vida, você já possui conquistas que lhe permitem ser mais consciente sobre as verdades da vida espiritual.

— Recebemos a proposta do doutor Renato para um negócio e não sei se fizemos bem a aceitando.

— É você quem deve decidir o rumo que deseja dar à sua vida. A responsabilidade é só sua. Vou auxiliá-la, mas não vou dizer o que deve fazer. É você quem escolhe.

— Eu esperava que me mostrasse o que fazer. Mas então, como pode me ajudar?

— Inspirando-lhe pensamentos bons, oferecendo energias de paz, bem-estar, e, na medida em que você for se esforçando em ser uma pessoa verdadeira, ficar no bem, procurar fazer o seu melhor, eu terei abertura para esclarecer alguma dúvida, inspirar algumas ideias construtivas. É só o que eu posso fazer.

— Entendo. Já é muito. Às vezes me sinto cansada, principalmente quando minha mãe faz tudo para me deixar para baixo.

— Geni é um espírito sofrido que, para esquecer a dor, bloqueou os próprios sentimentos.

— Talvez ela seja assim por causa dos meus irmãos que sumiram no mundo.

— Antes de nascer, eles prometeram ajudá-la, mas quando chegou a hora se acovardaram.

— Nós nunca mais tivemos notícias deles. Cheguei a pensar que tivessem morrido.

— Mesmo assim você pode ajudá-los.

— Como? Eles se foram há tantos anos! Nem sei onde estão.

— Quando pensar neles, faça uma prece, peça a Deus por eles. Será de grande ajuda.

— Essa é a causa do sofrimento de mamãe?

— Ela aceitou nascer com vocês, porque todos prometeram ajudá-la a refazer seu caminho. A mágoa dela vem de outra vida, mas quando eles se foram ela se desanimou. Perdeu a pouca esperança que tinha de conquistar uma vida melhor.

— Eu não sabia disso. Por esse motivo ela vive reclamando de tudo. Só enxerga o lado pior.

— A depressão é uma doença que a alma carrega e que nem sempre se resolve apenas em uma encarnação. O espírito precisa abrir o entendimento, aprender a olhar a vida pelo lado melhor, reagir, recuperar a própria força que jogou fora. Isso pode levar tempo.

— Minha mãe não vai mudar nesta encarnação.

— Procure não julgar. Você não sabe o que vai dentro do coração dela. Quando chegar a hora, a vida tem seus próprios meios de ensiná-la. O que não pode é perder a esperança e jogar sobre ela sua falta de fé.

— Eu não faria isso!

— É o que está fazendo quando diz que ela vai demorar para mudar.

— Eu gostaria muito que ela melhorasse. Tenho tentado despertar seu interesse pela vida. Mas está difícil.

— Ao contrário. Você está no caminho certo. Ela está começando a ver-se como mulher, embora esteja viciada a olhar sempre o lado negativo. Vamos dar uma volta para refazer suas energias. Quando acordar vai sentir-se muito bem.

Marina levantou-se, passou o braço pelo de Jacira e ambas foram deslizando pelo jardim florido e perfumado. Jacira respirava sentindo imenso prazer. Quando atingiram a cidade, o dia estava clareando e os primeiros raios de sol se derramavam sobre a Terra.

Em poucos minutos entraram no quarto onde o corpo de Jacira estava adormecido e ela sentiu que não queria separar-se de Marina.

— Tenho que ir. Mas lembre-se de que uma família, mesmo separada por desentendimentos, faz parte de um plano divino que lhes oferece a chance de solucionar problemas mal resolvidos do passado. Eles são causa de muitas lutas, provocam dor, mas evitar enfrentá-los apenas os transfere para mais adiante, até que seus membros se decidam a optar pelo perdão e entendimento. Seus irmãos fugiram, mas um dia a vida vai reuni-los novamente para uma nova tentativa. Só o perdão consegue trazer a libertação. Lembre-se disso. Deus a abençoe.

Marina segurou a mão de Jacira e acomodou-a no corpo adormecido, enquanto ela se virava para o lado. Marina acariciou sua testa e saiu.

Jacira remexeu-se na cama, abriu os olhos, e em seus ouvidos ainda soavam as últimas palavras de Marina:

"Só o perdão consegue trazer a libertação."

Jacira olhou o relógio, eram seis horas. Levantou-se. Apesar de ter dormido poucas horas, sentia-se descansada e bem-disposta. Sentou-se na cama tentando recordar-se de tudo quanto Marina lhe dissera.

O bloco que usara na reunião estava sobre a mesa de cabeceira. Apanhou o lápis e rapidamente anotou o que se lembrava da conversa que tivera com Marina. Ela sabia que se não o fizesse, mais tarde não se lembraria de nada.

Depois de lavar-se, foi à cozinha. Vendo que Margarida ainda não tinha se levantado, fez o café, pôs a mesa e sentou-se pensando em tudo quanto lhe acontecera.

Ela nunca sentira saudades dos irmãos. Neto era dois anos mais velho do que ela e não parava muito em casa. Só falava com ela para pedir alguma coisa, nunca se detivera para conversar. Ele tinha vinte e seis anos quando um dia disse que estava cansado da vida de pobre e ia tentar a vida no Rio de Janeiro. Juntou suas coisas e foi-se embora. Escrevera algumas vezes para a mãe, dizendo que trabalhava em um hotel. Fazia alguns anos que não dava notícias.

O outro, Jair, era dois anos mais novo do que ela e muito diferente do irmão. Irritava-se com as ideias do pai que impunha o que queria e se recusava a ouvir o que eles pensavam. Criticava Jacira por ela ser sempre burro de carga do resto da família, dizia que ela precisava se revoltar, brigar, exigir que os demais a respeitassem.

Mas era com a mãe que ele mais implicava. Não gostava da comida que ela fazia, dos conselhos que ela dava, das frases que costumava dizer sempre olhando a vida pelo lado pior, e dizia:

— Vocês estão conformados com essa vida miserável. Eu, não. Um dia vou ser rico, muito rico. Vocês vão ver.

Geni protestava, brigava. Em casa ele era criticado, mas fora tinha muitos amigos, estava sempre rodeado de dois ou três. A mãe implicava com todos. Se estavam estudando, ela dizia que era perda de tempo porque tinha muitas pessoas estudadas levando vida de pobre. Se jogavam bola na rua, ou se divertiam com alguma brincadeira, ela os repreendia dizendo que estavam perdendo tempo com coisas sem importância.

O pai tentara empregá-lo na fábrica, mas Jair não quis. Aristides lhe arranjava emprego e o obrigava a ir. Mas tornava-se violento quando ele se recusava. Para evitar brigas, ele cedia, mas como não se interessava pelo serviço, logo era demitido.

Isso provocava uma briga maior. Ele tinha de ouvir o pai falar dos anos que ele estava trabalhando na mesma empresa e que ele era vagabundo.

Os melhores amigos de Jair eram de famílias mais abastadas e Geni ficava irritada dizendo que o filho queria ser mais do que era e que nunca teria nada na vida.

Jacira não achava que Jair fosse vagabundo. Ele gostava muito de ler, estudava além do que a escola pedia. Sabia conversar com as pessoas e, apesar de usar roupas simples e até sem graça, elas estavam sempre impecáveis e ele bem-arrumado.

Aos dezesseis anos arranjou emprego em um escritório, conseguindo comprar roupas melhores. Ele, porém, recusava-se a dar seu salário ao pai, o que provocava várias brigas.

Jacira sabia que ele estava juntando dinheiro para continuar estudando. Sonhava em ir para a universidade. Mas os pais achavam que ele não seria capaz.

Quando Neto saiu de casa, Jair estava com vinte e dois anos e pouco depois ele também resolveu tentar a vida, então escolheu o Rio Grande do Sul. Teve uma oferta de um emprego melhor na cidade de Porto Alegre e foi embora.

Os pais brigaram, dizendo que ele era um ingrato, que não amava a família, mas ele argumentou que não ia perder essa chance. Arrumou as coisas e foi embora.

Nos primeiros anos, mandou algumas notícias. Mas como os pais não responderam suas cartas, não escreveu mais.

Ao recordar o passado, Jacira começou a se perguntar por que ela deixara o tempo passar e nunca tentara saber dos irmãos. Teve de admitir que antes ela vivia fora da realidade, insatisfeita, triste, acreditando nas ideias erradas que seus pais puseram em sua cabeça.

Onde estariam seus irmãos? Marina dissera que um dia a vida os colocaria frente a frente para um entendimento. Talvez isso não acontecesse nesta vida, mas se um dia eles voltassem a se encontrar, ela agiria diferente. Procuraria conhecê-los melhor, tentaria recuperar o tempo perdido.

Pensando assim, sentiu uma grande sensação de bem-estar.

Margarida apareceu na cozinha e elas voltaram a conversar sobre trabalho. Depois do café, apressaram-se para recomeçar as tarefas do dia.

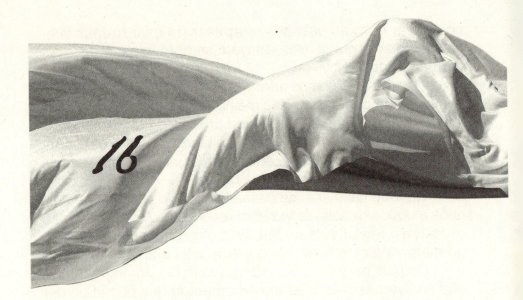

Jacira chegou em casa carregando várias sacolas que colocou sobre o sofá da sala. Estava bem-vestida e arrumada, muito diferente do que fora no passado.

Geni aproximou-se curiosa e disse admirada:

— Quanta coisa! Fez compras e não me chamou para ir junto?

— Eu estava com pressa. O dia da inauguração está chegando e ainda não está tudo pronto.

— Não vai abrir os pacotes?

— Não. Vamos levar estas coisas para o ateliê. Ester vai passar aqui para me buscar.

A curiosidade de Geni aumentou e ela não se conteve:

— Ainda não estou acreditando que você vai ser sócia de uma empresa de luxo! Parece um milagre! Só acredito vendo!

Jacira fixou-a séria e respondeu:

— Pode acreditar.

A campainha tocou e Jacira exclamou:

— Deve ser ela.

Correu a abrir. Ester entrou espargindo um delicioso perfume pelo ar. Era a primeira vez que ia à casa de Jacira. Geni não sabia se deveria ficar ou esconder-se. Lançou o olhar sobre a recém-vinda, entre curiosa e admirada.

Ester aproximou-se e estendeu a mão dizendo:

— A senhora deve ser dona Geni.

— Sou a mãe de Jacira — respondeu ela apertando a mão estendida.

— Muito prazer. Eu sempre tive vontade de conhecê-la. A senhora deve orgulhar-se da filha que tem.

— É... De fato...

Voltando-se para Jacira, Ester perguntou:

— Seu pai não está?

— Não. Deve estar no bar.

— Gostaria de conhecê-lo também. Mas não faltará ocasião.

— A senhora aceita um café, uma água? — perguntou Geni, parecendo ter superado o constrangimento.

— Uma água.

Geni saiu enquanto Ester piscou maliciosa para Jacira, dizendo baixinho:

— Ela está surpresa e ainda não viu nada! Quero estar junto quando ela entrar em nosso ateliê!

Jacira suspirou e respondeu:

— Eu também! Sabe que às vezes até eu duvido que tudo isso esteja acontecendo?

Ester abraçou-a:

— Está ficando lindo! Vocês têm alma de artista.

— Mas você é quem dá a palavra final. Eu e Margarida estamos aprendendo.

Geni voltou com um copo de água em um pratinho e ofereceu-o a Ester, que agradeceu. Depois que ela tomou a água, Jacira disse:

— Vamos levar tudo para o carro. Margarida está esperando.

— Conseguiu comprar tudo?

— Quase tudo. Consegui o principal. Vamos embora.

Ester despediu-se de Geni, que as acompanhou até a porta. Jacira nunca vira a mãe tão amável e sorridente.

Elas saíram e Geni esperou com impaciência que Aristides chegasse. Precisava contar a alguém sobre aquela visita.

Ela não costumava esperar o marido voltar do bar. Quando ele demorava um pouco mais, encontrava-a dormindo.

Passava das onze quando finalmente Aristides entrou em casa. Vendo-a na sala, à sua espera, perguntou:

— Você ainda acordada? Aconteceu alguma coisa?

— Aconteceu, sim. Você vai ficar tão surpreso quanto eu. O que Jacira nos disse é verdade. A tal da dona Ester esteve aqui para buscá-la. Você precisava ver o carro dela!

— Ela entrou?

— Entrou, sim. Mulher linda, de classe, cheirosa! Muito simpática e educada. Cumprimentou-me. Nessa hora fiquei com vergonha da nossa casa. Uma mulher tão rica e fina e nosso sofá descorado, a casa velha... Eu nem sabia o que dizer!

— Bobagem. Ela sabe que somos pobres. Pelo menos você tinha limpado a casa?

— Ainda bem que sim. Senão, teria morrido de vergonha.

— Jacira nos contou que eles são muito ricos. Era de se esperar que um dia ela viesse aqui. Afinal, Jacira é sócia dela.

— Você acredita mesmo nisso?

— Claro. Eu pedi a Jacira para ver o contrato social da empresa. Está tudo certo. São três sócias, Margarida, Jacira e Ester. O marido dela emprestou o capital e vão dividir os lucros em partes iguais. Nossa filha agora é uma empresária e, do jeito que vai, pode mesmo ganhar muito dinheiro.

— Estou boba! Nunca podia imaginar que ela conseguisse! Parece que tirou a sorte grande!

— Ela tem se esforçado muito. Trabalhado com disposição. Merece cada tostão que está ganhando!

— É... Eu gostaria de conhecer esse ateliê.

— Ela nos convidou para a inauguração, mas não sei se devemos ir...

— Por que não?

— Só vão pessoas finas, de classe, é um lugar de luxo. O que vamos fazer lá? Não sabemos como nos portar no meio daquelas coisas finas. Vai ter um bufê, salgadinhos e tal. Coisas delicadas de gente de classe. Nós vamos fazer feio.

— Mas se ela nos convidou, eu gostaria de ir, nem que fosse para ficar em um canto sem fazer nada. Nunca vi uma festa dessas.

— Isso não é para nós! É melhor não se iludir. E tem mais...
Ele fez ligeira pausa, enquanto Geni baixou a cabeça triste. Aristides tinha razão. Eles iriam destoar.

— Pode esperar — continuou ele —, Jacira vai ganhar dinheiro e não vai querer mais morar aqui, nesta casa pobre, neste bairro distante. Ela vai acabar nos deixando, mulher...

Naquela noite, Geni custou a dormir. Ficava imaginando como seria esse lugar, essa festa, de que forma Jacira ficaria no meio dessa gente, como agiria. O que faria se Jacira os abandonasse? Esse pensamento a assustava, mas por outro lado sentia que se ela fosse mesmo embora não deixaria que eles passassem necessidade. Ainda mais se tivesse dinheiro!

Naquela noite, Jacira não voltou para casa. Dormiu na casa de Margarida. Na hora do almoço chegou em casa e perguntou:

— Papai já foi para o bar?

— Acabou de sair. Por quê?

— Ontem eu me esqueci de avisar que hoje eu queria sair com vocês dois para comprar roupas.

Geni remexeu-se inquieta e repetiu:

— Comprar roupas?

— Sim. Vocês precisam se arrumar para a inauguração.

— Nós não vamos. Seu pai acha que iríamos destoar no meio daquela gente fina.

— Pois eu quero ver os dois lá. É o meu dia de vitória! Estou conseguindo subir na vida. Quero festejar com minha família.

Os olhos de Geni encheram-se de lágrimas e ela tentou disfarçar. Jacira abraçou-a dizendo:

— Somos pobres, mas somos gente. Não somos mais do que ninguém, mas também não somos menos. Temos trabalhado honestamente, merecemos melhorar de vida. Não temos nada para nos envergonhar. Vocês vão comigo, sim. Quero nossa família reunida nesse momento tão importante de minha vida! Vá se arrumar e nós vamos sair já para comprar tudo que for preciso. Tem mais. Já marquei hora no cabeleireiro com meu amigo Belo para cuidar dos seus cabelos e fazer um tratamento de beleza. Quero meus pais muito elegantes!

Geni não suportou a emoção, caiu em pranto, sem poder controlar-se. Jacira deixou que ela extravasasse todo o seu choro, depois, vendo-a mais calma e um pouco envergonhada, pediu:

— Vá lavar o rosto e se arrumar-se. Não temos muito tempo. Ainda quero passar no bar, falar com papai.

Geni apressou-se a ir arrumar-se, enquanto Jacira fazia uma lista do que achava que deveria comprar para que eles ficassem apresentáveis.

Elas saíram e Geni se esforçava para controlar a emoção. Estava atordoada, hesitante. Durante toda sua vida fora ela quem determinara o que a filha deveria fazer. Sentia-se segura em suas crenças, não se detinha para pensar em nada diferente do que aprendera com seus pais.

Jacira se rebelara, agia completamente diferente do que ela achava certo. Tinha certeza de que a filha iria fracassar. Mas para sua surpresa, as coisas estavam dando certo. Ela estava derrotando a miséria em que tinham vivido, revelando capacidade, provando que sabia o que estava fazendo.

As coisas nas quais Geni acreditava começaram a ruir. A falsa segurança em que se refugiara desaparecia a cada dia, e ela, não podendo mais se apoiar nelas, sentia-se insegura, não confiava mais em suas próprias opiniões. Julgava-se ignorante, incapaz.

Jacira estava certa e ela errada. Um sentimento de culpa começou a atormentá-la. Considerava-se inútil, não sabia mais o que era certo ou errado.

Seus filhos tinham ido embora por causa dela, que não soubera educá-los. Sua forma de pensar prejudicara o progresso da família. Enquanto Jacira obedecera o que ela dizia, não tinha conseguido melhorar de vida.

Saiu com Jacira para fazer compras, mas estava sem capacidade para escolher. Deixou que a filha decidisse.

Jacira notou que ela não estava bem, fez o que pôde para que ela se entusiasmasse. Mas Geni estava aérea e ela fez o melhor. O tempo era curto e não lhe permitia esperar.

Comprou o que achou adequado e depois foram até o bar. Jacira convenceu o pai a comparecer à inauguração. Combinaram que na manhã seguinte iriam comprar as roupas dele.

Quando Jacira foi à casa de Margarida, conforme combinara, encontrou Lídia e a filha. Lídia disse logo:

— Sinto que você está preocupada. O que aconteceu?
— Você notou? Levei minha mãe para fazer compras, pensei que ela se entusiasmaria com as coisas bonitas que compramos. Mas não, pareceu-me deprimida, atordoada, sem capacidade de dar opinião. Eu precisei escolher tudo. Logo ela que sempre foi forte, teve opinião. Será que está doente?

Lídia pensou um pouco, depois disse:
— Não. O problema é que as coisas mudaram e ela ainda não assimilou.
— Como assim? Nós estamos mudando para melhor! Achei que ela fosse ficar feliz!
— Mas ela está pagando um preço alto pelas crenças erradas que cultivou durante tanto tempo. Está se culpando, julgando-se errada, sem capacidade.

Jacira sentou-se, fixando Lídia admirada:
— Por essa eu não esperava. Ela nem queria ir à inauguração.

Lídia sorriu levemente ao responder:
— O que está acontecendo é natural. Durante a vida inteira ela impôs suas ideias à família e achava que estava fazendo o melhor. Fez o que pôde para manter você sob a orientação dela, na qual acreditava. Ela pensava estar "salvando" a todos, prevenindo o mal, e acabou de descobrir que estava fazendo tudo errado. Por esse motivo não confia mais em seu arbítrio, está sem rumo, não sabe como agir.
— Deve ser isso mesmo. Hoje ela me parecia uma barata tonta. Fiquei com medo que ela estivesse perdendo a lucidez. Afinal, já está com quase sessenta anos.
— O estado de lucidez não depende da idade, mas de como a pessoa lida com os fatos da vida. Quanto mais ela desenvolver o senso de realidade, mais lúcida ficará. Por outro lado, se der mais importância às aparências, reprimindo o que sente, querendo entrar nos papéis sociais, perderá a lucidez.
— É um castigo? — indagou Margarida atenta ao assunto.
— Absolutamente. Deus não castiga ninguém. Foi a própria Geni quem escolheu esse caminho. Se ela acordar para a realidade poderá dar um passo à frente. Nunca é tarde para melhorar.
— Entendo — comentou Jacira. — Não vou deixar que minha mãe mergulhe na alienação. Farei o que puder para ajudá-la.

— Seria bom aconselhar-se com o doutor Ernesto. Ele é ótimo nesses assuntos — tornou Lídia. — Eu mesma gostaria muito de fazer mais alguns cursos com ele. De tempos em tempos eu volto lá para reciclar as ideias.

— Vou levar mamãe a essas aulas.

— Se ela aceitar é meio caminho andado. Ela tem alguma fé religiosa? — indagou Lídia.

— Diz que é católica, mas nunca vai à igreja.

— Nesse caso seria bom conversar com ela sobre a vida espiritual. A crença de que somos eternos, que a vida continua depois da morte física, fortalece nosso espírito. Quando você tem certeza de que Deus está dentro de você, inspirando, protegendo, distribuindo bênçãos, os desafios necessários ao seu crescimento ficam mais leves. Você já conversou com ela sobre suas experiências com os espíritos?

Jacira meneou a cabeça negativamente:

— Não. Não sei se ela entenderia.

— A verdade tem muita força. Você sabe disso. Experimente conversar com ela sobre o assunto. Comece aos poucos e conforme ela reagir vá falando. Você pode se surpreender.

Jacira sorriu e respondeu:

— Pode ser. Vou experimentar. Assim como me fez tanto bem, poderá ajudá-la também.

Estela e Marinho avisaram que o carro de Ester tinha chegado para levá-las ao novo ateliê. Elas se apressaram, porquanto havia ainda muitas coisas para fazer.

O tempo passou rápido e no dia da inauguração tudo ficou pronto. Na noite da véspera, as três fizeram um exame geral para que nada faltasse.

Estava tudo uma beleza. Olhando ao redor, Jacira sentia-se emocionada recordando-se da ajuda que recebera das pessoas. De Ernesto, que despertara nela a vontade de lutar para progredir; de Margarida, que com bondade dividira com ela seus conhecimentos e seus sonhos; de Ester, que tornara possível a realização dos projetos; e finalmente do espírito de Marina, cujo carinho e amor a acordara para a espiritualidade, modificando sua forma de olhar a vida.

Fitando o rosto emocionado e alegre de Margarida e de Ester, Jacira sugeriu:

— Antes de irmos embora, vamos fazer uma prece de agradecimento a Deus, que nos tem abençoado com sua proteção e auxílio.

— Ótima ideia. É hora de agradecer — aduziu Margarida.

— Concordo. O amor chegou com Renato e este projeto veio completar minha realização.

Elas deram as mãos fazendo um círculo e Jacira sentiu que uma energia suave e agradável a envolvia e começou a falar:

— A gratidão é um sentimento de amor que eleva o espírito e nos une a Deus. É o reconhecimento do imenso amor com que Ele nos cerca e a certeza de que tudo é possível quando estamos sob sua proteção. Esforçamo-nos para fazer a parte que nos cabe na realização dos nossos sonhos de progresso. Desejamos seguir em frente, fazendo nosso melhor, contribuindo para que as pessoas que procurem nossos serviços sejam abraçadas com respeito, alegria e carinho.

"Pedimos a Deus que nos inspire para que possamos aprender mais a cada dia, e de nossa parte vamos nos esforçar para fazer desta casa um lugar onde a beleza, o trabalho, a dedicação sejam constantes. Desta forma, desejamos corresponder a tudo que recebemos trabalhando com prazer, alegria e honestidade. Aqui é um lugar de harmonia e paz. Assim será. Que Deus nos abençoe."

Jacira calou-se e elas abriram os olhos sentindo-se leves. O cansaço dos últimos dias tinha desaparecido.

— Estou flutuando! — comentou Ester.

— Que coisa boa! Você fez uma prece linda! Nunca vou me esquecer deste momento.

— Falei o que estava sentindo. Mas também senti que Marina estava aqui, inspirando-me.

— Com essa proteção, estou certa de que amanhã tudo vai ser um sucesso! — comentou Ester.

Margarida não se conteve:

— Só pode! Está tudo tão lindo!

— Vamos embora. Precisamos descansar — lembrou Jacira. — Amanhã precisamos estar dispostas.

— Não sei se vou conseguir dormir. A emoção é demais. Mas é bom irmos embora logo, Jacira. Ester mora do lado, mas nós moramos longe.

— Meu motorista vai levá-las em casa.
— Não é preciso — disse Jacira. — Passa das dez e neste horário os ônibus não estão lotados.
— Eu insisto. Ele já está na porta as esperando.

Quando elas saíram, o carro as estava esperando. Passava das onze quando Jacira chegou em casa. Ao entrar, encontrou Geni a aguardando na sala.

— Mãe, pensei que estivesse dormindo.
— Estou sem sono. Pensando em como vai ser amanhã.
— Vai ser uma beleza. Está tudo muito bem-arrumado. Ester tem muito bom gosto e nos ajudou.
— Meu coração está apertado.
— Por quê? Não se sente feliz em melhorar de vida?

Ela não respondeu logo. Ficou pensativa por alguns segundos e, vendo que Jacira a olhava atentamente, continuou:

— Estou com medo de fazer feio. Não quero envergonhá-la.

Jacira aproximou-se e colocou a mão no braço dela dizendo:

— Com aquela roupa linda que nós compramos, aqueles sapatos elegantes?
— Eu estou me sentindo feia, velha. Não sei conversar direito.

Jacira sorriu e respondeu:

— Além do mais, iremos ao salão do Belo para arrumar os cabelos e fazer uma maquiagem. Você vai ficar muito elegante.
— Seu pai está todo orgulhoso. Disse que vai ao barbeiro logo cedo. No bar já contou a todos sobre a inauguração. Só fala de você o tempo todo.
— Ele está feliz, mamãe. Venha, sente-se aqui ao meu lado no sofá.

Ela obedeceu e Jacira, lembrando-se da conversa com Lídia, segurou a mão dela dizendo:

— Você não precisa ter medo de nada. Eu me esforcei e Deus nos deu uma chance de melhorar. Nós precisamos agradecer a Ele o que recebemos e fazer o melhor para seguir em frente e aproveitar. Vamos rezar.
— Rezar? Você nunca foi religiosa.
— Eu não sou. Mas nada acontece sem que Deus permita.
— Isso minha mãe sempre dizia.

— Pois é. Então vamos agradecer e rezar.

Jacira continuou segurando a mão dela e fez uma prece de agradecimento, pedindo inspiração para fazer o que fosse preciso a fim de que tudo saísse bem.

Quando terminou, abriu os olhos e notou que os olhos de Geni estavam marejados.

— É bom rezar. Faz bem. Eu tinha me esquecido disso.

— Quando a gente está no bem e com Deus no coração, tudo dá certo. Agora, vamos dormir. Amanhã será um dia cheio.

Elas subiram e Jacira notou que o rosto de Geni estava mais sereno. Tudo estava bem e ela, apesar do evento do dia seguinte, sentia-se em paz.

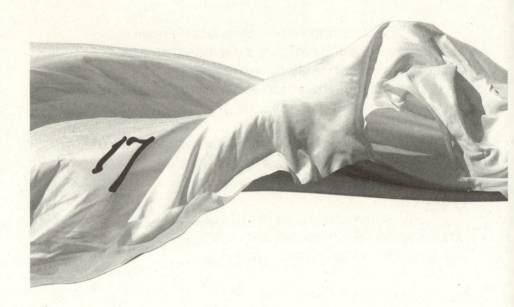

17

Seis meses depois, Jacira, segurando algumas sacolas, entrou no ateliê. Subiu para o andar superior e deixou as sacolas sobre a mesa da sala.

Uma semana depois da inauguração, Margarida havia se mudado para lá, e tanto ela quanto Ester fizeram questão que Jacira ficasse com uma das suítes e uma sala, embora continuasse morando com os pais.

Assim, quando ela desejasse, poderia dormir lá e também teria um lugar só seu. A parte de cima da casa estava parcialmente mobiliada. Eram móveis antigos, elegantes, que haviam pertencido à família de Renato e que ele conservava com carinho. Havia objetos de arte, quadros, e Renato fez questão de cuidar de todos os aposentos, restaurando e completando a decoração, procurando dentro do possível respeitar o gosto dos novos moradores.

As duas ficaram encantadas com tudo que ele fez e não se cansavam de olhar para todas aquelas coisas bonitas com respeito e prazer, admirando cada detalhe.

Ester, descobrindo que tanto Jacira como Margarida gostavam de arte, levou-as para visitar alguns museus, ensinando-as a apreciar a beleza de cada peça.

As duas sentiram-se dentro de um palácio. Tanto Ester como Renato adoravam observar o progresso delas, cada uma desenvolvendo bom gosto e se sentindo cada dia melhor.

Margarida estava cuidando da oficina e Jacira foi procurá-la.

— Ainda bem que chegou — disse ela com alegria. — Coloquei em sua mesa algumas contas que chegaram e o contrato com aquele fornecedor para você analisar.

— Está bem. Vou ler.

— Lembra-se daquele cliente importante que Ester foi visitar na semana passada, para levar nosso mostruário?

— Sim.

— Adorou os vestidos da nova coleção e fez um bom pedido. Só que tem pressa e eu não sei se vamos conseguir entregar no prazo.

— Cumprir o prazo é muito importante. Traz credibilidade. Vamos calcular direitinho. Se precisar, compraremos mais uma máquina e contrataremos mais duas pessoas.

— Esse negócio de contas é com você.

— Pode deixar. Vou ver isso agora mesmo. Onde está o pedido?

— Ester deixou na sua mesa.

Jacira foi até o escritório, acomodou-se diante da sua mesa de trabalho, apanhou o pedido e começou a estudá-lo. O prazo era apertado, mas com algumas horas extras, daria para cumpri-lo perfeitamente.

Olhou em volta satisfeita. Sobre sua mesa havia uma foto dos pais tirada no dia da inauguração. Geni estava sorrindo e Aristides, embora sério, tinha nos olhos um brilho emocionado.

Lembrou-se do acanhamento de Geni quando a levou ao cabeleireiro. Ela nunca tinha ido a um lugar tão elegante como aquele. Para cortar os cabelos, o que fazia raramente, ia à casa de uma conhecida que, por não ser formada na profissão, cobrava quase nada.

Belo adorava ter uma cliente como ela, para poder transformá-la como fizera com Jacira quando a conhecera. Fez o que sabia para deixá-la mais bonita. Tingiu seus cabelos e lavou-os utilizando produtos de qualidade, hidratou-os, cortou-os e, finalmente, penteou-os. Depois de maquiá-la, apanhou o espelho para que ela visse o resultado.

Jacira, que também estava se preparando para a festa de logo mais, observava tudo com curiosidade e prazer. Sentia-se feliz por poder proporcionar à sua mãe aqueles momentos.

Geni olhou-se no espelho, enquanto Jacira e Belo observavam a sua reação, e não se conteve:

— Meu Deus! Essa não sou eu!

Os dois riram alegres com a admiração dela, e Belo afirmou:

— Dona Geni, a senhora precisa cuidar-se mais. Seus cabelos são saudáveis e lindos. Sua pele está um pouco maltratada, mas é boa e reagiu bem ao creme que passei.

— O senhor acha mesmo?

— Eu também acho — observou Jacira. — De hoje em diante você vai se cuidar mais.

— Não sei se temos dinheiro para tanto — comentou ela.

— Não se preocupe com isso — tornou Belo sorrindo. — Eu tenho ótimos produtos de amostra que os vendedores me dão para experimentar e recomendar. Vou fazer um kit para a senhora. Mas tem de me prometer que vai fazer tudo direito, do jeito que eu mandar.

Ao chegarem em casa, Aristides as esperava ansioso. Estava pronto e impaciente. Quando viu as duas chegarem, olhou Geni admirado. De fato, ela estava bem diferente, mais jovem, mais bonita. Mais parecida com a moça pela qual se apaixonara e casara.

O que ele mais apreciava nela eram os grandes olhos amendoados e castanhos, cheios de alegria, prazer e ao mesmo tempo tímidos.

— Geni, como você está bonita!

Ela corou de prazer, não só pelas palavras dele, mas pela admiração que notara em seu olhar.

Jacira lembrou-se emocionada de que, quando chegaram ao ateliê para a festa, eles entraram tímidos, silenciosos, admirados com a beleza e o luxo do lugar.

Os convidados não haviam chegado, mas tudo estava pronto. Jacira apresentou os pais a Renato e Ester, que os receberam com atenção e carinho, e a Margarida, que os abraçou dizendo:

— Como estão elegantes! Dona Geni, esse vestido ficou-lhe muito bem!

Tanto as duas funcionárias que já trabalhavam no antigo ateliê, como as novas contratadas, fizeram questão de cumprimentá-los.

Jacira recordou-se que logo a timidez dos dois foi acabando e, depois de algum tempo, ela, entre um convidado e outro, pôde observar seu pai conversando animadamente com alguém e Geni também.

A festa foi um sucesso, o desfile de modas também. Elas apresentaram aos convidados, a maioria deles donos de lojas, alguns modelos da nova confecção. O interesse deles foi o ponto alto da inauguração.

Depois desse dia, Geni começou a mudar. A princípio, pedia a Jacira que a ensinasse a usar os produtos que Belo lhe dera, mas aos poucos passou a usá-los com prazer, a prestar atenção nas coisas da moda tanto nas revistas como na TV.

Já não reclamava tanto de fazer o trabalho doméstico. Vendo que a cada dia mais Jacira se ocupava com o crescimento do movimento na confecção e não dispunha de tempo para os serviços da casa, acabara percebendo que, se fizesse logo o serviço sem deixá-lo acumular, tudo ficava mais fácil.

Em muitas noites, Jacira nem voltava para casa; dormia no ateliê. Geni reclamava, com medo que ela acabasse se mudando definitivamente para lá, mas foi se acostumando, uma vez que Jacira continuava a cuidar deles como sempre fizera.

As três sócias haviam decidido que teriam uma modesta retirada mensal, que poderia ser aumentada conforme o negócio prosperasse. Ester não queria retirar nada, mas as outras duas não aceitaram, fizeram questão de que ela também recebesse o que lhe era devido.

A ideia delas era dividir o lucro que sobrasse para o pagamento do empréstimo e para formar um capital próprio, que lhes permitisse tocar o negócio.

Renato observava-as satisfeito por notar o quanto elas tinham bom-senso para negociar.

A retirada delas havia sido aumentada e Jacira arranjara uma faxineira para trabalhar na casa dos pais, três vezes por semana. Ela já poderia colocar uma empregada que cuidasse de tudo, mas temia que Geni voltasse a ser preguiçosa como antes.

A moça faria o serviço mais pesado, cuidaria da roupa e Geni continuaria fazendo o restante.

Geni ficou contente por receber ajuda no trabalho, mas não foi fácil encontrar uma pessoa que se adaptasse.

Ter uma pessoa contratada para o serviço da casa fez Geni sentir-se importante. Ela agora era a patroa. Não ia permitir intimidades e iria exigir que ela fizesse o serviço direito. Tornou-se exigente em excesso, implicante e controladora.

Ficava em volta dela observando, fazia o prato de comida, não permitindo que ela mesma se servisse. Quando ela terminava a limpeza, passava o dedo sobre os móveis verificando de estava bem limpo.

Em menos de dois meses, passaram por lá três pessoas que não quiseram ficar mais no emprego. Todas se queixavam de Geni e uma delas até discutiu forte com ela e foi embora sem acabar o serviço. Logo ficou claro para Jacira por que estava difícil encontrar alguém para trabalhar lá.

Várias vezes conversou com Geni procurando fazê-la mudar de atitude. Mas ela não aceitava seus argumentos, dizendo que não tinha tido sorte ao contratá-las, porquanto eram preguiçosas, gastonas, comiam tudo o que havia na geladeira, sem respeito pelas coisas.

Quando a terceira se despediu, Jacira não se conteve e prometeu:

— Eu contratei uma faxineira esperando que você fosse se dar bem com ela e ficasse feliz. Vou procurar mais uma. Se você não se der bem, eu desisto. Você terá de fazer todo o serviço sozinha.

Essa conversa foi o bastante para Geni ter uma forte recaída. Chorou, disse que estava se sentindo mal, reclamou dizendo que de nada adiantava tanto esforço para melhorar de vida se as pessoas se aproveitavam, explorando os patrões em vez de trabalhar.

Uma funcionária aproximou-se e Jacira deixou de lado a preocupação com a mãe e perguntou:

— O que foi, Arlete?

— Tem uma moça procurando a senhora. Disse que é a respeito de um emprego.

— Mande-a entrar.

Pouco depois, uma garota entrou e Jacira olhou-a tentando avaliar se ela serviria para trabalhar em sua casa. Tratava-se de uma jovem de quinze ou dezesseis anos. Pareceu-lhe muito nova e sem experiência para lidar com Geni.

As que ela contratara, duas eram casadas e passavam dos trinta anos e a última, a que brigara feio com Geni, devia ter mais de quarenta.

A jovem esperava parada na entrada da sala. Jacira não ia aceitá-la, mas não queria ser indelicada. Ela sabia como era difícil procurar emprego e ser maltratada.

— Venha, sente-se, por favor.

A jovem aproximou-se:

— Com licença. Boa tarde.

Sentou-se na cadeira diante da mesa de Jacira. Era morena, cabelos crespos soltos pelos ombros, olhos vivos, rosto corado, boca bem-feita, corpo delicado.

— Como é seu nome?

— Maria Lúcia. Quem me mandou aqui foi dona Lídia.

Ela tirou do bolso um envelope e entregou a Jacira, que abriu e leu:

Querida amiga. Estou enviando ao seu coração generoso uma menina que acabou de perder a mãe e ficou só no mundo. Não tem onde ficar. Trata-se de uma jovem muito boa, corajosa e esforçada. Pensei que talvez ela pudesse ir trabalhar em sua casa. Um abraço agradecido da amiga Lídia.

Jacira olhou novamente o rosto jovem à sua frente e se comoveu.

— Quantos anos você tem?

— Dezesseis.

Jacira pensou um pouco sem saber o que fazer. Ela parecia um tanto frágil, delicada para trabalhar. Além do mais, não estava em seus planos ter alguém em tempo integral. Se a contratasse, ela teria de morar em sua casa.

Por outro lado, a situação da jovem a comovia e o pedido de Lídia, a quem considerava muito, inclinava-a a aceitar.

— Vamos conversar um pouco. Lídia me informou que você está só no mundo e não tem onde ficar. Tão jovem, como chegou a essa situação?

— Eu nasci no Rio de Janeiro. Não conheci meu pai porque ele morreu antes de eu nascer. Minha mãe, grávida, veio para São Paulo ficar em um pensionato de freiras. Uma senhora no Rio de Janeiro, amiga de uma das freiras, penalizada com a situação dela, uma vez que meu pai não lhe deixara nada e ela não estava em condições de procurar emprego, recomendou-a. Lá ela foi bem recebida, trabalhou durante todos estes anos, até que adoeceu e veio a falecer na semana passada.

Ouvindo-a, Jacira comoveu-se muito.

— Deve ter sido difícil para você. Faz tão pouco tempo!

Os olhos dela marejaram, mas ela levantou a cabeça e respondeu:

— A dor da perda é muito forte! Mas estou certa de que Deus não vai me desamparar. Não quero que minha mãe, lá onde se encontra, preocupe-se comigo. Ela agora precisa se recuperar e seguir em frente. Eu preciso aceitar. Deus faz tudo certo. Se a levou foi porque era o melhor que poderia nos acontecer.

Jacira sentiu os olhos úmidos e fez o possível para conter a comoção. Não esperava encontrar tanta fé e sabedoria em uma pessoa tão jovem.

— Você disse bem. É jovem, tem toda a vida pela frente. Precisa ser forte e seguir adiante. Lídia conversou com você sobre o trabalho que eu posso lhe oferecer?

— Não. Ela disse que a senhora é uma pessoa muito boa, que ela admira muito e que cuidaria muito bem de mim.

— Nesse caso vou explicar-lhe a situação.

Em poucas palavras Jacira falou-lhe sobre sua família, como tinha melhorado na vida, e sua vontade de ajudar sua mãe, colocando alguém em casa que a aliviasse nos serviços domésticos. E finalizou:

— Se você aceitar, vai morar conosco. É uma casa simples, modesta. Meu pai é aposentado, trabalha como garçom no bar de um amigo. O que me diz?

— Eu aceito e fico-lhe muito grata por me acolher em sua casa. Espero retribuir a confiança.

— Antes preciso falar um pouco a respeito de minha mãe. Ela sempre foi muito negativa, com medo de tudo, sem confiança na vida; perdeu o prazer de viver. Passava todo tempo sem querer enfrentar os desafios do dia a dia e foi muito difícil para mim, porquanto pensando em me proteger, limitava-me. Mas apesar disso eu consegui melhorar, vencer e hoje faço o que posso para que ela mude sua forma de pensar. Ela está um pouco melhor, mas entra fácil na negatividade.

— Esse é um hábito difícil e perigoso. Acaba sempre em doenças e sofrimento.

Jacira olhou-a séria. Por momentos se esqueceu de que estava conversando com uma menina ainda muito jovem e respondeu:

— O que eu mais gostaria nesta vida é que ela conseguisse reagir, que vivesse mais feliz.

— Os primeiros passos já foram dados. A recaída é natural. Ela aparece para que a pessoa possa eliminar os blocos de energias ruins que acumulou.

Jacira ficou calada durante alguns segundos e pensou: "Entendo agora porque Lídia a mandou e pediu que a levasse para casa".

— Você disse que aceita ir morar conosco. Não poderei pagar muito ainda, mas o que nós tivermos será também seu. Quando você pode começar?

— Ainda estou morando no pensionato. Dona Lídia conversou com a madre. Ela pediu para eu vir aqui ver e se eu gostasse poderia aceitar. Quer que a senhora vá conversar com ela. Eu posso começar quando quiser.

— Terei o maior prazer em falar com ela. Amanhã mesmo irei até lá e se ela estiver de acordo vou levá-la para nossa casa.

Maria Lúcia levantou-se e estendeu a mão:

— Combinado. Obrigada, dona Jacira. Estou certa de que nos daremos muito bem.

Jacira apertou a mão que ela lhe estendia e acompanhou-a até a porta. De volta à sua mesa de trabalho, ficou pensando na singularidade daquele encontro. A princípio Maria Lúcia lhe pareceu frágil e delicada, mas quando se expressou mostrou firmeza e discernimento, muito além do que seria normal em mocinhas de sua idade.

Naquela noite, quando chegou em casa, conversou com Geni, que, apesar de gostar de ter alguém à sua disposição para todo o serviço, objetou:

— Morar aqui? Vai ser mais uma boca para sustentar. Pensou nisso? Depois, é menor de idade e pode dar muito trabalho. Essas meninas de hoje não têm juízo.

— Vamos experimentar. Ela pareceu-me ajuizada e bem educada. Foi criada pelas freiras. Parece disposta a trabalhar. Além disso, fará companhia para você.

— Não sei, não... Não gosto de ter uma pessoa estranha morando aqui em casa.

Jacira fez de conta que não ouviu e continuou:

— Amanhã vou ao convento conversar com a madre superiora. Ela é legalmente responsável pela menina. Se tudo der certo virá comigo amanhã mesmo.

— Já? Onde ela vai dormir?

— No quarto que era dos meus irmãos. Você o deixou trancado desde que Jair foi embora.

— Lá não. E se eles voltarem? Onde vão ficar?

— Mãe, acorda! Faz mais de dez anos que nenhum deles dá notícias. Não vão voltar mais.

— Eu não perco a esperança. Eles ainda vão aparecer.

— Se aparecerem daremos um jeito. O que não pode é aquele quarto ficar inutilizado. Vamos arrumá-lo e Maria Lúcia vai dormir nele.

— Isso não vai dar certo!

— Vamos ver. Se não der, ela volta para o convento e arranjaremos outra.

Jacira deu o assunto por terminado e conversou sobre outras coisas. Se o ateliê fosse bem como esperava, pensava em alugar uma casa maior, mais confortável e mais perto do seu trabalho. Daria mais conforto aos pais e não precisaria passar tanto tempo dentro do ônibus.

Depois que começara a trabalhar no novo ateliê, desenvolvera seu senso estético, passando a enxergar a beleza tanto na simplicidade de uma flor como na sofisticação dos quadros e objetos de arte que vira nos museus.

Sentia-se bem, rodeada de coisas belas, e sonhava poder ensinar aos pais a perceber a beleza onde quer que estivessem. Apreciar o belo proporcionava-lhe um grande prazer. Desejava que os pais usufruíssem esse sentimento.

Na manhã seguinte, Jacira foi conversar com a madre, que a recebeu muito bem. Confirmou o que Maria Lúcia lhe havia dito sobre sua origem e finalizou:

— Maria Lúcia é muito querida por todos aqui. Poderia continuar conosco até os dezoito anos, que é a idade máxima permitida, já que não tem vocação religiosa. Mas faz algum tempo que ela insiste em começar a ganhar a vida. Para ser franca, eu gostaria que ela esperasse um pouco mais. Ela vive aqui desde que nasceu. Não conhece as maldades do mundo.

— Eu entendo. A senhora gosta muito dela.

— Ela é a filha que eu gostaria de ter tido. Mas Lídia, que nos falou da senhora, é uma pessoa da nossa confiança. Tem trabalhado aqui como voluntária, auxiliando-nos a aliviar o sofrimento dos que batem à nossa porta, e garantiu que em sua casa ela estará muito bem.

— Obrigada pela confiança. Espero que ela se acostume em nossa casa.

Acertaram os detalhes, a madre chamou Maria Lúcia e combinaram que Jacira passaria no dia seguinte, no fim da tarde, para buscá-la.

Jacira deixou o convento satisfeita, pensando que no dia seguinte iria olhar e arrumar o quarto para instalá-la.

Ao chegar ao ateliê, encontrou Lídia e Estela que acabavam de chegar. Abraçou-as com prazer e disse alegre:

— Estou vindo do convento. Falei com a madre e amanhã à tarde irei buscar Maria Lúcia. Espero que ela se acostume lá em casa.

— Vocês vão se dar bem. Estou certa disso.

— O que me preocupa um pouco é minha mãe. Tem um gênio danado. É manipuladora. Se Maria Lúcia fizer tudo o que ela quer, vai abusar. Caso contrário, vai implicar.

— Maria Lúcia é firme. Não vai deixar Geni abusar. Mas é jeitosa, sabe se portar. Ela vai saber lidar, você vai ver.

— Espero que seja assim. Vamos até a oficina. Margarida vai gostar de vê-las e mostrar-lhes alguns modelos novos. Ela adora quando vocês vêm.

As três foram ao encontro de Margarida, que, vendo-as chegar, abraçou as visitantes com alegria, e logo as quatro foram juntas tomar um café e conversar.

18

Na tarde do dia seguinte, quando Jacira foi buscar Maria Lúcia, ela já estava pronta. Havia se despedido de todos e esperava sentada no saguão, ao lado da pequena sacola onde guardara seus pertences.

Antes de elas saírem, Jacira foi avisada de que a madre superiora a esperava em sua sala. Maria Lúcia sentou-se novamente enquanto Jacira acompanhava a freira.

Entrou na sala da madre, que, depois dos cumprimentos, pediu-lhe que se sentasse:

— Ontem, quando conversamos, eu estava em dúvida se deveria colocá-la a par de alguns detalhes sobre os pais de Maria Lúcia. Orei pedindo a Deus inspiração e senti que seria melhor falar.

Jacira concordou e ela prosseguiu:

— Na verdade, o pai de Maria Lúcia não morreu. Quando Rosalina chegou aqui, grávida de seis meses, estava desesperada, sem ter para onde ir. Havia passado por momentos difíceis no Rio de Janeiro, precisando de tratamento médico e ajuda emocional. Sua família morava no interior de Minas Gerais e era muito pobre. Ela decidiu ir para o Rio de Janeiro na esperança de arranjar um emprego, melhorar de vida.

Começou a trabalhar em casa de família e, depois de algum tempo, foi trabalhar em um hotel como camareira ganhando um pouco mais.

A madre fez uma pausa e, notando o interesse de Jacira, continuou:

— Foi lá que conheceu um garçom e se apaixonou. Ele se interessou por ela e o namoro começou. A cada dia estavam mais apaixonados, até que foram morar juntos. Tudo ia bem até que no hotel hospedou-se uma moça que se interessou por ele, que correspondeu. Ela era bonita, classe média alta, alegre, falava bem e teve o bom-senso de não se entregar a ele. Ela queria se casar. Ele acabou fazendo o pedido aos pais dela e ficaram noivos. Rosalina, chocada com a situação, foi procurá-la e contou-lhe que esperava um filho dele. A moça respondeu-lhe que os dois se amavam e ela deveria conformar-se porque logo eles estariam casados.

"O resultado foi que Vicente, muito irritado, foi embora de casa. Diante do desespero dela, prometeu dar-lhe algum dinheiro quando a criança nascesse. Pouco tempo depois, Vicente aceitou um emprego que o pai de Guilhermina ofereceu e viajou para o Sul, onde a família dela morava.

"Sem condições de sustentar a despesa do pequeno apartamento, não sabia o que fazer da vida, até que uma vizinha, de quem se tornara amiga, vendo seu sofrimento, aconselhou-a que procurasse o nosso pensionato. Foi essa senhora que lhe deu dinheiro para a passagem e o endereço para que chegasse aqui, e uma carta para mim contando o caso dela. Rosalina era uma moça boa, prestativa, e logo se deu bem com todos. Apesar do seu estado, esforçava-se para ajudar onde pudesse. Depois que Maria Lúcia nasceu, oferecemos-lhe um emprego e ela ficou. Sentimos muito sua morte."

— Deve ter sido difícil para Maria Lúcia. Rosalina nunca quis voltar para a sua família?

— Ela procurou notícias deles, descobriu que tinham se mudado sem deixar endereço. Quando ela morreu, por causa de Maria Lúcia, nós também tentamos por meio da paróquia da cidade dela, mas não descobrimos nada.

A madre fez ligeira pausa, depois prosseguiu:

— Rosalina nunca contou a verdade para a filha. Ela soube que Vicente se casou e não quis que ela tivesse uma imagem ruim do próprio pai. Maria Lúcia pensa que o pai morreu.

— Rosalina avisou ao pai que ela nasceu?

— Várias vezes sugeri a ela que o fizesse. Mas ela foi irredutível. Nunca o perdoou por tê-las abandonado. Costumava dizer: "Ele nos desprezou, não merece conhecê-la".

— A senhora não acha que ele poderia cuidar dela agora que está sozinha no mundo?

— Talvez. Mas não dá para confiar em um homem capaz de abandonar uma moça grávida.

— Mas ela veio para cá e não o avisou. Ele pode tê-la procurado sem encontrá-la.

— Também pensei nisso. Tenho orado muito pedindo a Deus que me inspire. Tive receio de procurá-lo. Ele poderia levá-la para sua casa e não sei se seria bom. Afinal, essa mulher não se comoveu com a situação quando Rosalina a procurou. Não seria uma boa madrasta para Maria Lúcia. Achei melhor arranjar uma pessoa boa que a acolhesse.

— Talvez tenha razão. Espero que ela goste de ficar em nossa casa.

— Eu também espero. A vida tem muitos caminhos. Se algum dia, por alguma razão, a senhora achar que deve contar-lhe tudo, pode fazê-lo. Algo me diz que devo confiar no seu bom-senso.

Jacira agradeceu, despediu-se. Procurou Maria Lúcia e foram para casa.

Durante o trajeto, Jacira foi conversando sobre sua família. Explicando a rotina da casa, os hábitos do pai, o que a mãe gostava. Ao chegarem na porta de casa, antes de entrar, Jacira tornou:

— Hoje começa para você uma vida nova. A princípio talvez não seja fácil ficar em uma casa estranha, no meio de pessoas que não conhece.

Vendo que Maria Lúcia a olhava séria, fixou os olhos nela e disse com voz firme:

— Eu quero muito que você goste de nós e seja muito feliz aqui. Desejo ser sua amiga e espero que confie em mim. Quando se sentir triste, ou tiver algum problema, lembre-se de que eu estarei ao seu lado para ajudá-la, aconteça o que acontecer.

Os olhos de Maria Lúcia marejaram e ela simplesmente aproximou-se e deu um beijo na face de Jacira, que sentiu forte emoção. Depois de alguns segundos, elas entraram.

Geni estava na sala e vendo-as, aproximou-se curiosa. Maria Lúcia encarou-a com naturalidade dizendo:

— Boa tarde, senhora.

— Boa tarde. — Respondeu Geni, voltando-se para Jacira: — Você demorou!

— Fiquei conversando com a madre. Ela queria fazer suas recomendações.

— E o que ela recomendou?

— Votos de felicidades para todos nós. Vamos subir e mostrar o quarto para Maria Lúcia.

Ao entrar no quarto, Jacira abriu a janela dizendo:

— Este quarto era dos meus dois irmãos. Você vai instalar-se aqui. Ficou fechado e sem uso desde que eles foram embora. Não está muito bonito, mas pretendo arrumá-lo melhor. A roupa das camas está limpa, e o banheiro fica ao lado. As roupas que eles deixaram ainda estão dentro do armário.

Voltando-se para Geni, que as observava parada na porta, ela prosseguiu:

— Precisamos dar um jeito nessas roupas.

Geni aproximou-se nervosa:

— O que você quer fazer com elas?

— Doar. As que estão melhores ainda poderão ser aproveitadas por quem precisa. As outras jogamos fora.

— Você não pode fazer isso. São as lembranças que nos restam deles. Precisam estar aqui quando eles voltarem.

— Eles nos esqueceram. Não vão voltar mais. Mas mesmo se voltarem, não vão querê-las de volta. Vou buscar uma caixa, separá-las e resolver isso logo.

Jacira saiu e Geni acompanhou-a, rosto contraído, aflita.

— Mãe, tente entender, temos que tocar nossa vida para a frente. Essas roupas não têm utilidade para nós e podem servir para alguém que esteja precisando.

— Quando precisamos ninguém veio nos dar nada. Por que nós temos de fazer isso para os outros?

— Porque na vida tudo circula e se movimenta. As coisas inúteis que juntamos ocupam lugar e impedem que as coisas novas entrem. Se você deseja prosperar, deve entender isso.

Jacira apanhou uma caixa e voltou ao quarto, abriu o guarda-roupa e começou a tirar as roupas, separando-as em duas pilhas. Geni assistia a tudo com olhos marejados.

A cada peça, ela se lembrava dos meninos e as pedia para si, mas Jacira estava decidida e não atendia aos seus pedidos. Vendo que Geni sentara-se em uma das camas e olhava a cena com tristeza, ela perguntou:

— Você já fez o jantar?

— Eu? Não estou com disposição para isso. Essa menina sabe cozinhar?

— Fazer a comida, por enquanto não vai ser tarefa dela. Vamos dividir o serviço. Hoje você não precisa cozinhar. Vamos fazer um lanche. Eu trouxe aquele queijo fresco que você gosta e mais algumas coisas.

— Posso ajudar? — indagou Maria Lúcia.

— Pode. Dobre as roupas desta pilha e coloque-as na caixa.

Geni observou-as em silêncio durante alguns minutos, depois se levantou:

— Vou descer e preparar o lanche. Quando estiver pronto, eu as chamo.

Ela desceu e Jacira sorriu satisfeita. Sabia que ela não resistira à curiosidade. Antes de sair para fazer compras, Jacira sempre lhe perguntava o que desejava comer. Geni nunca lhe dizia. Então, escolhia a seu gosto. Mas ela tinha expectativa e sempre reclamava quando as compras não eram o que esperava.

Jacira tentava ensiná-la a se colocar e dizer o que pensava. Mas Geni, apesar de ter melhorado em algumas atitudes, não confiava mais em si mesma. Sua vaidade não lhe permitia errar e por esse motivo nunca dizia o que queria.

Quando Geni chamou para o lanche, Jacira já havia esvaziado e feito uma faxina no guarda-roupa, deixando suas portas abertas para que o ar circulasse.

Elas desceram e Jacira notou que Geni arrumara a mesa com o cuidado que fazia nos almoços de domingo. Convidou Maria Lúcia a sentar-se e servir-se. Geni observava calada.

— Sente-se, mãe. Está sem fome?

— As lembranças daqueles ingratos me tiraram o apetite.

Jacira preparou seu lanche com prazer e respondeu:

— Pois eu estou faminta. Esse pão deve estar uma delícia. Ainda hoje vamos nos sentar e combinar como será a rotina da casa daqui para a frente. Vamos definir as tarefas de cada uma.

— Não é preciso. Aqui tudo é muito simples — objetou Geni.

— Precisa sim. A organização é a base de todo trabalho. Como eu não disponho de tempo para o serviço de casa, vocês duas terão de cuidar de tudo.

— O que depender de mim, estou disposta a fazer o que for preciso.

— Ótimo, Maria Lúcia. O que você fazia no pensionato?

— Quando eu era menor só estudava, mas sempre que deixavam eu ajudava no que podia. Mas a madre preferia que além da escola eu fizesse os cursos que havia lá.

— Que cursos você fez?

— De primeiros socorros, ajudante de enfermagem, digitação. Além disso, como eu ficava lá o tempo todo, onde precisasse, eu ia como ajudante. Eu adorava ajudar no berçário e contar histórias para as crianças do pré.

Geni interveio:

— Você aprendeu muitas coisas, mas não aprendeu a cuidar de uma casa.

— Aprendi, sim. Sei fazer uma boa faxina, lavar e passar roupas. E não tenho medo de trabalho. Com boa vontade sei que posso aprender a fazer tudo.

Mais tarde, quando Aristides chegou do trabalho, passava das 23 horas e Geni esperava-o sentada na sala.

— Estava sem sono?

— Temos de conversar.

— Estou cansado. Deixe para amanhã.

— Não. Jacira trouxe a mocinha para morar aqui. Estou preocupada.

— Por quê? Ela foi bem recomendada e criada em um pensionato de freiras. Deixe de histórias.

— Não são histórias. Ela é muito nova, não sabe fazer nada. Além disso, por causa dela, Jacira recolheu toda roupa dos meninos e vai doar.

— Ela está certa. Para que guardar o que não nos serve para nada?

— Você também? Elas são tudo o que nos resta dos nossos filhos. Como pode ser tão frio?

— Por mim já as teria doado faz tempo. Esperar para quê? Eles nos esqueceram.

Geni disse com voz lamentosa:

— Eu sou mãe, amo meus filhos! Sinto saudades!

Aristides fixou-a sério:

— Quando eles estavam aqui você vivia se lamentando, dizendo que eles não sabiam fazer nada. Principalmente o Jair. Às vezes penso que eles foram embora para ficarem livres de suas lamentações.

— Você está sendo injusto. Eles não foram embora por minha causa. Jair estava iludido, achava que um dia ficaria rico. A esta altura já deve ter percebido que pobre não tem vez.

— E se aconteceu o contrário e ele estiver bem de vida?

— Se ele estivesse bem, teria voltado para nos provar que tinha razão.

Aristides meneou a cabeça negativamente:

— Você continua sempre julgando as pessoas. Eles estão seguindo a vida deles e não pensam mais em nós. Chega de conversa. Estou com sono e quero descansar.

O marido subiu e Geni foi atrás. Ele se preparou para dormir e deitou-se em seguida. Geni sentou-se na beira da cama:

— Essa história dessa menina morar aqui não vai dar certo. Daqui a pouco ela vai começar a pôr as manguinhas de fora, fazer amizades, querer trazer pessoas aqui. Pode até arranjar namorado.

— Deixe de ser maldosa. Apague logo essa luz, eu quero dormir.

Ela foi apagar a luz, mas ainda disse:

— Depois não diga que não avisei!

Aristides virou-se para o lado e logo adormeceu. Geni deitou-se também, mas seus pensamentos tumultuados não a deixavam em paz.

No dia seguinte, Jacira acordou cedo, desceu e já encontrou Maria Lúcia na cozinha. Ela já havia arrumado a mesa para o café.

— A senhora quer que eu esquente o pão que sobrou de ontem à tarde ou prefere que eu vá comprar outro?
— Vamos esquentar este mesmo.
— Posso passar o café?
— Pode.

Depois de colocar na mesa a garrafa térmica com o café, ela ficou parada esperando.

— Sente-se, Maria Lúcia, vamos ver como está esse café.

Enquanto elas se serviam, Jacira perguntou:

— Você dormiu bem?

Maria Lúcia não respondeu logo.

— Pode falar. Estranhou a cama?

— Não. Essa cama é melhor do que a que eu dormia no pensionato. Acontece que...

Ela parou e Jacira perguntou:

— O que foi? Fale, Maria Lúcia.
— É que eu tive um pesadelo e acordei assustada.
— Você ficou nervosa com a mudança. É normal. Quero que sejamos amigas e não haja segredos entre nós. Você não precisa ter medo. Desejo que seja muito feliz em nossa casa. Se alguma coisa a estiver preocupando, eu quero saber.
— Foi só um pesadelo. Acontece de vez em quando.
— Conte como foi.
— Eu sonhei que estava em um lugar escuro e um homem que eu não vi o rosto queria me pegar. Eu me escondia e ele me achava. Então, acordei e não quis dormir mais para não encontrá-lo.
— Você reza antes de dormir?
— Sempre. Minha mãe me ensinou.
— Vou pedir a Lídia para nos orientar.
— Ela nos ajudou muito. Quando minha mãe estava doente, ela nos visitava, mandava-me sair e ficavam conversando. Depois que ela saía, mamãe ficava mais calma, melhor.

Aristides apareceu na cozinha e Geni o acompanhava mais atrás.

— Bom dia! O cheirinho do café me fez levantar.
— Bom dia. Sente-se, papai. Esta é a Maria Lúcia.

Ela levantou-se. Ele olhou-a e respondeu:

— Seja bem-vinda, minha filha. Sente-se, continue tomando seu café.

Ela obedeceu enquanto Geni já havia se acomodado e estava se servindo.

— Por que se levantou tão cedo? — indagou Jacira.

— Acordei, senti o cheiro do café e tive fome. Assim que comer, voltarei para a cama. Hoje só vou para o bar ao meio-dia.

Eles terminaram de comer, Aristides subiu novamente e, depois que Maria Lúcia tirou a mesa, Jacira apanhou um bloco e pediu que as duas se sentassem novamente.

— Agora nós vamos organizar o trabalho da casa. Primeiro, vamos anotar de maneira geral o que deverá ser feito para que tudo fique em ordem. Depois, vamos repartir as tarefas entre as duas.

— Nada disso é preciso. O serviço da casa é sempre o mesmo.

— Sim. Mas eu quero discutir com cada uma quem faz o quê, para facilitar e também para que não haja nenhuma dúvida. Eu tenho meia hora para fazer isso. Há muito trabalho me esperando no ateliê.

Jacira anotou detalhadamente todo o serviço doméstico. Depois que todas estavam de acordo, dividiu as tarefas. Ficou para Geni cozinhar e lavar toda roupa da casa. Geni protestou.

— Eu quero só cozinhar. Lavar roupa é muito cansativo. Eu sou uma pessoa doente!

— Separar as roupas e colocá-las na máquina não é serviço pesado, você pode muito bem fazer. Ou será que em vez de lavar você prefere passar?

— Não. Odeio passar roupas! Eu lavo!

— Combinado. O restante fica para Maria Lúcia. Não é muita coisa para você?

— Não. Do jeito que a senhora dividiu as tarefas, ficou fácil. Vou dar conta.

— Então está combinado. Eu quero que copie as duas relações. A que eu fiz ficará com mamãe e a outra com você. Assim não vão confundir e cada uma saberá o que compete a outra.

— Isto aqui parece um quartel — resmungou Geni.

— O que disse, mãe?
— Nada. Agora as coisas aqui em casa se inverteram. Em vez de a mãe administrar tudo, é a filha que faz isso.
— Estou fazendo isso para facilitar. Procure cumprir o que prometeu e descobrirá como a organização favorece o trabalho.

Maria Lúcia olhou para Geni e tornou:
— Eu estou acostumada. No pensionato é tudo muito organizado. Elas dizem que é preciso fazer tudo bem-feito para se ganhar tempo. Ao fazermos de qualquer jeito, sem capricho, acabamos tendo de fazer de novo e trabalhamos mais.

Jacira sorriu satisfeita:
— Agora preciso ir. Vou deixar algum dinheiro. Se precisar de alguma coisa, Maria Lúcia poderá comprar no mercadinho.

Jacira apanhou a bolsa e saiu. Ela sabia que assim que virasse as costas, Geni ia tentar sabotar o que combinaram e torcia para que Maria Lúcia se mantivesse firme.

Na véspera, ela havia lhe pedido para que não cedesse às artimanhas de Geni. Não queria que ela voltasse à vida sedentária.

Sentia-se satisfeita por poder contar com Maria Lúcia, aliviando a mãe do peso dos trabalhos domésticos e, ao mesmo tempo, abrigar uma órfã por quem já sentia um carinho especial.

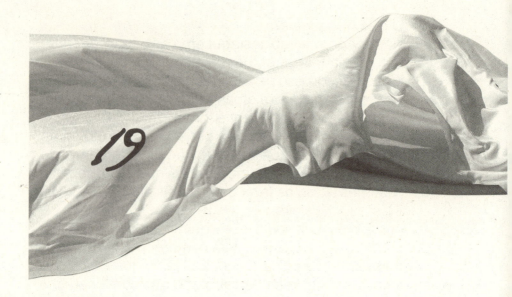

19

Jacira acordou cedo e levantou-se apressada. Quando desceu já encontrou Maria Lúcia na sala, no meio de caixas de papelão empacotando a louça.

— Levantou cedo. Já tomou café?
— Já. Está tudo pronto na cozinha.
— Falta muito?
— Não. Além dessa louça, só algumas panelas.
— O caminhão vai chegar dentro de uma hora. É melhor ir acordar mamãe.

Enquanto Maria Lúcia dirigia-se ao quarto de Geni, Jacira tomou café e voltou à sala. Fazia quase um ano que Maria Lúcia estava na casa. Durante esse tempo muitas coisas haviam acontecido.

Nos primeiros tempos, Geni tentou de todas as formas fazer com que ela a ajudasse a cumprir as tarefas que lhe cabiam. Mas ela desviava o assunto, justificando que ainda não havia terminado a sua parte.

Quando Geni começava a reclamar de alguma coisa, Maria Lúcia sempre mencionava alguma coisa positiva. Como ela tinha por hábito fazer tudo com capricho, chamando sua atenção para as coisas bonitas da natureza, demonstrando prazer de passar muito bem as roupas, arrumando-as no guarda-roupa com carinho, Geni começou também a cuidar mais da aparência e do trabalho que fazia.

Maria Lúcia a elogiava quando as roupas brancas ficavam mais alvas, quando a comida estava mais saborosa, quando ela se cuidava um pouco mais.

Aos poucos, Geni foi aprendendo a apreciar a beleza de uma casa bem-arrumada, acolhedora, com tudo no lugar certo. Ao fazer alguma coisa com capricho, habituara-se a pedir a opinião dela.

Jacira percebeu que Geni entretinha-se tanto ao lado de Maria Lúcia e a cada dia mais se afeiçoava a ela. Quase já não lia mais as fotonovelas.

Jacira conversara com Lídia sobre os pesadelos de Maria Lúcia, que lhe explicou:

— Ela tem muita sensibilidade e via os espíritos que estavam com as pessoas. Eles percebiam e a assediavam desejando lhe transmitir recados, pedir ajuda. Maria Lúcia não sabia o que fazer e ficava com medo. Muitas vezes Rosalina me pediu ajuda. Meu guia espiritual auxiliou, as visões espaçaram, mas ele informou que quando ela deixasse o pensionato deveria estudar o assunto e aprender a lidar com a mediunidade. Conversei com a madre superiora sobre isso.

— Falou em espíritos a ela?

— Sim. Ela precisava saber para me avisar sempre que voltasse a acontecer. A madre tem a cabeça aberta, sabe que eles estão à nossa volta. Agora é aconselhável ela se preparar e aprender a lidar com isso.

— Mas os pesadelos a fazem sofrer, principalmente quando ela vê espíritos perturbados. Não há uma maneira de acabar com isso e afastá-los definitivamente?

— Não. Todas as pessoas têm sexto sentido. É uma condição natural do ser humano. Quando a sensibilidade se abre, é melhor estudar os fenômenos e procurar adaptar-se. Se a pessoa registra a presença de desequilibrados e não sabe lidar, pode se sentir muito mal.

— É o que acontece com ela durante o sono. Maria Lúcia é sensata, boa, por que eles a atacam?

— Não creio que ela esteja sendo atacada. Ocorre que, quando um espírito aproxima-se de uma pessoa sensível, há uma troca energética entre eles. Se for um espírito doente, perturbado, nessa troca ele se sentirá aliviado e a pessoa começará a sentir o que ele está sentindo.

— Como ela poderá se defender?

— Procurando ajuda espiritual com pessoas capacitadas que possam introduzi-la nessa delicada experiência com segurança.

— Ela vai desenvolver a mediunidade?

— Ela vai educá-la de forma adequada. Assim como você tem o espírito de Marina que a ajuda e orienta, Maria Lúcia fará contato com espíritos elevados que vão instruí-la e ela sentirá um grande bem-estar.

— Marina tem me ajudado muito. Quando a encontro durante o sono sinto-me tão bem que não desejo voltar. Como poderemos ajudá-la?

— Uma vez por semana sentamo-nos para estudar o assunto e receber orientação dos nossos amigos espirituais. As pessoas me procuram pedindo ajuda e, conforme me inspiram, eu as atendo. Estela tem mediunidade de cura e, quando indicado por eles, visitamos doentes, oramos com eles, doamos energias, e Deus tem nos atendido de uma forma ou de outra.

— Foi o que você fez comigo e com Margarida.

— Eu gostaria que você e Maria Lúcia participassem desses encontros. Seria bom para todos nós.

Jacira concordou e, a partir desse dia, elas passaram a reunir-se todas as semanas, estreitando ainda mais os laços de amizade que as unia.

Lídia lhe emprestava livros e a cada dia mais se interessava pelas pesquisas dos fenômenos paranormais e progredia rapidamente. Os pesadelos de Maria Lúcia desapareceram e as mensagens esclarecedoras e elevadas começaram a surgir de seus lábios inspirados.

Jacira sentia-se feliz e os negócios progrediam rapidamente. Ganhando mais, ela pensou que poderia dar mais conforto para a família. Também, era cansativo ter de tomar duas conduções para ir trabalhar.

Margarida insistia para que ela se mudasse definitivamente para o ateliê, mas Jacira não queria deixar a família. Então, decidiu alugar outra casa mais perto do ateliê e mudar-se com a família.

Começou a procurar, mas o aluguel das casas perto do ateliê era muito alto. Sabendo que ela estava procurando casa para alugar, uma cliente ofereceu-lhe uma muito boa, por um preço razoável.

Era uma casa antiga, muito bem conservada, com jardim na frente, boas acomodações para todos e um quintal nos fundos onde havia uma frondosa mangueira que a encantou. Além disso, um ônibus passava perto e em dez minutos a deixaria no ateliê.

Quando ela chegou em casa com a novidade, Aristides pensou no seu emprego. Ele não queria deixar de trabalhar e o bar ficava longe da casa. Geni também não gostou da ideia:

— Não quero sair daqui.

— Por quê? Lá é muito melhor, a casa é maior e mais bonita.

— Não posso mudar. Como os meninos vão nos achar quando decidirem voltar?

Jacira tentou convencê-la, mas Geni não cedia. Então teve a ideia de levá-los para conhecerem a casa. Ao chegarem, Jacira apontou-a dizendo:

— É aqui.

Eles se entreolharam admirados.

— Aqui? — exclamou Aristides admirado.

— O que foi, não gostou, pai?

— É uma casa de luxo!

— É uma casa confortável. Vamos entrar.

Geni estava tão admirada que a voz morreu em sua garganta. Atravessaram o jardim e entraram na sala principal.

Os dois, admirados e pensativos, percorreram a casa toda. Finalmente, Geni conseguiu falar:

— Esse aluguel deve ser alto. Você tem dinheiro para pagar tudo isso?

— Tenho. Já fechei o contrato e nesta semana mesmo vou começar a mobiliá-la.

— E os nossos móveis? — indagou Geni assustada.

— Não vamos precisar deles. A casa possui armários embutidos em todos os cômodos. Tenho algumas economias. O que falta vai dar para comprar.

Aristides ficou calado e foi ver o quintal. Além de uma mangueira imensa, havia alguns canteiros onde o mato tomara conta.

Jacira aproximou-se dele:

— E então, o que achou?

— Aqui dá para fazer uma bela horta.

— Até para cercar um pedaço e fazer um galinheiro, igual ao que minha mãe tinha — interveio Geni admirada.

— Na verdade é uma bela casa... — comentou Aristides pensativo.

— Pai, não se preocupe com o bar. Estou ganhando bem e você só vai trabalhar se quiser.

— Eu gosto de trabalhar.

— Nesse caso, vamos arranjar alguma coisa aqui por perto.

— Está certo — concordou Aristides. — Hoje mesmo falarei com Euzébio.

Satisfeita, Jacira levou Geni para o quarto que seria do casal:

— Vamos comprar uma cama dessas modernas, bem grande — comentou.

Os olhos de Geni brilhavam e ela disse:

— Se fizermos isso vamos gastar mais porque a roupa de cama que temos não vai servir.

— Compraremos tudo novo. A sua cama, você é quem vai escolher.

Foi com entusiasmo que eles voltaram para casa e começaram a arrumar tudo para a mudança.

Eles separaram o que iriam levar, mas Jacira, que já havia comprado tudo que precisariam, selecionou o que levariam de fato.

Quando o caminhão chegou para fazer a mudança, estava tudo pronto. Enquanto eles carregavam, Jacira deixou o pai tomando conta e foi com a mãe e Maria Lúcia esperar na nova casa.

Geni ainda não tinha visto a decoração que Jacira tinha feito e ficou muito emocionada ao entrar. Apesar de tudo, parecia-lhe impossível que aquela casa, dali em diante, seria a sua morada.

Sentia-se atordoada, com medo de que, de repente, tudo aquilo desaparecesse e as coisas voltassem a ser como sempre tinham sido.

Mas Jacira, atarefada, cuidando que colocassem as coisas nos lugares certos, não percebeu. Quando eles terminaram, ela aproximou-se de Geni, que disse:

— Estou meio perdida sem saber o que fazer.

— Seria bom que você fosse para a cozinha preparar alguma coisa. Papai logo estará aqui e estamos com fome.

— Tem razão. Vou ver o que tem na geladeira. O que você quer comer?

— Faça o que quiser. Já fiz as compras.

Geni apressou-se a ir para a cozinha e foi com prazer que abriu os armários, onde já havia uma louça pronta para uso e algumas panelas, tudo novo.

Nesse dia começou para eles uma vida nova. Aristides, já nos primeiros dias, comprou o que precisava e foi cuidar do quintal. Levantava cedo, tomava café e ia preparar os canteiros para plantar.

Geni, desde que se mudara, sentira prazer em arrumar a cama e colocar as almofadas que escolhera sobre os travesseiros. O banheiro, que ficava ao lado do quarto e que era só de uso do casal, ela também fazia questão de limpar.

Geni tornara-se ativa, parecia outra pessoa. Ligava o rádio na cozinha, ouvia as notícias e as comentava com Aristides, que também se tornara um homem bem-humorado e calmo.

Jacira sabia que Maria Lúcia desejava continuar a estudar e procurou um colégio perto da casa. Explicou à diretora que a menina não cursara uma escola formal, fizera o ensino fundamental no pensionato.

Maria Lúcia prestou exame e pôde ser matriculada no primeiro ano do ensino médio, no período da tarde.

Tudo ia bem para a família de Jacira. Os negócios aumentavam a cada dia. Elas estavam conseguindo pagar o empréstimo de Renato com facilidade.

Uma noite, três meses depois de terem se mudado, passava das onze horas da noite quando Jacira chegou em casa.

Os pais já haviam se recolhido, mas a luz do quarto de Maria Lúcia estava acesa.

Ao passar por ele, Jacira abriu a porta e entrou. Maria Lúcia estava sentada em frente à pequena escrivaninha, estudando.

— Tudo bem, Maria Lúcia?

Ela hesitou um pouco, depois disse:

— Não estou me sentindo bem hoje.

— Aconteceu alguma coisa?

— Não. Mas desde cedo estou inquieta, parece que algo ruim vai me acontecer. Sinto arrepios, vontade de chorar. Não sei o que fazer.

Jacira colocou a mão na testa dela e comentou:

— Febre você não tem. Comeu alguma coisa que lhe fez mal?

— O de sempre. Nada de novo.

Jacira calou-se pensativa e sentiu um arrepio desagradável percorrer-lhe o corpo.

— Isso não é seu! — disse séria. — Vamos rezar. Sente-se aqui a meu lado.

Sentaram-se na cama e Jacira segurou a mão de Maria Lúcia:

— Feche os olhos, pense em Deus, vamos orar: Senhor, derrama sobre nós a sua luz, envolve-nos com seu manto de proteção, abençoa-nos, esclarece nossos espíritos e nos dê a sua paz.

Nesse instante, Maria Lúcia começou a tremer e de repente disse chorando:

— Jacira! Ajude-me! Estou sofrendo muito!

Jacira estremeceu e sentiu forte emoção. Procurou controlar-se e respondeu:

— Eu não posso fazer nada, peça a ajuda de Deus. Ele é quem tem o poder de ajudá-lo.

— Ele não vai me ouvir. Eu errei muito. Fui omisso. Não assumi os meus compromissos e agora me sinto perdido.

— Seja lá o que for que você tenha feito, se está arrependido, Deus vai ajudá-lo.

— Estou arrependido, mas isso não basta. Eu preciso corrigir o erro e peço que você me perdoe.

— Você não me fez nada.

— Eu tinha prometido ajudar nossa família e, assim que me vi na carne, esqueci tudo, fugi.

Jacira estremeceu e perguntou:

— Quem é você?

— Neto. Sou o Neto. Preciso de ajuda!

Jacira surpreendeu-se e, chocada, não soube o que dizer. Nesse momento Maria Lúcia estremeceu, abriu os olhos e dizendo aliviada.

— Ele já se foi.

Vendo que Jacira não continha as lágrimas, perguntou:

— O que foi? Por que está assim?

— Você chegou a ver esse espírito?

— Sim. É um homem alto, magro, moreno, testa larga, cabelos escuros, não muito velho.

— É ele! É meu irmão! Meu Deus, ele está morto!

Maria Lúcia abraçou-a:

— Acalme-se, não chore. Pode não ter sido ele.

— Foi sim. Eu senti muita emoção. Por que será que ele foi embora tão de repente?

— Não sei. Mas agora estou me sentindo melhor. Aquelas sensações desagradáveis foram embora com ele.

— Apesar de mamãe ainda ter esperança, ele nunca mais voltará!

— Vai contar a ela?

— Ainda não sei. Talvez seja melhor não lhe dizer nada. Ela sofrerá muito com essa notícia.

— Ele está mal. Além de rezar pela sua alma, o que podemos fazer para ajudá-lo?

Jacira pensou um pouco e decidiu:

— Vamos conversar com Lídia. O espírito de Marina também poderá nos orientar.

— Boa ideia. Estou assustada. Desde pequena vejo espíritos, alguns elevados, outros perturbados. Mas nunca me aconteceu de eles tentarem falar por mim. Foi uma experiência muito forte e desagradável. Senti-me como se eu fosse outra pessoa e, ao mesmo tempo, eu mesma, sem poder impedi-lo de falar. Foi muito estranho.

— Você é médium.

— Nunca me senti assim... Temo que possa acontecer novamente.

— Amanhã mesmo vamos procurar Lídia. Ela saberá nos orientar. Está se sentindo bem agora?

— Sim. Assim que ele se foi, tudo passou. Parece até que nunca senti nada.

— Nesse caso, vou para o meu quarto. Mas se você sentir alguma coisa diferente, pode me chamar.

As duas foram dormir e, apesar de estarem atentas e preocupadas com os acontecimentos, ambas deitaram-se e tiveram uma noite de sono tranquilo.

Na manhã seguinte, Jacira ligou para Lídia e contou-lhe o que tinha acontecido, finalizando:

— Não sei o que fazer. Preciso saber se era meu irmão mesmo quem se comunicou. Maria Lúcia também está assustada. Ela sentiu-se mal e ela teme que ele volte.

— Precisamos conversar. Esta noite, você e Maria Lúcia venham a minha casa. Faremos uma prece, pediremos ajuda espiritual. Ele as procurou e pode ser que possamos receber orientação tanto do espírito de Marina como do meu guia.

— Está certo. Para mim será melhor às oito. Está bem?

— Combinado. Estarei as esperando.

Jacira apressou-se a ligar para Maria Lúcia e pedir-lhe que comparecesse ao ateliê às sete para irem à casa de Lídia.

Apesar de estar muito ocupada com o trabalho durante o dia inteiro, o irmão não lhe saía do pensamento. Imagens da infância lhe ocorriam com clareza, fatos corriqueiros, perdidos no tempo, voltavam com riqueza de detalhes à sua lembrança.

Jacira ficava absorta a ponto de ora Margarida, ora Ester, ter de chamá-la à realidade.

— Você está longe! — disse Ester.

— Parece estar em outro mundo! — brincou Margarida.

Jacira colocou-as a par do que havia acontecido, e Ester considerou:

— O que aconteceu com Maria Lúcia não foi surpresa para mim. Essa menina é muito madura para sua idade. Tenho comigo que é um espírito muito evoluído.

— Sabe que é verdade? Ela deu um jeito em Geni, de uma maneira magistral e inesperada. Sua mãe mudou muito desde que Maria Lúcia foi morar com vocês.

— Desde que a conheci, notei que ela era muito especial e mais evoluída do que o comum. Mas é exatamente por essa razão que estou preocupada. Esse espírito, que pode ser mesmo o Neto, está sofrendo, reconhece que agiu errado. Como é que ele teve poder de envolvê-la contra sua vontade? — indagou Jacira.

— Não sei. Talvez ele tenha tido permissão para entrar em contato com você e essa tenha sido a forma que encontrou para chamar sua atenção — sugeriu Ester.

— É uma hipótese — concordou Jacira.

— Além de conversar com Lídia, por que você não conversa com o doutor Vilares? Ele conhece tudo sobre mediunidade. Garanto que vai lhe dar uma boa explicação para o fato.

— É uma boa sugestão. Aliás, agora que minha vida está mais calma e organizada, tenho pensado em voltar a frequentar seus cursos e levar Maria Lúcia.

— Se você for, vou junto — disse Margarida. — Nunca é tarde para aprender a viver melhor.

As três continuaram conversando um pouco mais até que Dorival chegou e aproximou-se sorridente:

— O que vocês estão tramando desta vez?

Sempre bem-humorado, sua chegada era comemorada com alegria.

— Lá vem você para nos cobrar tudo — disse Ester.

Foi a vez de Jacira dizer:

— Ele tem prazer de nos fazer entender toda a burocracia das leis do nosso país!

— É o jeito para manter uma empresa em ordem, sem problemas com a fiscalização — tornou ele satisfeito.

— Reconheço que você tem trabalhado bem — lembrou Ester. — Reconhecemos seus esforços. Você lida tão bem com os documentos que nós, pobres mulheres ocupadas, não precisamos cansar nossa cabeça com essas barbaridades.

Eles riram e Margarida lembrou-se de que estava na hora do café e convidou-os a acompanhá-la até a copa, onde havia um delicioso bolo que ela fizera antes do início do expediente.

Os olhos de Dorival brilharam de prazer ao dizer:

— Tudo que sai das mãos de Margarida é delicioso. Vamos experimentar essa maravilha.

Jacira trocou um olhar malicioso com Ester enquanto se encaminhavam para a copa.

Elas tinham notado que nos últimos tempos, Dorival, a pretexto de que Marta adorava brincar com Marinho, aparecia no ateliê com a filha e, enquanto ela se entretinha com o menino, ele ficava conversando com Margarida.

Tinham observado também que Margarida mostrava-se mais alegre, ia ao cabeleireiro uma vez por semana, vestia-se mais na moda e emagrecera, tornando-se mais elegante.

Enquanto tomavam café e comiam bolo, elas discretamente notaram a troca de olhares entre os dois. Mas Margarida não mencionara o assunto e as duas, por sua vez, abstiveram-se de mencioná-lo.

Elas gostavam de Margarida e torciam para que ela encontrasse alguém com quem pudesse refazer sua vida. Apreciavam Dorival, mas não quiseram comentar o assunto com ela. Margarida vivia repetindo que estava muito bem assim, não queria perder a liberdade, nem arrumar um padrasto para o filho.

Por esse motivo, Jacira e Ester decidiram esperar e ver o que aconteceria. O interesse dele estava claro e ela dava sinais de que notara que estava sendo admirada. As duas, quando sozinhas, comentavam, torcendo para que ele se declarasse logo, ansiosas para saber o que Margarida lhe responderia.

Jacira e Ester tomaram logo o café e saíram, deixando-os a sós.

— Ele parecia muito entusiasmado. Será que vai ser hoje? — perguntou Jacira sorrindo.

— Espero que sim. Vamos torcer.

Cada uma retomou suas atividades, mas mantinham o pensamento voltado aos dois.

O que elas esperavam não aconteceu. Depois de uma hora, Dorival foi embora com a filha e tudo voltou ao normal.

Faltavam quinze minutos para as oito quando Jacira e Maria Lúcia chegaram à casa de Lídia, onde foram recebidas com o carinho de sempre.

Sentadas na sala, Lídia ouviu Maria Lúcia falar sobre o ocorrido e, quando ela terminou observou:

— Eu sabia que sua sensibilidade iria abrir-se mais, e é hora de você buscar uma ligação mais forte com seu guia espiritual.

— Mas eu não sei quem ele é!

— Mesmo assim ele está ao seu lado. Conforme você for pensando nele, pedindo sua inspiração, mais abrirá a porta para que ele se manifeste.

— Mas eu gostaria de saber seu nome, quem foi ele na última encarnação.

— Não é por aí. Os espíritos superiores só falam o que é mais útil para você. Conhecer quem eles foram ou o que fizeram neste mundo não vai acrescentar nada ao seu progresso espiritual. Eles são discretos. Já os menos evoluídos mentem descaradamente. Adoram falar sobre sua vida passada ou mesmo da vida de quem os está ouvindo, usando nomes famosos, zombando da boa fé e da credulidade dos ingênuos.

— Nesse caso não dá para acreditar no que eles dizem — interveio Jacira. — Como vamos saber se estamos falando com um espírito de luz?

— Os espíritos evoluídos transmitem energias elevadas, não se prestam a atender a curiosidade das pessoas. Depois, o bom-senso nos manda analisar com inteligência o que eles nos dizem e só aceitar o que é bom.

— Lembra-se do Nelson? Certa vez ele me contou que um amigo dele encontrou a mulher com outro e ficou desesperado. Era muito apaixonado por ela e mesmo tendo sido traído não se conformava em perdê-la. Procurou um Centro Espírita e lhe disseram que isso tinha lhe acontecido porque em outra vida ele havia sido muito mulherengo, feito sofrer muitas mulheres e estava sendo castigado. Aconselharam-no a perdoá-la.

— O conselho foi bom. O perdão é sempre melhor do que a vingança. Mas Deus não castiga ninguém. As pessoas gostam de justificar suas fraquezas, culpando a vida pelos seus desacertos, quando, na verdade, esse amigo do Nelson colheu o resultado do que fez. Se agora a vida colocou no caminho dele uma mulher com a mesma fraqueza, foi para que ele experimentasse a mesma infelicidade que provocou nos outros e para que aprendesse a controlar melhor suas sensações.

— Quer dizer que a culpa da traição foi dele? — indagou Maria Lúcia admirada.

— Não se trata de saber de quem foi a culpa. Quem usa os outros em proveito próprio, apenas para satisfazer suas sensações, indiferente ao sofrimento que pode estar provocando, está mostrando a necessidade de passar pelo mesmo processo para aprender.

— E, como estamos aqui para amadurecer, colhemos os resultados de nossas escolhas! — exclamou Maria Lúcia.

— Isso mesmo. Você vê os espíritos desde pequena, o que revela que sua sensibilidade é natural. Até há pouco tempo, mesmo tendo passado por tantos problemas nesta vida, mantinha-se equilibrada — tornou Lídia.

— Sempre senti a presença de espíritos de luz que me protegem, e, apesar de ver ao lado de outras pessoas espíritos sofredores, eles nunca me afetaram. Mas há alguns dias eu estava me sentindo inquieta. Percebia um vulto rondando meus passos, mas não conseguia ver-lhe o rosto. Então, comecei a passar mal. Tentei reagir, mas ele aproximou-se e perdi o controle. Eu estava ouvindo o que minha boca falava, mas não conseguia parar. Foi horrível.

— Ele pediu ajuda dizendo que errou muito, está arrependido e sofrendo. No fim, deu o nome de meu irmão mais velho que foi embora de casa e há muito tempo não dava notícias — explicou Jacira. — Fiquei chocada. Quando me acalmei um pouco e ia conversar mais, ele foi embora. Acha que foi ele mesmo quem deu a comunicação?

— É o mais provável — esclareceu Lídia.

— Eu quero que ele volte para conversar. Não sei o que fazer, se falo com mamãe ou não. Ela espera que um dia ele volte...

— Tenha calma. É melhor esperar um pouco mais para conversar com Geni. Com relação a ele, o que podemos fazer é procurar a orientação dos espíritos amigos e saber como auxiliá-lo. O que aconteceu com você, Maria Lúcia, foi um fenômeno de incorporação. Eu sugiro que façamos alguns testes práticos de mediunidade para saber se foi uma manifestação esporádica ou não.

— Você acha que esse fato poderá repetir-se? — indagou Jacira preocupada.

— É o que precisamos descobrir. Não se preocupe, Jacira. Estela tem essa mediunidade, aprendeu a controlá-la e está muito bem.

— O que posso fazer para isso? Eu não quero mais sentir o que senti.

— Eu e Estela nos reunimos uma vez por semana para estudarmos e entrar em contato com os espíritos.

— Não é perigoso? — indagou Jacira.

— Nós estamos protegidas por espíritos amigos que nos ensinam o que fazer para nos mantermos equilibrados.

— Ernesto me ensinou o quanto é importante controlar nossos pensamentos, ficar no bem para mantermos nosso bem-estar.

— É isso mesmo, Jacira. Você agora disse tudo. Nosso equilíbrio espiritual e físico passa pelo nosso emocional. Quando aprendemos a tomar conta dos nossos excessos, disciplinamos nossas emoções, cultivamos o bem, nossa vida se transforma para melhor.

— Com Ernesto, aprendi a ser mais positiva, a acreditar que podia e merecia viver melhor; desde então, minha vida mudou. Você tem razão ao dizer que somos nós que escolhemos onde queremos estar. Quem escolhe o bem, fica bem. Eu também quero vir todas as semanas com Maria Lúcia para aprender mais sobre a vida espiritual.

— Vai ser muito bom estudarmos juntas. O espírito de Marina está me dizendo que vai participar dos nossos encontros.

— Pergunte a ela se é verdade que meu irmão morreu mesmo e se foi ele quem se comunicou.

— Ela disse que foi ele mesmo e que oportunamente voltará ao assunto.

Os olhos de Jacira marejaram. Ela desejava saber mais detalhes, mas controlou-se. Disse apenas:

— A presença dela tem me ajudado muito, estou certa de que fará o que puder por ele. Eu rezo sempre agradecendo a Deus por ela estar no meu caminho.

— Então está combinado. Todas as quartas-feiras, às oito, nos reuniremos para estudarmos.

Durante o trajeto de volta para casa, Jacira não podia esquecer o irmão. Não comentou nada com Maria Lúcia, tentando demonstrar calma, porém as mais diferentes suposições apareciam em sua mente e ela tentava imaginar qual delas teria de fato acontecido.

Foi para o quarto, mas estava sem sono. Como ele teria morrido? Se foi por doença, por que ele não procurou a família para pedir ajuda? Neto tinha morrido, mas e Jair, onde estaria? Por que não se lembrava da família?

Não podia esperar mais pela volta de Neto, mas se pelo menos Jair voltasse, Geni ficaria mais feliz.

Apesar de ela estar mais disposta, trabalhando sem reclamar, arrumando-se melhor e seu relacionamento com o marido ter se tornado mais cordial, Jacira notava que de vez em quando ela ficava pensativa, triste, com os olhos perdidos em um ponto distante e sabia que ela estava se lembrando dos filhos ausentes.

Sentou-se na cama, fechou os olhos e lembrou-se do espírito de Marina. Orou fervorosamente pedindo a ela que a auxiliasse a encontrar Jair. Pela primeira vez depois que os irmãos foram embora, ela arrependeu-se de nunca ter tentado encontrá-los.

Se eles tinham abandonado a família, sido ingratos com os pais, ela também fora omissa, uma vez que aceitara a situação conformando-se com o abandono, sem nunca haver se interessado em responder suas cartas nas poucas vezes que escreveram.

Apesar de reconhecer a falha, não se recriminava. Naquele tempo, ela também estava alheia, mergulhada na ilusão, alimentando as crenças falsas que tinha aprendido, julgando-se incapaz, pobre, fraca, ignorando todas as coisas boas que já possuía, sem saber que poderia conseguir mais.

Mas agora era diferente. Ela sabia que podia confiar em sua força, em sua capacidade de aprender e progredir. Reconhecia que com Deus no coração, esforçando-se para fazer sua parte com capricho, a vida iria lhe dar o melhor.

Lembrou-se de Jair com carinho. Era com ele que ela se dava melhor. Sentira-se muito só depois que ele também foi embora. Jair tinha sido uma criança muito alegre e o único na família que tinha pensamentos mais positivos.

Pensou nele com carinho e firmou o propósito de fazer tudo que pudesse para encontrá-lo. No dia seguinte, conversaria com Geni para saber se ela teria guardado as duas cartas que ele havia mandado.

Deitou-se, mas apesar de haver tomado essa resolução, demorou para dormir.

Na manhã seguinte, ao encontrar-se com Geni na copa, enquanto tomavam café, Jacira tornou:

— Nos últimos dias tenho pensado em Jair. Será que ele ainda está morando no Sul?

O rosto de Geni entristeceu quando ela respondeu:

— Como poderemos saber? Aquele ingrato nos esqueceu. Faz tempo que não manda nenhuma carta. Mas agora, mesmo que ele quisesse, não tem mais nosso endereço. Por esse motivo é que eu não queria sair daquela casa.

Jacira ficou pensativa durante alguns segundos, depois perguntou:

— Você ainda tem a última carta dele?
— Tenho. Por quê?
— Ele escreveu, mas nunca respondemos. Talvez seja por esse motivo que ele deixou de nos escrever.

Geni suspirou triste:
— Pode ser. Eu tive vontade de responder, mas seu pai estava muito sentido por eles terem nos abandonado e me proibiu.
— Antes eu também pensava dessa forma, mas hoje mudei de ideia. Quero escrever para ele.

Geni olhou em volta, depois disse baixinho:
— Não vai adiantar.
— Por quê?
— Há uns dois anos, mais ou menos, escondido de vocês eu escrevi para ele falando que estava com saudades, pedindo que viesse nos ver e, se não pudesse, que nos escrevesse dizendo como estava. Mas nunca recebi resposta. Talvez ele tenha se mudado e não tenha recebido minha carta.
— Pode ser, mãe, mas eu gostaria de tentar. Pode dar-me a carta dele?

Os olhos de Geni brilhavam quando ela se levantou e respondeu:
— Vou buscar.

Ela saiu e voltou alguns minutos depois com uma caixa nas mãos. Entregou-a para Jacira dizendo:
— Aqui está tudo que nos restou deles.

Jacira abriu a caixa e logo viu que a primeira era de Neto. Sentiu um arrepio percorrer-lhe o corpo e procurou controlar a emoção.

Vendo que ela pegou o envelope e colocou-o de lado, segurando a que era de Jair, Geni indagou:
— E o Neto, você não vai escrever para ele também?
— Vamos ver. Você escreveu para ele também?
— Sim, mas também não obtive resposta.

Jacira apanhou a carta de Neto, notou que fora escrita há mais de quinze anos. Ele contava que estava trabalhando em um hotel onde o salário era pequeno, mas, somado às gorjetas, estava vivendo melhor do que quando morava com a família. Havia mais uma carta que ele enviara dois anos depois, pedindo notícias de todos e dizendo que estava bem.

Jair tinha mandado três cartas. Na primeira comentava que estava adorando Porto Alegre, fazendo boas amizades e trabalhando no escritório de uma empresa. A segunda era parecida com a primeira e a última, datada de dez anos antes, informava que estava se preparando para prestar exame em uma faculdade. Pedia notícias de todos e também que torcessem para ele passar no vestibular.

Jacira colocou as cartas na caixa. O tempo tinha passado e ela não sabia o que fazer para ter notícias. Com receio de que Jacira desistisse de procurá-los, Geni interveio:

— Nós temos o nome do hotel no Rio de Janeiro onde o Neto trabalhou. Mesmo ele não estando mais lá, talvez eles possam nos dar algumas informações.

— Talvez. Assim que eu puder irei até esse hotel. Mas e Jair? Na última carta estava entusiasmado, prestando vestibular. Por que não nos escreveu contando se passou?

— Vai ver que não conseguiu e desanimou.

— Não creio. Esse era um sonho dele desde pequeno. Se ao menos ele tivesse dito em que faculdade era esse exame, talvez pudéssemos encontrá-lo.

— Se ele tivesse passado no exame, seja qual for a carreira, teria se formado. Se isso tivesse ocorrido, ele teria nos escrito.

Jacira suspirou pensativa. Geni tinha razão. Jair teria também morrido como Neto? A esse pensamento, sentiu um aperto no peito. Um já tinha partido, seria tarde demais para encontrar o outro?

Percebendo o olhar triste e preocupado de Geni, Jacira dissimulou a preocupação e disse sorrindo:

— Vou pensar em um jeito de procurá-los.

Geni segurou as mãos dela dizendo com voz súplice:

— Pode não ser fácil, mas, filha, por favor, não desista.

— Não vou desistir. Só preciso descobrir como iniciar essa busca. Preciso ir trabalhar. Depois conversaremos.

Pouco depois de Jacira sair, Geni ficou conversando com Maria Lúcia, falando de quando os filhos eram pequenos e de sua saudade. Ouvindo-a, Maria Lúcia lembrou-se da mãe, uma onda de tristeza a envolveu e ela começou a chorar desesperada.

Assustada, Geni exclamou:

— Por que está chorando dessa maneira? Está se sentindo mal?

De repente, Maria Lúcia levantou-se, olhos muito abertos e disse com voz lamentosa:

— Você se lamenta sem razão. Se eles foram embora a culpa foi sua. Você não soube ser uma boa mãe. Mas eu nada fiz para ser tão castigada. Fui uma boa mãe. Dei-lhe todo meu amor e assim mesmo a vida nos separou.

Geni observava a garota assustada. A expressão do rosto de Maria Lúcia, que estava sempre calma, havia se transformado. Em seus olhos fixos havia um brilho de indignação e ela continuou quase gritando:

— De que adiantou ter me sacrificado tanto? Por amor a ela esqueci de mim mesma. Fiz tudo para fazer o bem, mas não valeu nada. No momento em que ela mais precisava de mim, ele me tirou dela. E agora ainda tenho de suportar a perseguição dele me pedindo perdão. Não adianta rezarem por ele. Não vou perdoá-lo. Não vou mesmo!

Geni tremia sem saber o que fazer. Pensou em sair em busca de ajuda, mas ao mesmo tempo não tinha coragem de deixá-la sozinha.

Apesar de nervosa, Geni resolveu rezar. Certa vez, ainda criança, ela tinha visto um rapaz fazer uma cena parecida, e a mãe dissera que era uma alma do outro mundo e pedira a todos que rezassem para ela ir embora.

Geni começou a rezar, embora seu nervosismo não lhe permitisse sentir as palavras que dizia, e aos poucos Maria Lúcia foi se acalmando. Geni sentiu-se mais calma e continuou rezando.

Maria Lúcia fechou os olhos e calou-se durante alguns minutos. Depois disse com voz suave:

— Obrigada por nos ter auxiliado com suas preces. Que Deus a abençoe.

Suspirou, abriu os olhos e Geni não se conteve:

— Você está bem?

— Ainda estou muito emocionada com a presença de minha mãe e com o que ela disse. Eu não sabia que estava tão revoltada.

— A alma de sua mãe esteve aqui e você diz isso com essa calma? Eu estou muito assustada.

— Não tenha medo, dona Geni. Eu tenho mediunidade. Desde pequena eu vejo os espíritos.

— As freiras sabiam disso?

— A madre superiora sabia. Mas lá eu só os via. Agora eles estão querendo falar com as pessoas através de mim. Foi a primeira vez que vi minha mãe depois que ela partiu. Eles não me deixaram vê-la antes para não me preocupar.

— Jacira sabe disso?

— Sabe. Nós fomos conversar com a dona Lídia. Ela também vê e ouve os espíritos. Estela também é médium.

— Por que não me contaram nada?

— Não sei. Mas a senhora soube o que fazer. Ajudou muito.

— Eu nunca pensei muito nesse assunto, mas depois do que aconteceu acho que chegou a hora de pensar.

— Dona Lídia emprestou-me dois livros. *O Livro dos Espíritos* para estudar e um romance.

— Não sabia que existiam livros de estudos sobre esse assunto.

— Existem, sim. Esse que estou lendo conta o resultado das pesquisas de um professor francês que comprovou a comunicação dos espíritos.

— Sempre pensei que espiritismo fosse coisa de gente sem instrução.

— A senhora está enganada. Há muitos pesquisadores sérios que se empenharam em pesquisar os fenômenos paranormais. Eles dizem que a sensibilidade, que alguns chamam de sexto sentido, é natural em todo ser humano e não tem nada a ver com religião.

— Nunca ouvi ninguém dizer isso! Estou admirada.

— Eu estou feliz de poder estudar esse livro que explica o que está acontecendo comigo e ensina a usar minha sensibilidade de maneira adequada.

— Hoje, quando Jacira chegar, ela vai ter de me explicar direitinho porque nunca me disse nada a respeito.

— Nós combinamos ir uma vez por semana na casa de dona Lídia para estudarmos e fazermos alguns testes práticos.

Geni pensou um pouco, depois respondeu:

— Acho que vou também.

— Vá mesmo. O que aconteceu hoje talvez tenha sido para que a senhora comece a estudar a espiritualidade.

— Não exagere. Eu quero apenas me informar, não me envolver com as almas do outro mundo.

— Todos nós estamos envolvidos com os que partiram deste mundo, mesmo quando não percebemos a presença deles. Eles estão à nossa volta o tempo todo.

Aristides entrou na cozinha trazendo um viçoso maço de cheiro-verde. Seus olhos brilhavam de prazer quando o entregou a Geni dizendo:

— Veja o que eu consegui. Você nunca compraria um maço de cheiro-verde tão lindo e cheiroso como este!

— Está maravilhoso. Vou passar um café bem gostoso. Você merece.

O ambiente estava calmo, os três serenos e alegres, muito diferente da cena que as duas tinham vivido momentos antes.

À noite, assim que Jacira entrou em casa, Geni contou-lhe a novidade e finalizou:

— Você sabia de tudo. Por que nunca me contou nada?

— Nunca conversamos a respeito. Eu não sabia que se interessaria.

— Bom... De fato... Nunca me interessei mesmo. Mas é que eu nunca tinha visto nada. Você precisava ver como o rosto de Maria Lúcia mudou. Parecia mais velha, a voz, apesar de mais grossa, era forte, muito diferente da dela. Fiquei assustada, com medo, senti arrepios, mas quando rezei e percebi que ela estava se acalmando, senti-me forte.

— Você sentiu que agiu de maneira certa.

— Foi. Mas por que será que o espírito dela estava tão revoltado? Falou que estava sendo perseguida por "ele". Quem seria?

— Talvez não tenha sido fácil para a mãe dela partir e deixar a filha tão jovem sozinha no mundo. Não sei quem a estaria perseguindo. Na quarta-feira faremos uma sessão com Lídia, talvez possamos descobrir alguma coisa.

— Eu quero ir com vocês.

— Está bem. Estou bastante interessada em estudar esses fenômenos.

— Você interessou-se por esse assunto por causa de Maria Lúcia?

— Não, mãe. Aconteceram comigo algumas coisas que me deram a certeza de que a vida continua depois da morte do nosso corpo.

— Aconteceu com você o mesmo que com ela?

— Não. As pessoas são diferentes. Eu tive algumas experiências durante o sono.

— Como é isso?

— Quando estou dormindo, meu espírito sai do corpo e vai para outra dimensão.

Geni abriu a boca e fechou-a novamente sem encontrar palavras que expressassem sua surpresa. Jacira sorriu e continuou:

— É verdade, mãe. Nesses momentos, eu encontro o espírito de uma mulher que me protege. Conversamos, ela me leva para outros lugares onde vivem os que morreram.

Geni meneou a cabeça negativamente:

— Como pode ser isso? Você sonha, e os sonhos são sempre confusos?

— Tem razão. Os sonhos podem expressar nossas preocupações e mostrar problemas que normalmente não queremos enxergar. Mas esses que estou falando são especiais. As energias são muito fortes, há um prazer muito grande que não dá para traduzir em palavras. Eu tive aulas com o doutor Ernesto, um especialista no assunto, que me explicou o processo. Não dá para confundir com o sonho comum. As impressões são tão fortes que nunca mais as esquecemos. Quando estamos lá, não dá vontade de voltar.

— Estou pasma! Você passou por tudo isso e nunca me disse nada? Acho que eu nunca conheci você, está parecendo outra pessoa!

— Mas continuo sendo eu mesma. Há coisas que são tão íntimas, tão importantes, que preferimos guardar no coração. Mas começo a pensar que está chegando o momento de compartilhar mais essas descobertas com vocês.

Ela ficou calada durante alguns segundos, segurou a mão de Geni, fazendo-a sentar-se ao seu lado no sofá. Notando que ela a observava com atenção, continuou:

— Nossa vida começou a mudar depois que o espírito de Marina conversou comigo pela primeira vez. Ela levou-me a um lugar maravilhoso e ensinou-me a enxergar a vida de outra forma. Com ela, aprendi que somos nós quem escolhemos nosso caminho e que colhemos o resultado de nossas escolhas.

Notando que Maria Lúcia estava parada do lado, atenta à conversa, pediu-lhe que se sentasse também e contou-lhe detalhadamente tudo quanto lhe acontecera.

Não omitiu o namoro com Nelson nem os motivos pelos quais rompera com ele.

As duas ouviram com interesse enquanto Jacira, com suavidade, discorria sobre suas emoções e sentimentos. Aquele foi um momento mágico de cumplicidade e ternura que elas nunca tinham desfrutado.

Elas não puderam perceber, mas o espírito de Marina estava lá, derramando sobre elas energias de amor e de carinho.

21

Passava das dez quando Jacira chegou em casa. Encontrou Geni na sala e notou logo que ela estava com a fisionomia preocupada.

— Você não me parece bem. Aconteceu alguma coisa?

— Nada demais. É que de repente me deu uma tristeza... Não sei por quê.

— Cuidado com a recaída. Quer voltar a ser como antes?

— Não tenho nenhum motivo para reclamar nem para me sentir triste.

— Mas você não se esquece do Neto nem do Jair.

— São meus filhos. Sinto saudades. Não dá para esquecê-los. Se você tivesse filhos saberia o que estou sentindo.

Jacira colocou a mão no braço dela e respondeu com voz suave:

— Eu entendo. Tenho me esforçado para descobrir o paradeiro deles, mas não consegui nada.

— Faz dois meses que estamos indo às sessões na casa de Lídia. Maria Lúcia tem estado bem.

— Lídia nos disse que a mãe dela foi socorrida e levada para onde deve ficar.

— Estela tem recebido mensagens dos mentores que nos ensinam a ficar no bem. Garantem que tudo que a vida faz é para o melhor. Mas para mim está difícil aceitar isso — tornou Geni.

— Por quê?

— Tenho rezado, procurado fazer o meu melhor, mas não tenho conseguido nada.

— Não diga isso. Deus tem sido generoso com todos nós. Temos saúde, trabalho, vivemos com conforto, nada nos falta.

— Apesar de tudo isso que você diz, eu tenho me perguntado: Por que estou sendo tão castigada? Por que não posso ter notícias dos meus filhos? O que eu fiz para que eles me abandonassem e esquecessem?

Jacira abraçou-a com carinho e respondeu:

— A pergunta certa seria: O que a vida quer me ensinar com isso? Qual é a lição que preciso aprender para que eles voltem a meu convívio?

Geni fixou-a admirada e respondeu:

— Essa situação não me ensina nada. Só me deixa triste e magoada.

— É você que se magoa com a atitude deles. Cultivar a mágoa e a revolta não vai trazê-los de volta. Por que você não tenta pensar neles com amor e desejar que eles, onde estiverem, fiquem bem?

— Como toda mãe, eu os quero aqui, ao meu lado.

Jacira ficou pensativa por alguns instantes, depois respondeu:

— Você não precisa ser como "toda mãe". Talvez seja esse o motivo de eles terem ido embora.

— Como assim?

— Eu sei que você os ama, mas ao entrar no "papel" de mãe, acreditou que deveria fazer tudo para eles. Pelo que me lembro, você era muito apegada, controlava até o que eles pensavam.

— Eu queria o bem deles. Tinha que cuidar para que não se desviassem do caminho certo.

— Você controlou tanto que eles acabaram indo embora.

— Você está exagerando.

— Você fazia isso comigo também. Muitas vezes tive vontade de ir embora.

— Você não faria isso! Você não!

— A pressão que você fazia sobre mim era muito grande. Foi por esse motivo que eles se foram.

— Você está me culpando pela ingratidão deles?

— Não a estou culpando. Você queria saber por que eles nos deixaram.

— Está justificando a atitude deles. Acha certo não darem notícias?

— Não. Eu gostaria muito que tudo fosse diferente. Mas entendo que se eles não nos procuraram mais foi porque não criamos com eles um vínculo de amizade.

— Não concordo. Nós somos uma família. Eles deveriam nos respeitar. Nasceram de mim. Eu os criei, perdi noites de sono, fiz o que pude para que crescessem com saúde. Acho que merecia ser respeitada.

— Mas as coisas não funcionam assim. Você se esquece de que nós somos espíritos encarnados. Já vivemos outras vidas, trazemos necessidades a serem atendidas e potenciais a serem desenvolvidos, que vão além dos costumes e dos modismos da sociedade.

A voz de Jacira estava um pouco diferente, falava com suavidade e ao mesmo tempo com firmeza. Geni não percebeu que o espírito de Marina falava através dela. Sentia-se mexida, emocionada. Jacira continuou:

— Quando Deus reúne espíritos na Terra, formando uma família, o faz visando o bem de todos. Alguns vêm para vencer assuntos mal resolvidos de outras vidas, mas todos, sem distinção, reencarnam para desenvolver o autoconhecimento e aprender como a vida funciona.

— Quer dizer que todos nós já vivemos outras vidas antes dessa?

— Você já sabe que é assim.

— Sei, mas como poderia saber o que eles precisavam? Fiz o que pensei ser melhor. Está me culpando por tê-los amado demais?

— Eu não disse isso. Acontece que ao nascer cada pessoa traz um plano de vida que, se for cumprido, vai fazê-la dar um passo à frente, ser mais feliz. O problema é que você, como a maioria dos pais, tendo esquecido o que aconteceu em outras vidas, deixou-se envolver pelas convenções do mundo e confundiu as coisas. Achou que sabia o que era melhor para eles sem respeitar a vocação que trouxeram e acabou dificultando o progresso que eles vieram buscar.

Geni ficou pensativa. Ela nunca tinha pensado nisso. Lembrou-se de que muitas vezes se forçava para ser durona com eles acreditando que seria para o bem. Começava a pensar que estava errada.

— Acho que fiz tudo errado...

— Não se condene. Você fez só o que pensou ser o melhor naquela época. Mas agora você já sabe mais e poderá agir de maneira diferente.

— Do que vai adiantar? Eles não vão voltar mesmo...

— Pense no que conversamos. Jogue fora suas mágoas. Sinta o amor que mora em seu coração e, quando se lembrar deles, abrace-os com carinho, como se estivessem aqui. Vai se sentir muito bem. Onde eles estiverem sentirão o seu amor.

As lágrimas desciam pelas faces de Geni que não conseguia controlá-las.

Jacira abraçou-a dizendo com carinho:

— Deus a abençoe.

Permaneceram abraçadas enquanto Geni soluçava compulsivamente. Jacira sentiu que fora o espírito de Marina quem estivera conversando através dela e, emocionada, agradeceu em pensamento.

Geni se acalmou e disse sem jeito:

— Não sei o que me deu. Não pude controlar-me.

— É bom desabafar de vez em quando.

— Estou envergonhada.

Jacira sorriu e disse:

— Deveria sentir vergonha do tempo em que se fazia de vítima. Hoje você expressou um sentimento verdadeiro e merece respeito.

Geni suspirou, apanhou um lenço de papel, enxugou o rosto um tanto corado pela emoção e disse:

— O que eu mais quero neste mundo é que os meninos voltem para casa. É só o que falta para que sejamos completamente felizes.

— Não podemos perder as esperanças. Lídia garante que eles ainda vão dar notícias.

— Espero que ela esteja certa.

— Eu confio no que ela diz. Estou cansada. Vou subir, tomar um banho e dormir.

— Seu pai ainda está vendo televisão, mas eu vou para o quarto rezar e pedir para que Deus os traga de volta.

— Deus sabe o que precisamos e nos atenderá na hora certa. Pense neles, sinta o quanto os ama e imagine que os está abraçando. Eles receberão suas energias onde estiverem.

Quando Jacira deitou-se, lembrando-se das palavras de Marina, mentalizou os irmãos. Primeiro imaginou que estava abraçando Neto e lhe mandando vibrações de carinho e alegria, depois abraçou Jair enviando-lhe pensamentos de carinho, pedindo-lhe que desse notícias.

Quando terminou, ouviu perfeitamente a voz de Marina dizendo:

— Faça isso todas as noites enquanto espera.

Jacira agradeceu a ajuda que recebera e deitou-se. Em alguns minutos adormeceu tranquilamente.

Quinze dias depois, quando Jacira chegou ao ateliê, encontrou Margarida à sua espera:

— Ainda bem que chegou. Não aguentava mais esperar.

— Cheguei no mesmo horário de sempre. Aconteceu alguma coisa?

Margarida segurou-a pelo braço e fê-la sentar-se ao seu lado no sofá:

— Aconteceu, sim. Ontem à noite, depois que todos saíram, o Dorival apareceu de surpresa. Veio falar comigo.

— Será que é o que estou pensando? Finalmente ele se declarou?

— Como assim? Você percebeu?

— O brilho dos olhos dele quando a via, os elogios...

— De fato. Há algum tempo eu percebia que ele estava interessado, mas eu não queria me iludir. Uma vez na vida foi o bastante.

— Mas você também está interessada nele.

— Não sei até que ponto. Quando ele está aqui, fico tensa, sinto muito a sua presença. Tenho procurado resistir, mas quando ele chega, fico eufórica.

Jacira riu bem-humorada:

— Confesse que você está apaixonada!

— Não. Eu não quero.

— Mas seu coração diz o contrário.

— Há momentos em que fica difícil resistir. Não quero me iludir e sofrer de novo.

— Ele a pediu em namoro?

— Ele quer se casar comigo.

Jacira bateu palmas com alegria:

— Casamento? Que maravilha! Naturalmente você aceitou.

— Ainda não lhe dei a resposta. Tenho medo.

— De quê? Dorival é um homem maduro, inteligente, instruído, bom pai, carinhoso, honesto, além disso, viúvo. Você estima Marta como uma filha, ela e Marinho se adoram. O que está esperando para dizer sim?

— Você acha mesmo?

— Acho. Se você gosta mesmo dele, não há razão nenhuma para recusar. Penso que serão muito felizes juntos.

Margarida abraçou-a radiante:

— Prezo muito sua opinião. Você é minha melhor amiga. Depois que nos conhecemos, minha vida se transformou. Nunca poderei retribuir o que fez por mim.

— Na verdade, você fez muito mais por mim do que eu por você. Somos mais do que irmãs.

Ester chegou, elas lhe contaram a novidade e ela considerou:

— Eu sabia que ele não ia demorar a se declarar. Finalmente! Agora só resta correr os papéis e marcar a data.

— E eu que pensava que estava sendo discreta... Que vocês não haviam notado nada...

As duas abraçaram Margarida ao mesmo tempo com carinho e alegria.

Quando Marinho chegou do colégio, Margarida conversou com ele sobre o pedido de casamento e finalizou:

— Sua opinião é muito importante para mim. Acha que devemos aceitar?

— Eu sempre quis ter um pai. No colégio todos os meus amigos têm pai, eles vão lá quando tem festa. Se você se casar, ele vai ser meu pai?

— Vai. Ele gosta muito de você.

— Eu também gosto dele.

Marinho beijou a face da mãe e continuou alegre:

— Eu agora tenho um pai! Não sou mais órfão.

Os olhos de Margarida marejaram e ela o abraçou feliz.
— Marta vai ser minha irmã! Que bom! Nós vamos morar juntos na mesma casa?
— Certamente. Seremos uma família completa.
— Não vejo a hora de que esse casamento saia!
Margarida ligou para Dorival convidando-o para vir à noite conversar sobre o pedido.
— Estou ansioso. Não pode me adiantar o que decidiu?
Ela fez uma pausa, depois disse:
— Estou pensando em aceitar.
— Você não sabe como me faz feliz!
— Precisamos conversar.
— Pode esperar.
Uma hora depois, Dorival apareceu no ateliê, com Marta e um buquê de rosas. Vendo-o chegar, Margarida, apanhada de surpresa, corou de emoção:
— Eu o esperava à noite!
Ele beijou-a levemente na face, entregou-lhe as flores dizendo:
— Não aguentei esperar! Ontem ao chegar em casa falei com Marta, que ficou muito feliz com a notícia! Queria que você soubesse.
Jacira abraçou os recém-chegados, felicitando-os pelo compromisso, e sugeriu:
— Por que não vão conversar lá em cima? Vocês têm muito que planejar.
— É verdade. Quero casar o mais breve possível. Nós não somos jovens, temos uma posição definida, não há por que esperar.
Eles subiram e Jacira acompanhou-os com o olhar. Ela também gostaria de encontrar um amor. Desejava sentir essa emoção maravilhosa que causa tanto prazer. Seu relacionamento com Nelson não lhe proporcionara esse sentimento.
Reconhecia que seu aparecimento servira apenas para que ela descobrisse que poderia encontrar alguém que a amasse de verdade. Estava com quarenta e três anos e nunca havia amado. Intimamente se perguntava se aconteceria um dia.
Uma hora mais tarde, Marta desceu e procurou Jacira, rosto corado, olhos brilhantes, e pediu:

— Dona Margarida está pedindo para a senhora e dona Ester subirem.

As duas amigas se entreolharam sorrindo, e Jacira respondeu:

— Nós já vamos.

Minutos depois, quando subiram para a sala de Margarida, elas os encontraram diante de uma bandeja, algumas taças e uma garrafa de champanhe no balde de gelo.

Margarida estendeu a mão direita, onde no anular havia um anel com um belo brilhante, e disse sorrindo:

— Queremos comunicar que estamos noivos.

Abraços, parabéns, votos de felicidade. Em meio às exclamações de alegria, Dorival abriu a champanhe e encheu as taças pedindo que cada um se servisse. Levantou uma e com os olhos brilhantes de emoção disse:

— Hoje é um dia muito feliz. Houve um tempo em minha vida muito triste. Cheguei a pensar que nunca mais sentiria alegria, prazer de viver. Não me julgava capaz de amar de novo. Para mim, a vida havia acabado.

Fez uma ligeira pausa e, notando que todos o ouviam atentamente, continuou:

— Ao me tornar viúvo mergulhei no papel de vítima, olhando a vida de forma pessimista. Vocês me ensinaram que os desafios da vida fazem parte do nosso amadurecimento. Que cada um tem um determinado tempo para viver aqui e terá que partir quando chegar a hora. Com a nossa convivência, tenho aprendido muito.

Ele fez silêncio por alguns segundos, olhou em volta, e prosseguiu:

— Desde o começo, o sorriso amigo de Margarida, sua alegria, fez-me aproximar mais dela. Conhecendo-a melhor, descobri nela todas as qualidades que admiro em uma mulher. Estou feliz por ela ter me aceitado. Juntos, nós quatro, formaremos uma família, onde haverá respeito, entendimento e muito amor. Esses são os meus votos!

— E de todos nós! — tornou Jacira.

— Que sejam felizes para sempre! — desejou Ester.

Margarida tinha permitido que Marinho e Marta também brindassem com champanhe, e eles estavam felizes sentindo-se mais adultos.

Marta, que estava ao lado do pai olhando Marinho ao lado da mãe, disse alegre:

— Nós agora somos irmãos. Como eu sou a mais velha, você terá de me obedecer.

Ele não se deu por achado e respondeu:

— Nada disso. Depois do meu pai, eu serei o homem da casa, e é você quem terá de me obedecer!

— Ninguém vai mandar em ninguém — interveio Margarida. — Cada um vai respeitar o outro e todos vão agir no bem. Dessa forma, estaremos sempre alegres e em paz.

— Já marcaram a data do casamento? — indagou Ester.

— Dentro de dois meses — esclareceu Dorival. — Eu queria antes, mas Margarida acha que precisará de mais tempo para arrumar tudo.

— Eu vou programar essa festa! — exclamou Ester.

— Será uma festa simples — tornou Margarida. — Dorival só tem um irmão que mora no interior e eu só tenho alguns amigos.

— Não importa o número de pessoas. Nós vamos fazer uma festa bem linda! — assegurou Ester.

— Isso mesmo. O acontecimento merece! — completou Jacira. — Tenho um compromisso agora. Um fornecedor chegou e está me esperando.

— Eu também já vou descer — atalhou Margarida.

— Nada disso. Hoje é um dia especial. Vocês precisam decidir todas as coisas. Eu e Jacira daremos conta de tudo. Eu até já aprendi a lidar com as moças da oficina! — disse Ester com orgulho.

— Isso mesmo — concordou Jacira. — Margarida tem o resto do dia de folga. Nós daremos conta de tudo.

Elas desceram comentando o acontecimento. As duas acreditavam que aquele casamento seria muito feliz.

— Só falta você!

Jacira pensou um pouco e depois respondeu:

— Não creio que vai acontecer comigo. Acho que não fui feita para o casamento.

Ester lançou-lhe um olhar malicioso quando respondeu:

— Não acredito! Toda mulher deseja viver essa experiência! Você não é diferente!

— O fato de eu ter lutado muito para abrir caminho na vida e libertar-me do domínio de minha mãe tornou-me muito independente. Não vou aceitar ninguém querer mandar em mim, dizer-me o que devo ou não devo fazer.

— Você está se lembrando do Nelson. Nunca chegou a amá-lo.

— Não mesmo. Nunca conheci o amor.

Ester sorriu, colocou a mão no braço dela, e respondeu:

— Sua hora ainda vai chegar. Você é uma mulher forte, ardente, bonita. Um dia aparecerá alguém que vai se encantar por você e saberá lhe despertar o verdadeiro amor.

Jacira balançou a cabeça pensativa e disse devagar:

— Pode ser, mas eu duvido muito.

O fornecedor já estava esperando há alguns minutos, Jacira foi atendê-lo e logo esqueceu esse pensamento, dedicando-se ao trabalho.

22

Três meses depois, Dorival e Margarida entraram na sala de Jacira. Vendo-os entrar, ela levantou-se e abraçou-os com alegria. Eles estavam voltando do Rio de Janeiro, onde ficaram três semanas em lua de mel.

Depois dos abraços, Margarida perguntou ansiosa:

— E as crianças?

— No colégio. Vocês não avisaram que voltariam hoje. Fizeram boa viagem?

— Ótima. Eu queria ficar mais alguns dias, mas Margarida estava com saudades das crianças, pensando em vocês e no ateliê — informou Dorival.

— A viagem foi maravilhosa! Eu não conhecia o Rio e fiquei maravilhada. Mas meu coração estava aqui, com vocês. Durante a viagem, fizemos muitos planos e eu estava ansiosa para voltar e começar logo. As crianças deram muito trabalho?

— Não. Antes de ir você fez tantas recomendações que eles não quiseram desagradá-la. Levei-os à minha casa e eles gostaram tanto que todas as noites preferiam dormir lá, apesar de que aqui tem mais conforto.

— Não incomodaram sua mãe?

— Que nada. A presença deles fez muito bem a eles. Meu pai até remoçou. Enquanto Maria Lúcia lia e conversava com Marta, meu pai brincava com Marinho. Ensinou-o a plantar, a brincar com o Flip. Eles gostaram tanto que querem pedir-lhes um cachorro parecido.

— Vou subir com as malas. Depois vou sair para falar com o engenheiro — avisou Dorival.

Ele subiu e Jacira abraçou a amiga dizendo:

— Dá para ver que você está feliz.

— Estou mesmo. Muito mais do que esperava. Mas você também me parece mudada. Está mais bonita, olhos brilhantes, com mais vivacidade. Aconteceu alguma coisa?

— Não. Mas eu senti que estava na hora de mudar. Fui cuidar de mim, mudei o cabelo, o penteado, mas o melhor foi que decidi ser uma pessoa feliz.

— Como assim?

— Estou aprendendo a dirigir. Vou comprar um carro.

Margarida admirou-se:

— Você? Não tem medo de sair guiando um carro por esta cidade tão movimentada?

— Eu cansei de andar apertada no ônibus. Nossos negócios estão aumentando a cada dia. Tenho dinheiro guardado. Para que serve esse dinheiro senão para me dar conforto e alegria?

— Você é mais corajosa do que eu.

— Estou tendo aulas desde que você viajou e estou adorando. Na próxima semana vou prestar exame, até já escolhi o carro.

— Que coisa boa! Você merece tudo do bom e do melhor.

— Mereço sim. Tenho trabalhado muito e chegou a hora de usufruir.

Dorival voltou e Margarida lhe contou a novidade, comentando:

— Ela é uma mulher de coragem.

— Você também é — disse Dorival. — Ninguém consegue o que vocês conseguiram sem ousadia e muito trabalho. Para isso é preciso ter coragem. Vou sair, mas volto logo. Estou ansioso para começar a construir nossa casa.

Ele saiu e Jacira perguntou:

— Vocês vão mesmo construir a casa logo?
— Vamos. Dorival concordou em morar aqui até a casa ficar pronta.
— Vou sentir sua falta.
— Estarei aqui todos os dias. Depois, não vamos para muito longe. Estamos negociando a compra daquele terreno que fica perto daqui.
— Eu também, quando puder, pretendo comprar uma casa.

Arlete bateu levemente, entrou e disse:
— Tem dois homens que desejam falar com a senhora.
— Deram o nome?
— Não. Perguntaram se era aqui que trabalhava Jacira da Silva. Eu disse que sim, e eles pediram que a chamasse.
— São fornecedores?
— Não que eu saiba. É a primeira vez que os vejo. São muito elegantes, educados. Posso mandá-los entrar?
— Não. É melhor eu ir até lá saber quem são.
— Eu vou subir e começar a desfazer as malas.

Margarida subiu e Jacira encaminhou-se à porta de entrada. Eles estavam de costas, no balcão da recepção, tomando café. Jacira aproximou-se:
— Boa tarde. O que desejam?

Eles se voltaram e Jacira estremeceu e exclamou admirada:
— Jair?! É você?

Ele a olhava admirado e respondeu:
— Sou eu! Mas você parece outra pessoa! O que você fez?

Ela abraçou-o dizendo emocionada:
— Você não sabe o quanto nós o procuramos. Por que não deu notícias? Onde esteve durante todos esses anos? Como nos encontrou?
— É uma longa história. Este é meu sócio e amigo Duarte.
— Estou encantado em conhecê-la.

Jacira apertou a mão que ele lhe estendia e convidou:
— Vamos até minha sala. Lá poderemos conversar mais à vontade.

Eles a acompanharam e depois de acomodados diante da mesa de trabalho dela, Jair, que não disfarçava a admiração, perguntou:

— Você mudou muito, está tão diferente... Quando fui embora você trabalhava em uma oficina.

— Eu, uma colega de trabalho e mais uma amiga abrimos esta confecção. Assim pude dar mais conforto aos nossos pais.

— Estou surpreso! Imaginei que você fosse ficar a vida inteira como empregada!

— Do jeito que eu era, teria ficado mesmo. Mas mudei minha maneira de olhar a vida e tudo mudou também.

— Quando mudamos por dentro, acabamos mudando as coisas de fora — disse Duarte sorrindo.

Jacira notou que além do sorriso dele ser contagiante, seus olhos eram expressivos e brilhantes.

— Foi isso mesmo que eu aprendi e aconteceu comigo.

— Até parece que você esteve conversando com o Duarte. Ele é mestre nesses assuntos. Como vão os velhos?

— Muito bem. Também mudaram para melhor.

— Mamãe continua preguiçosa, fingindo-se de doente para manipular os outros?

Jacira sorriu e respondeu:

— Não. Hoje está muito diferente. Só o que não mudou foi a tristeza por vocês terem sumido. Ela tem sofrido de verdade por não ter notícias de você e do Neto. Na sua última carta você morava em Porto Alegre e ia prestar vestibular. Conseguiu passar? Fez uma faculdade?

— Não. Estudei bastante, mas não consegui. Então decidi tentar a vida no Rio de Janeiro.

— O Neto também morava lá. Esteve com ele?

— Não. Fui procurá-lo no hotel onde ele trabalhava, porém ele havia deixado o emprego e ninguém sabia para onde ele havia ido. Nunca mais nos encontramos.

— O que aconteceu depois?

— Bom, no Rio tive dificuldade de arranjar emprego. A situação foi apertando e, pressionado pela necessidade, acabei indo trabalhar no cais do porto como carregador.

— Logo você que sempre sonhara ser rico, ter vida boa...

— Foi terrível. Não me acostumei mesmo. Até que apareceu um emprego para trabalhar na cozinha de um navio americano que estava no porto. Aceitei na hora. Durante cinco anos trabalhei nesse navio, aprendi a língua, outros serviços, e acabei fazendo parte da tripulação, tornando-me muito querido do comandante.

Jacira o ouvia emocionada e ele, depois de uma pequena pausa, prosseguiu:

— Era um navio de excursões. Viajava pelo mundo. Conheci outros países, outras culturas, outros povos.

— Até que me conheceu — interveio Duarte satisfeito. — Fiz uma viagem nesse navio e logo ficamos amigos. Também sou brasileiro, cinco anos mais velho do que ele, mineiro, filho de fazendeiros, formado em agronomia. Comecei a trabalhar no Brasil. Mais tarde fui viajar, conhecer outros países. Acabei contratado por uma empresa de tratores americana e fui morar nos Estados Unidos. Sonhava em montar minha própria empresa. Lá, trabalhei muito, formei capital, montei minha empresa. Em uma viagem conheci Jair, ficamos amigos. Percebi logo que ele tinha todas as qualidades para ser um bom administrador e o convidei para deixar o navio e ir trabalhar comigo.

— No começo como funcionário, mas o negócio foi crescendo e há três anos nos tornamos sócios — completou Jair.

— Você não imagina o quanto mamãe sofre por não ter notícias suas. Ainda bem que veio... Aconteceu uma coisa que não tive coragem de contar à mamãe...

Ela hesitou, e ele perguntou:

— O que foi?

Jacira pensou durante alguns segundos, depois decidiu:

— Vou contar-lhe. Preciso dividir esse assunto com você. Temo que Neto não esteja mais neste mundo...

Jair trocou um olhar com Duarte e levantou-se assustado:

— Por que está pensando isso? O que lhe fez suspeitar que ele tivesse morrido?

— Sente-se. Seja como for, vou contar-lhe.

Jacira falou-lhe sobre Maria Lúcia e a comunicação que Neto tinha dado através dela. Quando terminou, notou que Jair estava pálido. Olhou para Duarte dizendo:

— Então ele morreu mesmo! Eu não quis acreditar!

— Eu nunca duvidei! Tenho certeza de que todos continuamos vivos depois da morte.

Jacira olhava-os surpreendida e indagou:

— Você sabia?

— Faz algum tempo que venho sonhando com ele. Tal qual você contou. Ele diz que errou muito, está sofrendo, arrependido. Pedia que eu o ajudasse.

— Não foi um sonho comum. Você esteve com o espírito dele! Eu sei como é porque tem acontecido comigo. Quando durmo, costumo encontrar-me com Marina, um espírito iluminado que tem me ajudado muito.

— Tem razão. Esses encontros astrais deixam uma emoção forte e difícil de ser esquecida — interveio Duarte.

— Quando tinha esses sonhos ficava vários dias só me lembrando deles. Como tenho estado preocupado com a falta de notícias do Neto, pensei que estivesse fantasiando. Acordava angustiado, acreditando que tivesse tido um pesadelo.

— Mas não foi. Enquanto eu tentava ajudá-lo, os espíritos foram mais eficientes. Prepararam essa prova para que você se convencesse. Depois do que aconteceu aqui, não tem mais como duvidar.

— É. Estou arrepiado. Não poderia ter sido apenas coincidência?

Duarte sorriu e respondeu:

— É melhor aceitar a realidade. Você tem mediunidade. Sua sensibilidade se abriu e enquanto não estudar o assunto, aprender a lidar com ela, estará sujeito a ser envolvido pelos espíritos.

— Mas eu não quero saber de nada disso. Não vou estudar nada.

— Se tiver chegado a hora de você conhecer o mundo invisível, não terá como escapar. As provas vão se multiplicar ao seu redor e, quanto mais resistir, mais fortes e convincentes elas vão se tornar.

— Isso é uma imposição.

— Não. É apenas o momento de amadurecer. Dar um passo à frente.

Jair ficou calado, pensativo. Jacira os observava surpreendida. Duarte falava com voz calma, mas havia muita convicção em sua voz. Ela não se conteve:

— Penso como você. Não sei por que as pessoas resistem a aceitar a presença dos espíritos. Não sei se é medo de assumir as mudanças que essa crença provoca ou para não se dar ao trabalho de pensar e ter de reconhecer seus pontos fracos.

Jair fixou-a sério e comentou:

— Você mudou mesmo. Voltou a estudar?

— Conheci um professor que abriu meus olhos para a vida. Ensinou-me que neste mundo ninguém é vítima. Naquele tempo eu culpava os outros pelas dificuldades que enfrentava, sem perceber que estava apenas colhendo os resultados de minhas atitudes. Tanto ele como o espírito de Marina me fizeram acreditar que havia um grande potencial dentro de mim para ser desenvolvido. Então, fui à luta e as coisas começaram a acontecer.

Duarte sorriu satisfeito e tornou:

— As pessoas têm receio de mudar. Na vida nada é estático. Quando o homem quer ficar parado, ela promove a mudança. Quando ele aceita, tudo bem. Caso contrário, conforme a intensidade de sua resistência, a vida o pressiona, apertando o cerco até ele ceder.

Jacira interveio:

— Precisamos dar a boa notícia a mamãe, com cuidado. Vou para casa antes prepará-la.

— Iremos juntos. Você entrará sozinha e fala que vamos chegar.

— Está bem. Estou ansiosa para que ela o encontre. Antes quero apresentar-lhe às minhas sócias. Vamos em seguida.

Ela ligou para Arlete que logo apareceu:

— Peça para Ester e Margarida virem até aqui.

Ester chegou primeiro. Assim que Jacira acabou de apresentá-la, Margarida entrou.

— Esta é Margarida, que, além de sócia, é minha melhor amiga. Meu irmão Jair e seu sócio Duarte.

Margarida não se conteve:

— Você é o famoso Jair? Finalmente apareceu. Sabe que nós quebramos a cabeça tentando descobrir onde você estava? Merece um abraço!

— Pensei que ninguém mais se lembrasse de mim — respondeu Jair sorrindo enquanto a abraçava satisfeito.

— Por onde você andava?

Foi Jacira quem respondeu:

— Enquanto nós suávamos a camisa o procurando, ele estava trabalhando em outro país.

— Como é que nós não pensamos nisso?

A risada gostosa de Margarida deixou o ambiente alegre e descontraído. Ela prosseguiu:

— Agora Geni não vai ter mais o único argumento que ainda sustentava para ser infeliz. O que será dela sem ele?

Todos riram gostosamente. Depois, Jacira disse:

— Nós iremos agora até em casa dar a notícia. Em minha agenda não tenho mais nenhum compromisso para hoje. Mas se alguém vier me procurar, por favor, Ester, atenda.

— Deixe comigo.

— Já vi que não estou fazendo falta — brincou Margarida fazendo bico. — Você agora só pede coisas para Ester.

— Você acabou de chegar de viagem. Está em lua de mel. Mas não perde por esperar. Já que voltou com tanta vontade de trabalhar, tenho uma lista imensa de encomendas de clientes para entregar-lhe. Amanhã conversaremos.

Voltando-se para os dois, Jacira continuou:

— Vamos embora.

Depois das despedidas, eles saíram. Ester havia deixado seu carro com o motorista para levá-los. Durante o trajeto, Jacira, ansiosa, pensava em como dar a notícia aos pais.

Ao descerem diante da casa, Jair gostou do que viu. Diante da porta da entrada Jacira disse:

— Vou entrar. Esperem aqui.

Jacira foi direto à cozinha, onde a mãe preparava o jantar. Vendo-a chegar Geni comentou:

— Veio cedo!

— Papai está em casa?

— Não. Foi visitar Euzébio. Quando vai lá nunca volta cedo.

— Mãe, vamos nos sentar na sala. Tenho uma boa notícia para lhe dar.

Depois de acomodadas, uma ao lado da outra no sofá, Jacira disse:

— Finalmente tive notícias do Jair.

— Verdade? Ele está bem?

— Está muito bem.

— Por que demorou tanto para aparecer? Onde ele tem andado esse tempo todo?

— Calma, mãe. Ele andou trabalhando em um navio de turismo, viajava muito. Mas agora está voltando.

— Como soube?

— Ele nos procurou. Descobriu nosso endereço novo.

— Onde está ele? Quero vê-lo. Não o deixe sumir novamente.

— Ele não vai sumir. Apareceu no ateliê hoje à tarde.

— E você não o trouxe aqui?

Geni levantou-se e agarrou as mãos de Jacira:

— Leve-me até onde ele está. Pelo amor de Deus!

— Procure se acalmar. Ele veio comigo, está esperando na porta.

— Veio? Está aqui, por que não entrou?

Sem esperar pela resposta, Geni correu para a porta, abriu-a e vendo o filho abraçou-o soluçando. Muito comovido, Jair apertou-a de encontro ao peito, sem saber o que dizer. Não esperava ser recebido daquela forma. Geni nunca demonstrara seus sentimentos, estava sempre apática, indiferente.

Aos poucos, foi se acalmando. Jacira pediu:

— Vamos entrar.

Geni continuava abraçada ao filho, distanciava-se um pouco, olhava-o embevecida e voltava a abraçá-lo. De fato, Jair ganhara corpo, estava bonito, bem cuidado, elegante.

Duarte entrara e os observava satisfeito. Jacira insistiu:

— Venha, mãe, vamos entrar e conversar.

Só então Geni notou a presença de Duarte. Depois de apresentá-lo, Jacira acomodou-os na sala.

Geni sentou-se ao lado do filho, crivando-o de perguntas, sem dar-lhe tempo para responder:

— Como pode fazer isso comigo? Não sabe como fiquei angustiada sem saber onde estava! Veio para ficar, não é mesmo? Chega de andar pelo mundo. Você passou no vestibular? Já se formou?

Jair, sem saber por onde começar, olhou para Jacira, que segurou o braço de Geni, chamando sua atenção:

— Mãe, você não está dando tempo para ele responder. Calma... Ele vai contar-nos tudo.

Vendo que ela não conseguia controlar a ansiedade, foi buscar um copo de água:

— Beba, mãe. Se você não se acalmar, ele não vai poder dizer nada.

Ela tomou alguns goles, depois tornou:

— Vou ficar calada, pode falar.

Jair relatou como fora sua vida desde que saíra de casa e finalizou:

— Bem, no início escrevi duas cartas, mas não recebi resposta. Então, pensei que não tinham interesse em saber de mim e não escrevi mais.

Geni olhou-o triste:

— Eu nunca deixei de sentir sua ausência e do Neto. Sofri muito pensando que vocês não me amavam como eu os amava.

Ele ia responder, mas ela não lhe deu tempo. Meneou a cabeça dizendo:

— Eu sei que você vai dizer que eu nunca demonstrei o quanto lhes queria bem. É verdade, naquele tempo eu pensava que uma boa mãe precisava ser durona, impor-se para ser respeitada. Eu fui a culpada por vocês irem embora. Pode dizer. Eu assumo minha culpa.

— Você não teve culpa. Na época fez o melhor que sabia. Eu é que não me conformava em viver naquela pobreza. Papai desempregado, Jacira se esforçando para nos ajudar. Saímos de casa para procurar uma vida melhor. Aqui tudo estava difícil. Eu sempre acreditei que tinha condições de melhorar de vida. Sabia que teria de estudar, esforçar-me. Foi o que fiz. Hoje posso dizer que progredi, estou bem, mas ainda quero melhorar.

— Para tentar melhorar de vida vocês não precisavam sair de casa. Jacira conseguiu e vocês também conseguiriam.

— Pode ser. Mas o ambiente de casa não era dos melhores. Você reclamando, papai desanimado, Jacira sem alegria nem motivação. Chegou um momento em que eu não suportei mais. Sentia-me sufocado, sem rumo, precisava respirar.

— E você ainda diz que eu não tenho culpa! Se eu tivesse sido diferente, mais compreensiva, me posicionado melhor, vocês não teriam saído daqui.

— Mãe, nós agimos de acordo com o que pensávamos naquela época. Hoje estamos mais esclarecidos, mais maduros, aprendemos com nossas experiências. Vamos esquecer o que passou. Nossa vida melhorou e podemos ser mais felizes daqui para a frente.

Geni pensou um pouco, depois disse sorrindo:

— Está certo. O passado acabou. Vamos pensar no futuro.

— Isso mesmo.

Maria Lúcia apareceu na sala e Jacira pediu:

— Maria Lúcia, venha conhecer Jair e Duarte.

Depois das apresentações, Maria Lúcia disse:

— Eu vim avisar que o jantar está pronto.

Geni levantou-se:

— Meu Deus! Esqueci completamente do jantar. Vocês devem estar famintos.

— Não se preocupe, dona Geni. Eu cuidei de tudo como a senhora gosta.

— Nesse caso, vamos comer. Estou morrendo de fome — tornou Jacira, levantando-se e convidando-os para a sala de jantar, onde Maria Lúcia já havia arrumado a mesa com capricho e bom gosto.

Foi com prazer que se sentaram, sentindo o cheiro gostoso da comida, notando o carinho com que Maria Lúcia havia disposto as travessas.

A conversa fluiu alegre, principalmente depois que Jair avisou que tinha voltado ao Brasil para ficar.

23

Passava das dez quando Aristides chegou em casa carregando uma bandeja de salgadinhos que Euzébio mandara para Geni. Ele sabia que ela reclamava quando ele se demorava no bar e desejava agradá-la, uma vez que gostava muito de receber o amigo e recordar o tempo em que tinham trabalhado juntos.

Logo que entrou estranhou as luzes acesas e o ruído de conversa animada que acontecia na sala. Curioso, foi até lá. Vendo-o parado na porta, Geni, sentada ao lado de Jair no sofá, levantou-se:

— O Jair voltou!

Ele abriu a boca, fechou-a de novo, e, emudecido pela surpresa, continuou parado com o pacote nas mãos.

Geni insistiu:

— É ele mesmo. Jair voltou para casa e veio para ficar.

Percebendo a perplexidade do pai, Jacira aproximou-se dele, livrou-o do pacote enquanto Jair, em pé, abriu os braços dizendo:

— Não vai me dar um abraço?

Aristides estendeu os braços e Jair o abraçou emocionado. Ele nunca tivera para com o filho um gesto de carinho.

Seu pai dizia sempre que um homem não chora, que demonstrar sentimentos era coisa de mulher. Ele e Geni reprimiam os sentimentos.

Jair tinha um temperamento carinhoso. Quando pequeno tentara manifestar seu afeto, mas foi repreendido e dali para a frente teve receio de expressar seus sentimentos.

Ele se preparara para visitar a família, pensando encontrar a mesma situação a que estava habituado. Mas com surpresa percebeu que eles tinham mudado. O prazer dessa descoberta foi tanto que ele se sentia feliz por ter regressado. Por esse motivo, abrira os braços para o pai, manifestando sua alegria.

Depois do abraço, Aristides, sem jeito, por ter se emocionado diante de todos, estava embaraçado.

Jair notou e procurou agir com naturalidade, segurou o braço dele:

— Venha, pai, quero que conheça meu amigo e sócio, Duarte.

Aristides estendeu a mão:

— Aristides Silva. Muito prazer.

— Gilson Duarte, o prazer é meu.

Jacira convidou:

— Vamos nos sentar e continuar nossa conversa. Venha, pai, sente-se aqui ao lado do Jair.

Vendo-os acomodados, ela continuou:

— Sabe pai, ele tem muitas coisas interessantes para nos contar. Trabalhou em um navio de turismo durante cinco anos e conheceu muitos países.

Aristides olhou-o admirado. Ele sempre sonhara viajar, conhecer o mundo, mas não imaginava que isso fosse possível. Não se conteve:

— Como foi que conseguiu isso tudo?

— Trabalhando. Estava no Rio de Janeiro procurando emprego. O dinheiro acabou e fui trabalhar no porto.

— Fazendo o quê? — indagou ele.

— Carregando sacos. Mas eu sabia que seria por pouco tempo. Então soube que o capitão de um navio de turismo estava contratando pessoas, fui atrás. Aceitei tudo que ele propôs. O salário era pequeno, mas tinha acomodação e comida, além de muitas possibilidades de melhorar.

Duarte interveio:

— Eu fiz uma viagem nesse navio e, quando o conheci, ele já era o preferido do capitão e dirigia toda parte administrativa do navio. Era tão eficiente que o convidei para trabalhar na minha empresa. Isso faz algum tempo. Agora somos sócios.

— Sócios! — exclamou Aristides admirado.

— Sócios — confirmou Duarte. — Formei-me em agronomia e trabalhamos com fertilizantes.

Aristides estava fascinado.

— Sempre gostei dessa área. Se tivesse tido condições de estudar, teria me formado nessa profissão.

— Gosto muito do que faço. É gratificante ajudar a natureza a multiplicar seus frutos, preservando a qualidade.

Os demais olhavam surpreendidos para os dois que se entrosaram na conversa, continuando o assunto com interesse. Aristides fazia perguntas e Duarte respondia com prazer.

Jair aproximou-se de Jacira dizendo baixinho:

— Isso eu nunca poderia esperar. Desde quando ele se interessa por agronomia?

— Não sei. Mas desde que nos mudamos para cá ele tem se dedicado a plantar. Transformou nosso quintal. Fez uma horta, plantou flores e passa trabalhando lá todo tempo livre.

Maria Lúcia aproximou-se de Jacira:

— Vou à cozinha passar mais um café e buscar mais algumas fatias de bolo.

— Faça isso.

Ela se foi e Jair comentou:

— Onde você encontrou essa preciosidade?

Jacira sorriu:

— Ela apareceu em nossa vida em boa hora. Mamãe melhorou muito depois que ela chegou. Eu a adoro.

— Além de tudo é linda! Parece um anjo.

Jacira meneou a cabeça negativamente:

— Cuidado, Jair. Maria Lúcia é para mim como uma filha.

— Não falei por mal.

Jacira olhou nos olhos dele e perguntou:

— Como vai sua vida amorosa? Você se casou, vive com alguém?

— Não. Apaixonei-me algumas vezes, mas nada que me fizesse pensar em casamento. Sempre que pensava nessa possibilidade, lembrava-me da nossa família e desistia. Não queria aquela vida para mim.

Jacira não conteve o riso. Ele perguntou:

— E você, casou-se?

— Antes ninguém me queria, depois que eu comecei a me cuidar, apareceram alguns pretendentes. Tive um namorado, mas quando descobri que ele desejava que eu deixasse de trabalhar e queria mandar em mim, desisti. Até hoje, nunca amei ninguém.

Jair olhou-a de alto a baixo, depois disse malicioso:

— Não sei o que você fez, mas se transformou em uma mulher linda, elegante, charmosa. Qualquer hora vai aparecer alguém e você vai se apaixonar.

Ela riu satisfeita.

— Será? Não conto mais com isso.

Jacira foi até a cozinha e Jair foi junto. Aproximou-se de Maria Lúcia dizendo:

— Há quanto tempo você mora aqui?

— Vai fazer três anos no mês que vem.

— Já? O tempo passou depressa — comentou Jacira. — Vamos colocar o bolo naquele prato novo.

— Sei qual é.

Enquanto Maria Lúcia foi buscar o prato, Jair tornou:

— Olhando para ela, lembrei-me do Neto. Nunca pensei sobre o que acontece depois da morte. Será mesmo que continuamos a viver em outro lugar? Parece impossível!

— Por quê? Tudo neste mundo é natural. A realidade que conseguimos perceber é quase nada. O mundo invisível é maior do que supomos.

— Pode ser. Mas para acreditar que a vida continua, precisamos de provas.

Maria Lúcia dispunha as fatias do bolo no prato, quando olhou para Jair dizendo com voz firme:

— As provas estão à nossa volta. Mas é preciso ter olhos de ver e ouvidos de ouvir.

— O que quer dizer?

— A vida só revela seus segredos para quem busca com sinceridade e está pronto para saber a verdade.

— Acredita mesmo que meu irmão morreu e se comunicou por você?

— Não sei se foi seu irmão. Mas tenho certeza de que era alguém que morreu e está arrependido das coisas que fez. Sente-se impotente para se redimir de seus erros. Então concluí que é melhor refazer nosso caminho enquanto estamos vivendo aqui.

Jair admirou-se:

— Diz isso com essa calma? Se fosse comigo estaria com muito medo.

Maria Lúcia sorriu levemente e respondeu:

— O fato de terem morrido não os torna melhores nem piores do que quando viviam aqui. Continuam as mesmas pessoas.

Ela coou o café, colocou as xícaras na bandeja e voltou à sala. Antes que Jacira a acompanhasse, Jair perguntou:

— Ela parece uma menina. Quantos anos tem?

— Dezenove. É um espírito muito lúcido. Eu não saberia precisar quantos anos ela de fato tem.

— Estou arrepiado. Você fala de um jeito!

Jacira riu e comentou:

— Depois vamos conversar sobre reencarnação.

— Você parece o Duarte! Ele vive falando de vidas passadas. Para mim não parece viável.

Voltaram para a sala e Geni estava sozinha no sofá.

— Onde eles estão? — indagou Jair.

— No quintal. Tide foi mostrar a ele suas plantas. Não pararam de conversar.

Jair trocou um olhar com Jacira como a perguntar como seu pai teria mudado tanto. Ela fê-lo sentar-se a seu lado no sofá:

— Tem uma coisa que preciso lhe dizer. As pessoas, quando querem mudar as coisas para melhor, tentam controlar os acontecimentos à sua volta, fazendo as mesmas coisas, pensando da mesma forma, e conseguem o mesmo resultado. É preciso agir de forma diferente. O que funciona é a mudança interior.

— De que forma?

— Nossa cabeça está cheia de falsas crenças, nós escolhemos por meio delas. A verdade no seu espírito é muito maior do que você imagina. O segredo está em valorizar suas qualidades e melhorar seus pontos fracos. Só quando você muda por dentro, consegue mudar as coisas de fora.

— Você está dizendo que mudou por dentro e nossos pais melhoraram? Simples assim?

— Foi o que aconteceu. Tornei-me mais otimista, acreditei mais em mim e na vida, joguei fora a depressão, a revolta, o vitimismo. Fiquei melhor. Eles, tanto quanto eu, estavam vivendo no círculo vicioso das crenças erradas, aprendidas de pessoas que também as aprenderam com os outros. Aos poucos, fui plantando minhas novas ideias, eles entenderam e deu certo. Foi o que aconteceu.

— Você foi melhor do que eu ou o Neto. Nós fomos embora, mas não foi por falta de amor aos nossos pais.

— Vocês não tinham experiência. Fizeram o que acharam melhor. Eu muitas vezes também tive vontade de abandonar tudo e ir embora. Foi o carinho de um espírito amigo quem me ajudou a acordar e ter forças para reagir. Sem a ajuda do invisível, eu não teria conseguido.

— Como foi isso?

Jacira contou-lhe suas experiências com o espírito de Marina, sua amizade com Ernesto, e finalizou:

— Quero que o conheça. Ernesto é maravilhoso. Tem sido meu conselheiro desde o início.

— Nós morávamos em Nova York e lá há vários professores de autoajuda. Duarte é amigo de um deles e muitas vezes convidou-me a assistir suas aulas. Fui algumas vezes. Eles ensinam o óbvio. Nada mais do que isso.

Jacira pensou um pouco e respondeu:

— Apesar disso a gente não vê. Foi depois que assisti às aulas de Ernesto que comecei a enxergar o óbvio.

Eles riram e Jair considerou:

— Por que será que temos tanta dificuldade para mudar nossas crenças?

— Penso que seja o hábito. Quando aceitamos uma crença, mesmo que seja errada, fazemos tudo para reforçá-la.

Condicionamos mudança com insegurança. Contudo, alguém já disse que a segurança está na mudança.

Jair olhou-a admirado:

— Nunca imaginei que você fosse tão inteligente. Devo dar a mão à palmatória.

— Todos somos inteligentes. Nosso espírito é inteligente. Mas minha maneira de olhar a vida bloqueava e impedia a manifestação do meu espírito.

Aristides e Duarte voltaram à sala conversando animadamente.

— Está na hora de irmos — lembrou Jair.

Duarte olhou a hora e admirou-se:

— Não sabia que era tão tarde.

Geni aproximou-se de Jair:

— Pensei que vocês fossem ficar aqui.

— Não, mãe. Estamos no hotel. Vamos chamar um táxi e ir embora.

— Não quero que você vá...

Jair sorriu:

— Não se preocupe. Viemos para ficar. Teremos muito trabalho pela frente. Vamos organizar nossa empresa aqui.

Depois de mais um café com bolo, eles se despediram. Uma vez no táxi, Duarte tornou:

— Essa não é a família que você disse que tinha. Seu pai é um homem inteligente, bem-humorado, sua mãe amável, alegre, e sua irmã, então, é uma mulher linda, lúcida, que sabe o que quer da vida. Você era cego mesmo!

— Eu não soube enxergar o que havia por trás daquela imagem aparente que eu conhecia. Jacira foi mais arguta do que eu.

— É assim mesmo. Nós criamos imagens das pessoas, acreditamos no que parecem, sem vê-las como realmente são. Tem razão com relação a sua irmã.

— Antes assim. Sinto-me feliz por ter voltado. Há momentos que Jacira fala igual a você. Acredita em vidas passadas, em espíritos, é amiga de um professor de autoajuda, teve aulas com ele. Além de você, agora tem ela para colocar essas ideias em minha cabeça!

— Vamos ver se depois disso você vai enxergar o que estamos querendo lhe mostrar.

— Amanhã vamos encontrar com nossos contatos e ver se fechamos o negócio.

— Está tudo acertado. Falta só assinarmos o contrato. As condições são boas para ambas as partes, como deve ser. Não creio que eles voltem atrás.

— Eu só acredito depois que tudo estiver regularizado.

Duarte riu bem-humorado e respondeu:

— Dá um friozinho na barriga, sei como é isso. É a primeira vez que você assume essa responsabilidade.

— É, dá, mas ao mesmo tempo é uma sensação de vitória, de conquista...

— Sei como é. Amanhã até o fim da tarde teremos tudo concluído. Depois, vamos procurar um lugar para morar. Estou cansado de viver em um hotel.

— Vamos alugar um apartamento e dividir as despesas.

— Será melhor. Mas agora bateu o cansaço. Quero me esticar na cama e dormir. Eu não consigo dormir em avião. Já você, dorme mesmo.

— Mas é um sono leve que não descansa. Também estou moído. Além disso, abusei daquele bolo da mamãe. Tinha me esquecido de como é bom.

O táxi parou em frente ao hotel, eles desceram, entraram, apanharam a chave e foram imediatamente para o quarto, onde se prepararam para dormir.

Jair deitou-se, mas, apesar de cansado, não dormiu logo. As emoções inesperadas daquele dia o deixaram sensibilizado. Durante aqueles anos, muitas vezes pensara em voltar para casa. Só não o fizera por recordar-se de como era difícil a vida em família.

Apesar disso, nos primeiros tempos sentira saudades, escrevera algumas cartas. Magoou-se por não ter recebido resposta. Procurou sepultar as lembranças e seguir adiante, reprimindo os sentimentos, tentando aceitar a falta de amor dos seus.

Encontrou em Duarte um verdadeiro amigo. Desde que o conheceu, aprendeu a admirá-lo por seus sentimentos nobres, pela sua maneira de enxergar a vida, sua elevação de espírito. Ele ensinou-o a olhar as coisas de uma forma melhor, desenvolveu a sua autoconfiança. Redescobrir o amor de sua família foi para ele uma grata surpresa. Sentia-se feliz e de bem com a vida.

Duarte deitou-se, dormiu logo. Sonhou que estava em uma sala de estar, muito bem-arrumada, de estilo clássico antigo, olhou em volta e viu uma linda mulher sentada em uma poltrona.

Ele estremeceu e correu para ela exclamando:

— Marília! É você! Finalmente você veio!

Ela levantou-se, abraçou-o com carinho e ele sentiu o perfume gostoso que vinha dela.

— Faz tempo que você não me visitava! Pensei que tivesse me esquecido.

Ela sorriu com suavidade e respondeu:

— Você sabe que está em meu coração. Vim para dizer--lhe que você encontrou seu caminho e será muito feliz. Eu vou voltar por meio de você. Estaremos juntos de novo. Vai dar tudo certo.

Gilson acordou ainda ouvindo suas últimas palavras e sentou-se na cama emocionado. Ela ia voltar, teria ouvido bem?

Ainda estava sentindo o perfume dela e a maciez de seus braços carinhosos. Levantou-se, tomou um copo d'água e deitou-se de novo pensando em sua vida.

Filho de um rico fazendeiro de Minas Gerais, ainda muito jovem, Gilson apaixonou-se por Marília, uma linda moça da alta sociedade mineira, e foi correspondido. Ficaram noivos, fizeram projetos, pretendiam casar-se assim que ele terminasse a faculdade de agronomia. Mas esse casamento nunca se realizou. Vitimada por uma pneumonia, Marília veio a falecer.

Desesperado, Gilson não conseguiu aceitar a morte de sua amada. Entregou-se ao desânimo e seus pais tentaram, sem obter êxito, que ele retomasse a alegria de viver.

Os amigos tentavam interessá-lo novamente na vida, mas ele a cada dia ficava mais triste. Quando as lembranças se tornavam muito dolorosas, Gilson ia ao túmulo de Marília, levando as flores das quais ela tanto gostava.

Várias vezes, familiares e amigos davam pela sua falta e o encontravam lá, ajoelhado no túmulo, olhos perdidos no vazio, mergulhado na sua dor.

Certo dia, um de seus amigos aconselhou-o a procurar a ajuda do médium Chico Xavier na cidade de Uberaba, afirmando que a vida continua depois da morte, que Marília continuava viva no outro mundo e que a atitude dele não aceitando sua partida a estava fazendo sofrer.

Foi tão insistente que Gilson decidiu ir até o médium na casa humilde, onde ele atendia a todos com carinho. Quando chegou estava anoitecendo e a pequena sala estava lotada. Havia muitas pessoas conversando entre si, algumas falando da dor da perda de um ente querido, outras relatando suas experiências naqueles encontros.

Ao fundo, uma mesa grande, vários livros, papel, lápis, e pessoas sentadas ao redor. Cadeiras dispostas em fileiras para os visitantes. Gilson entrou em silêncio, sentou-se em um canto e esperou.

Em seu pensamento emocionado, as lembranças de Marília reapareceram com força e ele tentava conter as lágrimas.

Não conversou com ninguém, olhou em volta, nenhum conhecido. Ele pensou: "Marília, preciso saber se você está viva, fale comigo de alguma forma. Não estou aguentando pensar que nunca mais vou vê-la!".

Uma porta nos fundos da sala se abriu e Chico entrou. Mulato, lábios grossos, sorriso largo, sentou-se ao redor da mesa. As pessoas o olhavam com esperança e alegria e ele indicava as pessoas que falariam sobre *O Livro dos Espíritos* enquanto ele psicografaria, respondendo às consultas das pessoas cujos nomes estavam nos papéis à sua frente.

O silêncio se fez e depois de uma prece de um dos presentes, ele segurou o lápis e começou a escrever vertiginosamente enquanto um rapaz ao lado o auxiliava virando as folhas.

O tempo foi passando, as pessoas se revezando na palestra, até que, horas depois, o médium deixou o lápis cair. Foi feita uma prece de agradecimento. Ninguém se levantou. Chico, bem-disposto, conversava com as pessoas à sua volta. Ao mesmo tempo, um rapaz apanhou as folhas de papel na caixa onde o médium as colocara e foi chamando os nomes das pessoas e entregando as mensagens.

— Senhor Duarte. Está presente?

Como não obteve resposta, repetiu:

— Senhor Gilson Duarte, encontra-se no recinto?

Arrancado dos seus pensamentos, tremendo de emoção, Gilson levantou e aproximou-se dele:

— Sou eu.

O rapaz estendeu-lhe algumas folhas de papel dizendo:

— Esta mensagem é para o senhor.

Com as mãos trêmulas ele segurou as folhas com emoção. Uma senhora comentou:

— O senhor foi mais feliz do que eu. É a terceira vez que eu venho e ainda não recebi nada.

Gilson voltou ao seu canto, abriu os papéis e leu:

Meu querido Gilson. Estou feliz por poder dizer-lhe que a morte não é o fim. Eu continuo viva! Tive de partir tão jovem, no momento em que sonhava poder viver para sempre ao seu lado. Foi difícil de aceitar. Mas hoje sei que a vida faz tudo certo. Um dia entenderá isso. Não se revolte. Não chore mais. Sofro vendo sua tristeza. Preciso seguir meu destino e desejo que você siga o seu. Vamos viver com alegria. Aproveite a oportunidade que a vida está lhe oferecendo para se tornar uma pessoa melhor. Um dia estaremos juntos de novo. Jesus o abençoe, da sempre sua — Marília.

Emocionado, Gilson releu a mensagem várias vezes. Notou que o médium se despedia dos amigos. Com olhos molhados, foi até ele e aproximou-se com a mensagem nas mãos. Chico, que ia se afastar, vendo-o parou. Rapidamente Gilson segurou a mão do médium e beijou-a agradecido. Chico apertou a mão dele e beijou-a também. Depois o abraçou com carinho dizendo:

— Marília! Que linda ela é!

Mesmo depois de tanto tempo decorrido, Gilson sempre que se recordava daquela noite emocionava-se. Foi assim que ele teve certeza de que a vida continua.

Depois dessa noite, interessou-se em conhecer o Espiritismo e sempre que podia ia a Uberaba assistir às reuniões de Chico Xavier. Leu seus livros, fez campanhas para os pobres a que ele assistia com seu grupo e levou seus pais para conhecer o trabalho dele.

Quando estava lá, ficava por perto ouvindo os casos que o médium contava, os ensinamentos que distribuía nas suas conversas bem-humoradas e voltava para casa mais animado.

Pensava no Chico sempre com gratidão e desejava que onde ele estivesse fosse muito feliz.

Aos poucos retomou sua vida, terminou os estudos, mas não quis trabalhar na fazenda com o pai, conforme o desejo dele. Sentia necessidade de viajar, aprender, construir uma vida melhor conforme Marília lhe havia pedido.

Foi para os Estados Unidos contratado por uma empresa de tratores, onde ficou durante alguns anos. Formou um capital e montou sua própria empresa de insumos e fertilizantes para a lavoura.

Prosperou, a empresa cresceu. Conheceu Jair, gostou dele, reconheceu que tinha potencial, contratou-o. Tornaram-se amigos. Ensinou-lhe tudo que sabia uma vez que ele mostrou interesse, empenhava-se em aprender. Além de amigo, tornou-se seu homem de confiança.

Um dia Gilson sentiu que estava cansado de viver fora do Brasil. Sentiu saudades da comida, da música, das coisas que só encontrava no seu país, então decidiu voltar.

Sua irmã Janice tinha se casado, era mãe de dois filhos e ele só os conhecia em breves momentos quando passava alguns dias visitando a família.

Decidiu montar a fábrica no Brasil e propôs sociedade a Jair. Ele não tinha capital, mas Gilson emprestou-lhe o necessário para que ele pagasse conforme o negócio fosse crescendo. Jair aceitou. Fizeram o projeto e tomaram as providências para realizá-lo.

Desde que recebera a carta de Marília, Gilson pedia a Deus que lhe permitisse encontrar-se com ela durante o sono. Sabia dessa possibilidade. Mas só naquela noite ele havia conseguido. A sensação forte de tê-la abraçado não lhe saía do pensamento.

Suas palavras cheias de carinho repetiam-se em sua mente e ele procurava descobrir o que elas queriam dizer.

Pensando nisso, lembrou-se dos compromissos do dia seguinte, deitou-se querendo dormir. Tentou relaxar, mas as palavras de Marília se repetiam e só quando o dia estava começando a clarear foi que ele finalmente conseguiu adormecer.

Jacira olhou o relógio e apressou-se. Dentro de alguns minutos Gilson chegaria para buscá-la. Fazia quatro meses que Jair tinha regressado e desde então a vida de Jacira tornara-se muito movimentada.

Entusiasmada com o projeto deles, procurou auxiliá-los ao máximo. Depois de tantos anos fora do país, eles precisaram atualizar-se e Jacira tinha condições de orientá-los. Dorival cuidou das providências para legalizar a empresa e ela das outras questões.

Multiplicou-se no trabalho, uma vez que o movimento do ateliê estava crescendo, mas bem-humorada encontrava tempo para tudo. Sentia-se útil e feliz. Nunca tinha trabalhado tanto, mas fazia-o com prazer.

Todo o tempo de que dispunha, estava com os dois, opinando, revelando-se muito eficiente e prática. Tanto Jair como Gilson não tomavam nenhuma decisão sem consultá-la e os três decidiam todas as providências juntos.

Aristides também estava empolgado. Jacira nunca se lembrava de tê-lo visto com tanto entusiasmo. Parecia outra pessoa. Desde o início colocara-se à disposição deles, ajudando no que podia.

A casa de Jacira, antes silenciosa, tornara-se movimentada. Até Geni, alegre por ter o filho de volta, esmerava-se na cozinha com Maria Lúcia, experimentando receitas, fazendo o que cada um gostava.

Maria Lúcia integrara-se perfeitamente à família, tornara-se mais alegre. Gostava de cantar, mas só o fazia quando não havia ninguém em casa. Aprendia não só as canções em voga como as mais antigas.

Geni lhe ensinara algumas músicas de sua juventude e ela as aprendera com facilidade. Cantava com tal sentimento que Geni sentia-se transportada aos anos da sua mocidade. Insistia com Maria Lúcia para que cantasse diante da família, mas ela se recusava. Até o dia em que Jacira chegou inesperadamente e a surpreendeu.

— Você tem alma de artista! — disse. — Por que nunca nos disse que sabia cantar desse jeito?

— Minha mãe sempre cantava comigo. Foi ela que me ensinou muitas canções. Mas aqui ninguém tem esse hábito e eu pensei que não iriam gostar.

— Como não? Você tem uma linda voz, afinada, é um prazer ouvi-la. Quando sentir vontade de cantar, cante. A música faz bem à alma. Nunca pensou em dedicar-se à música?

— Sempre sonhei em aprender a tocar violão. Assim poderia cantar e acompanhar.

— É uma boa ideia. Você acha que daria conta de estudar e aprender violão ao mesmo tempo?

— Claro que sim!

— Nesse caso, vamos ver uma boa escola.

Os olhos dela brilhavam de alegria quando abraçou Jacira, que beijou sua face com carinho.

Apesar de gostar muito dela, Jacira tinha dificuldade em demonstrar seu afeto, não apenas com ela, mas com todos da família.

Naquele momento, Maria Lúcia foi tão espontânea, deu-lhe tanto prazer, que a partir dali Jacira tornou-se mais carinhosa com as pessoas.

Jair entrou na sala dizendo:

— Está pronta? Vamos. Gilson está esperando no carro.

Jacira apanhou a bolsa e o acompanhou. Vendo-a chegar, Gilson abriu a porta do carro para que ela entrasse:

— Como você está linda!

Jair interveio:

— Não fale assim que ela pode acreditar!

— Antes eu não acreditava, mas agora eu sei que sou bonita!

— Viu como ela está ficando convencida?

— Acho bom você se controlar. Ela pode não gostar e nos deixar de lado. — comentou Gilson.

Jacira que se sentara atrás no carro respondeu:

— Já entendi! Você está querendo me "comprar". Saiba que eu não me vendo. Estou ajudando vocês porque me faz bem, dá-me prazer. Sou uma pessoa boa. Só.

Mesmo dirigindo o carro, sempre que possível, Gilson a olhava pelo retrovisor. Ela percebia os olhos dele fixando-a e fingia não ver.

Notava que ele a olhava com admiração, mas não sabia o tanto que isso significava. Algumas vezes, Jair brincava insinuando que Gilson estava gostando dela. Mas ele nunca lhe dissera nada que a fizesse acreditar que fosse verdade.

Jacira sentira-se atraída por ele desde o primeiro dia. Com a convivência, a admiração tornara-se um sentimento maior. Ela se emocionava com a proximidade dele, com sua maneira de ser e principalmente com a postura ética e firme que tinha diante da vida.

Além disso, ele compartilhava suas ideias sobre espiritualidade e ensinara-lhe muitas coisas com suas atitudes verdadeiras e naturais.

Ela estava pensativa, calada. Gilson deu uma olhada pelo espelho e comentou:

— Eu gostaria de saber o que você está pensando... Tão calada... Tão séria...

Jacira sorriu:

— Não estava pensando em nada...

— Sua resposta revela que você não quer falar sobre isso.

— Quem sabe o que se passa na cabeça de uma mulher? — perguntou Jair rindo.

Tinham chegado ao local e Jacira sentiu-se aliviada por não ter de responder. Desceram e entraram na loja onde pretendiam comprar alguns móveis para o pequeno escritório da fábrica. Ela já estava funcionando havia um mês e com essa compra eles terminariam as instalações.

Jair fizera algumas viagens pelo interior divulgando a nova empresa, oferecendo seus produtos de maneira atraente, e os primeiros negócios começaram a aparecer.

Jacira, Maria Lúcia e Gilson continuavam indo às reuniões na casa de Lídia. De vez em quando Geni os acompanhava. Mas Jair, apesar dos convites, nunca ia.

Ele tinha medo e não gostava nem de falar sobre o assunto. Gilson o advertia:

— Não adianta fugir. Você tem mediunidade. É melhor estudar a fim de evitar alguma surpresa.

— Você e Jacira só falam nisso! Eu não tenho nada e não quero me envolver com esse assunto.

Depois que começara a frequentar essas reuniões, Maria Lúcia sentia-se muito bem. O espírito de sua mãe nunca mais a assediara.

O espírito de Marina costumava comparecer a essas reuniões e informara que Rosalina se encontrava em um lugar de refazimento e que, quando estivesse bem, voltaria para conversar com ela.

Dentro da loja, depois de fazerem algumas compras, Gilson lembrou:

— Não podemos nos atrasar. Hoje é dia da reunião na casa de Lídia.

Jacira concordou com a cabeça e disse para Jair:

— Hoje seria um dia bom para você nos acompanhar a essa reunião.

— Por quê? Não vejo nada de especial.

— Esqueceu? Hoje é aniversário do Neto.

Jair sentiu um forte arrepio percorrer-lhe o corpo. Por um momento a figura do irmão surgiu em sua mente.

— Não me lembrava disso. Não guardo datas com facilidade.

— Nos últimos dias tenho pensado muito nele e hoje pensei em levar algumas flores para fazer uma homenagem a ele.

— Você fala como se ele estivesse morto mesmo. Eu não tenho essa certeza.

— Bem que eu gostaria que ele estivesse vivo. Mas diante do que aconteceu, estou inclinada a acreditar que ele de fato morreu. Sendo assim, nesta data, pode ser até que ele venha nos visitar.

— Não acredito nisso. Você está se iludindo. Que provas tem de que era o espírito dele que Maria Lúcia recebeu?

Gilson interveio:

— Que provas você tem de que não era?

Jair estremeceu e disse nervoso:

— Vocês querem é me deixar irritado. Não gosto desses assuntos. Neto está tão vivo quanto eu e, com certeza, a qualquer momento vai aparecer em casa.

— Se ele voltasse para casa, mamãe ficaria em paz. Sabe como ela é. Não se esquece dele. Sempre diz que a presença dele é a única coisa que falta para que ela se sinta completamente feliz. Mas temo que isso nunca aconteça.

— Às vezes sinto vontade de sair à procura dele. Estou certo de que com uma investigação bem-feita conseguiria encontrá-lo.

— O único endereço que temos é o do hotel onde ele trabalhava. Lá ninguém sabe informar nada a respeito dele. Dizem que ele deixou o emprego e nada mais.

— No momento, não tenho tempo para ir procurá-lo. Mas assim que tiver uma folga irei ao Rio e estou certo de que serei bem-sucedido. Quero mostrar a vocês que essa loucura de sessões espíritas é uma grande ilusão.

Jacira trocou um olhar de cumplicidade com Gilson que respondeu:

— Faça isso mesmo. A hora da verdade sempre chega, não importa o tempo que demore.

Gilson lançou-lhe um olhar desafiador e provocou:

— Se você não acredita, por que tem tanto medo de ir a uma simples reunião na casa de Lídia?

Jair levantou a cabeça irritado:

— Meu medo é uma desculpa para não ir. Iria me sentir ridículo sentado em uma mesa esperando pela manifestação de espíritos.

— Você quer mostrar-se corajoso, mas é covarde. Diga a verdade. Você está tremendo de medo! — caçoou Jacira rindo. E continuou: — Se quiser ir prometo segurar a sua mão para dar-lhe coragem. Os espíritos não fazem mal a ninguém.

Jair encarou-os com raiva e respondeu:

— Pois eu vou mostrar-lhes que não acredito mesmo e não tenho medo de nada. Irei com vocês e não preciso de ninguém.

Naquela noite, a família inteira foi à reunião na casa de Lídia. Como era aniversário de Neto, Jacira disse aos pais que levaria flores e rezariam pedindo a Deus que descobrissem o paradeiro dele.

Até Aristides resolveu ir. Sempre conversava muito com Gilson, a quem admirava. Ele já lhe falara sobre espiritualidade, relatando alguns fenômenos de mediunidade e despertando seu interesse.

Quando chegaram na casa de Lídia, faltavam alguns minutos para a hora da reunião. Lídia tinha um espaçoso quarto nos fundos da casa que destinara às atividades espirituais. Tinha uma mesa redonda no meio, cadeiras em volta e outras mais atrás. Ela sabia que naquela noite mais pessoas iriam.

Do lado, um aparador sobre o qual estava um lindo vaso com flores, uma bandeja com uma jarra de água e alguns copos. A sala estava iluminada apenas por uma luz azul e, no aparelho de som, uma música suave harmonizava o ambiente.

Lídia recebeu-os com carinho, colocou as flores que Jacira trouxera em um vaso e convidou-os a ir para a sala de reuniões onde Estela já se encontrava.

— Hoje é aniversário do Neto. Trouxemos estas flores em homenagem a ele.

Geni segurou o braço de Lídia dizendo com voz súplice:

— Viemos pedir aos espíritos seus amigos que nos ajudem a ter notícias do meu filho. Deus sabe onde ele está e pode nos ajudar.

— Vamos pedir, dona Geni. Eles sempre ouvem os pedidos de uma mãe. Sentem-se. Está na hora de iniciarmos a reunião.

Ela pediu que todos se sentassem ao redor da mesa. Apesar de ter lugar para todos, Jair preferiu ficar nas cadeiras de fora.

Lídia solicitou que relaxassem e elevassem o pensamento pedindo a ajuda de Deus. Fez uma comovida prece saudando os amigos espirituais e abrindo a reunião.

Pouco depois, Estela começou a falar com voz suave:

— É com alegria que estou aqui, trazendo o carinho de muitos amigos. Quero falar da generosidade da vida, que, apesar dos nossos enganos, trabalha sempre para nos conduzir a uma vida melhor. Confiemos na bondade divina que nunca nos desampara. Deus nos abençoe.

Ela calou-se e o silêncio se fez durante alguns segundos. Jair, sentado no fundo da sala, estava inquieto. Remexia-se na cadeira respirando com dificuldade. Arrepios percorriam-lhe o corpo e uma angústia insuportável comprimia-lhe o peito.

Ia levantar-se, quando Lídia, já em pé do lado dele, colocou a mão sobre sua testa dizendo:

— Tenha calma. Isso não é seu. Não tenha medo.

Jair arfava, esforçando-se para respirar e tentava levantar-se, mas Lídia, segurando sua testa, disse com voz firme:

— Se você não se acalmar e continuar assim, terá de ser retirado à força. Queremos ajudá-lo, mas precisa cooperar.

— Eu não aguento mais! Quero falar! Todos estão aqui. Mãe, estou arrependido. Não fiz o que prometi. Filha, eu estava louco. Não sabia o que estava fazendo quando as abandonei! Paguei muito caro a minha loucura. Por favor, perdoem-me. Estou sofrendo muito.

Emocionada, Jacira segurou a mão de Geni que, com olhos arregalados, tremia assustada. Jair continuou:

— Vocês não estão me conhecendo? Sou o Neto.

Geni soltou um soluço, olhou aflita para Jacira que continuava apertando sua mão e passou o braço sobre os ombros dela, procurando ampará-la.

Nesse momento, Maria Lúcia estremeceu e disse raivosa:

— Você agora se diz arrependido, implora perdão, mas eu não o perdoo. Eu o amei com todo o coração, ofereci-lhe o meu melhor e você nos deixou para ir atrás da sua ambição. Trocou-nos por dinheiro. Se tivesse sido por amor, talvez eu o perdoasse, mas foi só interesse. O pai dela era rico e o comprou. E eu tive de me sujeitar a uma vida difícil, criar minha filha sem poder dar-lhe tudo quanto ela merecia. Depois de tudo que nos fez, hoje nos encontramos aqui. Vendo-o, minha mágoa reapareceu e continua viva como no primeiro dia. Você tem de pagar por tudo o que nos fez.

— Rosalina, eu estava errado. Por favor, perdoe-me. Hoje reconheço que você é o amor de minha vida. Depois que a deixei, nunca mais fui feliz. Diga que me perdoa. Estou disposto a refazer o nosso caminho. Quero ficar junto com você, começar de novo. Juntos, construiremos um futuro melhor. Sei que é possível.

— É muito tarde. A ferida continua doendo. Não posso esquecer.

— Por favor, dê-me uma chance, eu sofri, amadureci, mudei... Por favor, não me levem embora. Eu quero ficar, falar com minha mãe, pedir perdão, deixem-me ficar um pouco mais, deixem...

Jair calou-se, respirou fundo. Lídia ofereceu-lhe um copo de água que ele segurou com a mão trêmula e foi tomando devagar. Ela encaminhou-se até Maria Lúcia, que soluçava, e colocou a mão em sua testa dizendo:

— Acalme-se, Rosalina. Você está perturbando Maria Lúcia.

— Desculpe. Não desejo magoá-la. Perdoe-me.

— Você agora precisa ir embora.

— Não. Quero conversar com minha filha.

— Agora não é possível. Vá com essa moça que está ao seu lado. Quando estiver melhor, poderá voltar e conversar com ela.

Maria Lúcia suspirou, abriu os olhos tentando acalmar-se. Lídia deu-lhe um copo de água. Ela bebeu e foi serenando.

Geni soluçava baixinho e Jair, pálido, procurava controlar a emoção e refazer-se. Aristides, olhos marejados, observava calado.

Lídia sentou-se novamente:

— Vamos agradecer a bondade divina que hoje permitiu a presença de dois espíritos sofridos, que necessitam do nosso carinho. Não temos condições de julgar ninguém, portanto, vamos orar em silêncio a favor de todos os envolvidos para que cada um encontre a paz no coração.

O silêncio se fez e depois de alguns segundos, Estela começou a falar:

— Chegou a hora de eu conversar com vocês sobre o que aconteceu aqui esta noite. Há muitos anos atrás, vivia em uma aldeia na Itália uma jovem muito bonita, de família rica e importante, chamada Gina que se apaixonou perdidamente por um jovem e foi correspondida. Casaram-se, tiveram dois filhos. Ele, muito rico, caráter fraco, mulherengo, apesar de gostar de Gina, envolvia-se com outras mulheres. Num desses encontros, apanhado por um marido traído, morreu assassinado, deixando dois filhos adolescentes. Gina, de temperamento dramático, emocionalmente exacerbada, não suportou a traição nem a viuvez. Entregou-se à depressão, perdeu o gosto pela vida. Nada mais lhe interessava. Os filhos: o mais velho ambicioso e desejoso de poder, envolveu-se com política, não medindo esforços para conseguir o que desejava. Valia tudo desde que se sentisse dono do mundo.

"O mais novo tinha prazer em usufruir a riqueza, gastava sem limites, imaginando que seu dinheiro nunca acabaria. Ambos se deram mal. Gina foi definhando até morrer com menos de cinquenta anos. O filho mais velho tornou-se poderoso, mas morreu odiado e perseguido pelos inimigos políticos. Já o mais novo acabou na miséria, depois de depredar toda a fortuna. Terminou seus dias em um asilo, inconformado e triste."

Estela calou-se durante alguns segundos. Todos a ouviam atentos e ela prosseguiu:

— É fácil de imaginar como voltaram à vida astral. Durante muito tempo cada um teve de suportar os resultados de suas escolhas. Arinos, o marido de Gina, reconhecendo que seu assassino tivera motivos para tirar-lhe a vida, em vez de partir para a vingança como fizera no início, reconheceu seus erros, pediu ajuda e foi auxiliado.

"Arrependido, procurou Gina e a encontrou ainda mergulhada na depressão, vivendo em uma região umbrática e triste. Estava fraca e sem vontade própria. Ele tentou de todas as formas ajudá-la, mas ela não reagia a nada.

"Um mentor espiritual aconselhou-o a procurar os dois filhos. Foi o que ele fez. Procurou por eles. O mais velho, Vitorio, estava preso pelos seus inimigos; sendo forçado a obedecê-los, trabalhava como escravo. Já Gino, o mais novo, estava inconformado com a miséria, alimentando a ilusão de ainda ser muito rico.

"A custo, Arinos conseguiu auxiliá-los e conduzi-los a uma recuperação. Aos poucos eles foram melhorando e se conscientizando dos seus erros. Arrependidos, juntaram-se ao pai no auxílio a Gina. Todos se sentiam culpados pela depressão dela.

"Dedicaram-se bastante e aos poucos ela foi reagindo. Eles melhoraram, mas as lembranças das falhas do passado surgiam impedindo-os de seguir adiante. Então, foram aconselhados a reencarnar. Arinos e Gina iriam primeiro e os dois filhos depois. Tudo programado. A vida encarregou-se de colocar em prática."

Estela fez silêncio durante alguns minutos. Depois, deu um longo suspiro e tornou:

— Preciso parar aqui. Mas esta história vai continuar. Eu voltarei para contar. Podem esperar. Um abraço agradecido da amiga Marina.

O silêncio se fez. Lídia murmurou uma ligeira prece de agradecimento e acendeu a luz. Todos emocionados desejavam falar, mas não conseguiam.

Lídia distribuiu os copos de água e eles tomaram em silêncio. Sabiam que eram os personagens daquela história. Era a vida da família que se repetia.

Geni soluçava baixinho e Lídia aproximou-se colocando a mão sobre a dela, com carinho. Ela levantou a cabeça dizendo triste:

— Meu filho está morto? Era o Neto mesmo?

— Era ele, sim. Mas a morte não é o fim e ele continua vivo em outro mundo.

Geni suspirou triste e respondeu:

— Mas ele nunca mais voltará!

— Ao contrário. Ele está de volta e poderá visitá-la outras vezes.

Geni abanou a cabeça negativamente:

— Ah! Mas não é a mesma coisa!

Lídia sentou-se ao lado dela e, segurando sua mão, explicou-lhe:

— É diferente, mas ele continua o mesmo, só que agora está mais lúcido, percebeu o quanto estava errado e está se empenhando para tornar-se uma pessoa melhor. Isso é motivo de alegria, não de tristeza.

— Pobre filho, está sofrendo muito!

— A culpa é muito dolorosa. Ele sofre porque tem consciência dos seus erros e ainda não conseguiu ser perdoado por aqueles a quem prejudicou.

Maria Lúcia levantou-se, aproximou-se delas dizendo:

— Terei entendido bem? A filha a que ele se referia sou eu? Mas o nome de meu pai não era Neto. Era Vicente.

Todos os presentes fixaram os olhos nela admirados. Aristides respondeu emocionado:

— O nome dele era Vicente, igual ao de meu pai. Por esse motivo todos o chamavam de Neto. Se isso é verdade, você é minha neta!

Maria Lúcia abraçou-o emocionada e Geni juntou-se a eles no mesmo abraço. Jair e Jacira aproximaram-se, olhos brilhantes de emoção, e abraçaram-se a eles em silêncio. A emoção era tanta que não conseguiam expressá-la em palavras.

Quando se sentiram mais calmos, Lídia tornou:

— Sinto-me feliz por essa revelação. Eu sabia que Maria Lúcia tinha uma ligação muito forte com vocês. Hoje é um dia de festa. Vamos para a sala. Temos que comemorar. Vou abrir um vinho, fazer um brinde.

Ela saiu e todos a acompanharam. Mais refeitos da surpresa, comentavam os acontecimentos. Jacira aproximou-se de Lídia:

— Marina falou de todos, menos de mim. Não mencionou o meu nome. Será que não pertenço à família? Nesse caso, por que estou aqui?

— Essa é uma pergunta que na hora eu também me fiz. Mas Marina disse que a história vai continuar, então saberemos.

Gilson aproximou-se de Jair:

— Como se sente?

— Difícil de explicar. Estou um pouco confuso, mexido, emocionado. Sinto que alguma coisa mudou dentro de mim. Preciso de um tempo para refletir, entender o que aconteceu.

— Sei como é. Você estava distante da realidade e agora sabe, sente como as coisas são. A poeira vai assentar e você vai ficar bem.

Jair respirou fundo e comentou:

— Senti-me muito mal. Pensei que fosse morrer. Não conseguia segurar minha boca que falava sem parar. Eu ouvia sem poder controlá-la. O que mais me espanta é que quando parei de falar, tudo desapareceu e, como em um passe de mágica, voltei ao normal. Como pode ser isso?

— O mal-estar que você sentia não era seu. Quando o espírito de Neto aproximou-se e o envolveu, tudo que ele sentia você sentiu. Assim que ele foi afastado, você voltou ao normal.

— Será que foi o espírito do Neto mesmo? Eu preciso ter certeza de que ele morreu, de que não estamos sendo vítimas de uma mentira.

Gilson sorriu e respondeu:

— Concordo. Precisamos saber o que aconteceu a ele. Amanhã mesmo vamos pesquisar, tentar descobrir. Se ele está morto, deve existir uma prova qualquer em algum lugar, um atestado de óbito, um túmulo.

— Isso mesmo. Vamos investigar. É importante para nossa família.

Eles continuaram conversando com Lídia sentados na sala, fazendo perguntas sobre mediunidade e vida após a morte com muito interesse.

Naquela noite, deitada na cama ao lado do marido, Geni abraçou-se a ele, trocando ideias sobre o que teria acontecido ao filho, imaginando como ele teria morrido.

A partir daquela noite, as reuniões na casa de Lídia ficaram muito concorridas. Todos tinham interesse em comparecer, esperando que Marina voltasse para continuar a história da família, como havia prometido. Ela, porém, não comparecia.

Os negócios estavam prosperando. A casa de Margarida estava sendo construída e eles sentiam-se muito felizes. A empresa de Duarte e Jair ia formando uma carteira razoável de compradores de seus produtos e eles, confiantes, dedicavam-se com garra e disposição.

Jair viajava por outras capitais, distribuindo amostras dos produtos, conquistando novos clientes. Nessas viagens, levava livros espiritualistas que Gilson lhe emprestava, e, à noite, no hotel, mergulhava na leitura.

Quando regressava, discutia com Gilson suas dúvidas, interessado em encontrar comprovações e esclarecer-se. Ao chegar, a primeira pergunta que fazia era se Marina tinha comparecido às sessões e contado o restante da história.

Ele esperava que ela pudesse dar-lhes uma pista para que descobrissem como Neto morrera.

Gilson tinha contratado um detetive especializado em procurar pessoas desaparecidas e não media esforços para auxiliá-lo no que precisasse.

Estava difícil. A única pista era o hotel onde ele havia trabalhado, porém lá ninguém sabia de nada. Os anos tinham passado, o hotel tinha sido vendido, os funcionários eram outros. Procuraram nos arquivos policiais, na lista de óbitos da prefeitura, não encontraram nada. Mesmo assim, por causa da insistência de Geni e de Jair, continuavam pesquisando.

Dois meses depois, Jair precisava viajar para o sul na segunda-feira, mas protelou a viagem para quinta-feira para poder comparecer à sessão na casa de Lídia.

Durante a reunião, quando o guia espiritual de Estela compareceu dando sua mensagem, Jair pediu-lhe que os ajudasse a descobrir o que havia acontecido a Neto.

O espírito respondeu que o caso estava sob os cuidados de abnegados instrutores, que Jair continuasse orando em benefício do irmão e confiasse na bondade divina.

Não era isso o que ele desejava ouvir e, ao término, retirou-se desanimado. Na volta, notando sua decepção, Gilson considerou:

— Não fique triste. As coisas só acontecem na hora certa.

— Ele deve saber de tudo. O que custava facilitar nossa busca?

— Eles não agem sem que a vida lhes dê permissão. Respeitam os acontecimentos porque sabem que eles têm uma razão de ser. Para eles, é mais importante que as pessoas descubram o próprio caminho, conheçam as leis cósmicas e aprendam como a vida funciona. Esse é o caminho da evolução.

Jair teve de conformar-se. Gilson emprestou-lhe mais um livro para ler durante o voo até Porto Alegre. Mas ele sequer o abriu. Seus pensamentos tinham voltado no tempo quando muito jovem morara naquela cidade durante algum tempo.

Lembrou-se de dois amigos que deixara lá e que nunca mais encontrara. Fora um tempo em que trabalhara muito, passara dificuldades, mas fizera boas amizades.

O que teria acontecido com eles? Estariam ainda morando lá? Seria bom reencontrá-los. Assim que se instalasse no hotel iria procurá-los.

À noite, consultou a lista telefônica e encontrou o nome de um deles. Ligou. Uma voz de mulher atendeu e ele perguntou:

— É da casa do Berto?

— É sim.
— Posso falar com ele?
— Um momento.

Enquanto esperava, ouviu vozes de crianças conversando, rindo. Pouco depois o amigo atendeu:

— Quem está falando?
— Jair. Lembra-se de mim?
— Jair, seu safado. É você mesmo? Não acredito!
— Sou eu sim. Cheguei hoje, vim a trabalho. Estou de passagem. Senti saudades de você.
— Por onde tem andado? Você sumiu... Nunca mais deu notícias.
— Estive fora do Brasil. Regressei há alguns meses.
— Você nem pense em ir embora sem vir à minha casa, conhecer minha família.
— Terei o maior prazer de encontrá-lo, matar as saudades dos velhos tempos.
— Neste caso vou buscá-lo agora mesmo. Preciso mesmo ter uma conversa com você. Em que hotel você está?

Jair deu o nome do hotel e disse alegre:

— Estarei o esperando.

Satisfeito, Jair tirou a roupa da mala para não amassar, depois de dar uma vista de olhos no espelho, desceu e sentou-se no saguão do hotel.

Dez minutos depois, Berto chegou. Era um homem alto, encorpado, rosto largo, cabelos crespos, sorriso fácil, olhos vivos e alegres.

Jair levantou-se, olharam-se e trocaram um abraço apertado.

— Vamos tomar alguma coisa e conversar — convidou Jair.

Depois de acomodados, Berto contou que se casara e tinha um casal de filhos. Formara-se em engenharia civil, montara uma construtora, tinha uma vida feliz.

Jair colocou-o a par de suas aventuras pelo mundo e o que estava fazendo em Porto Alegre.

— Por essa razão não o encontrei. Há uns três anos, mais ou menos, eu o procurei, precisava muito falar com você.
— Aconteceu alguma coisa?
— Aconteceu.

Berto hesitou um pouco depois decidiu:

— Uma vez você me disse que tinha um irmão mais velho que se chamava Neto.

— É verdade.

— Eu sabia! — exclamou ele satisfeito. — Era ele mesmo!

— Você o conheceu? Onde?

— Aqui mesmo em Porto Alegre.

— Mas ele morava no Rio. Tem certeza de que era ele?

— Era sim. Eu tinha negócios com um rico empresário cuja filha foi estudar no Rio de Janeiro e voltou de lá casada com um rapaz chamado Vicente da Silva Neto. Não era esse o nome dele?

— Era... Há tempos o estamos procurando. Sabe o endereço dele?

Berto hesitou um pouco depois tornou:

— Infelizmente ele faleceu de maneira muito triste.

Jair segurou o braço do amigo com força:

— Então ele está morto mesmo. Como foi isso?

— Segundo sei, ele trabalhava na empresa do sogro e não se dava bem com ele. Parece também que o casamento não deu muito certo.

— Por quê?

— Não sei bem. Ouvi comentários de que a esposa era muito ciumenta. Dora era filha única e seu Nivaldo a mimava muito. Aconteceu que os negócios dele começaram a ir mal e ele culpava o genro. Eles brigavam muito. Seu irmão chegou a sair de casa algumas vezes. Mas Dora chorava e seu Nivaldo ia buscá-lo de volta.

— O Neto tinha um gênio difícil. Sempre de mau humor.

Berto ficou calado durante alguns segundos e Jair pediu:

— Quero saber tudo. Seja o que for, pode falar.

Berto suspirou e decidiu:

— Está certo. Havia rumores de que seu irmão desviava dinheiro da empresa. Não sei se é verdade. Alguns dias antes de a falência ser decretada, seu Nivaldo desapareceu levando a filha, sem dizer nada para o genro, que ficou sozinho diante da situação. Ninguém nunca soube para onde foram.

Ele fez uma ligeira pausa e continuou:

— Neto tentou fazer o mesmo. Durante a madrugada apanhou todo dinheiro disponível, arrumou seus pertences e colocou no carro. No dia seguinte foi encontrado morto dentro do carro, sem nada. A polícia noticiou como assalto, mas os ladrões nunca foram encontrados.

Jair não conteve a emoção, olhos marejados, disse:

— Eu sabia que ele estava morto, mas não imaginei que tivesse sido assassinado!

— As pessoas que conviviam com eles disseram não acreditar que o móvel do crime tenha sido roubo.

— Não? Por quê?

— Seu Nivaldo andava cercado por dois seguranças para proteção, mas era voz corrente que eles eram seus capangas e faziam serviço sujo para o patrão.

— Em que lugar meu irmão foi cair...

— Concordo. Por causa do nome eu desconfiava que ele pudesse ser seu irmão. Tanto que quando aconteceu, procurei você por toda a parte para lhe contar. Esperando encontrá-lo, guardei alguns jornais da época para lhe mostrar.

— Você ainda os tem?

— Tenho. Vamos para minha casa. Minha mulher está nos esperando.

Jair o acompanhou pensativo. Foi recebido pela esposa do amigo com carinho, brincou com as crianças, conversou sobre outros assuntos. Enquanto ela cuidava do jantar e dos filhos, Berto levou Jair para seu escritório nos fundos da casa e entregou-lhe uma pasta onde estavam os jornais falando do crime.

— Eu gostaria que nosso encontro fosse feliz, por esse motivo hesitei em dar-lhe essa notícia. Mas depois pensei que se estivesse em seu lugar, gostaria de saber a verdade.

Então Jair contou-lhe nos mínimos detalhes como tomou conhecimento da morte do irmão e finalizou:

— Depois desses acontecimentos, eu senti que precisava descobrir a verdade. Tenho pedido muito a Deus e finalmente hoje a encontrei.

— Eu sou católico e nunca acreditei em comunicação de espíritos. Agora você balançou minha incredulidade. Quanto mais penso nisso, mais sinto que depois dessa descoberta passarei a olhar o mundo de forma diferente.

— Você foi instrumento para que eu tivesse a prova de que não foi ilusão. Estou certo de que a vida continua depois da morte e também que nós todos continuaremos vivos no outro mundo. Diante disso, só posso agradecer por se incomodar em guardar essas informações para mim.

A conversa fluiu alegre, ambos falando dos projetos futuros. Quando Berto levou Jair de volta ao hotel, a amizade deles tinha se fortalecido e ambos prometeram dali para a frente continuar mantendo contato.

Jair chegou ao hotel passava das onze. Sentia vontade de ligar para casa e contar a novidade. Mas pensando melhor decidiu falar primeiro com Gilson.

Ainda não sabia se deveria contar aos pais como Neto morrera. Talvez fosse melhor tentar amenizar os fatos.

Ligou para Gilson que atendeu logo. Depois dos cumprimentos, Jair contou-lhe tudo e finalizou:

— Ainda estou emocionado. A verdade apareceu sem que eu precisasse fazer nada.

— É assim mesmo. Quando chega a hora a vida age. Nós temos nos esforçado para manter a confiança fazendo nosso melhor.

— Eu acreditei no que os espíritos disseram. Às vezes um pensamento de dúvida aparecia e eu me esforçava em mandá-lo embora. Mas depois do que aconteceu hoje, nunca mais esse pensamento vai me incomodar. Agora entendo por que você e Jacira são tão confiantes. É que já chegaram à certeza.

— Essa certeza nos dá força para enfrentarmos os desafios do caminho com disposição e coragem. Tudo está certo. A vida age sempre para o melhor.

Jair suspirou satisfeito e respondeu:

— Apesar de lamentar o que aconteceu com Neto, sinto-me feliz por ter essa certeza. O que me emociona é descobrir que a vida está cuidando de mim o tempo todo e dispondo os fatos conforme minha necessidade. Não é incrível?

Gilson riu bem-humorado e respondeu:

— Você esqueceu o fato de que somos filhos de Deus?

No dia seguinte, logo cedo, Gilson foi ao ateliê procurar Jacira. Ela tinha acabado de chegar e recebeu-o com prazer.

Estava bonita dentro de um vestido vermelho muito elegante e ele comentou:

— Você está cada dia mais bonita. Qual é seu segredo?

Com o rosto corado de prazer ela respondeu:

— Alegria de viver. Estou de bem com a vida!

— E ela retribui fazendo-a florescer.

Jacira emocionou-se e tentou dissimular:

— O que o trouxe aqui tão cedo?

— Tenho uma novidade. Jair ligou ontem à noite.

— Pelo brilho de seus olhos deve ser alguma notícia boa. Ele fez algum grande negócio?

— Não se trata disso. Ele teve notícias de seu irmão.

— Até que enfim! Encontrou uma pista?

— Melhor. Ficou sabendo como ele morreu e quando.

— Sente-se, Gilson, quero saber tudo nos mínimos detalhes.

Sentados um diante do outro, Gilson colocou-a a par de tudo. Olhos cheios de lágrimas Jacira acompanhava o desenrolar dos fatos com muita emoção.

— Agora dá para saber por que ele veio até nós pedir ajuda — finalizou ele.

Jacira, cabeça baixa, lutava para controlar a emoção sem conseguir. Os soluços romperam a barreira e ela curvou-se chorando copiosamente.

Gilson aproximou-se, ofereceu-lhe um lenço e ela tentou enxugar o rosto. Penalizado, ele passou o braço sobre os ombros dela que se levantou e o abraçou. Rosto mergulhado nos seus cabelos, sentindo o perfume gostoso que vinha dela, apertou-a de encontro ao peito.

Aos poucos ela foi serenando, mas de vez em quando estremecia tentando conter a catarse. Gilson não se conteve e colou os lábios nos dela com amor.

Jacira deixou-se envolver na forte emoção e não pensou em mais nada, a não ser em viver aquele momento há tanto tempo imaginado.

Beijaram-se várias vezes, depois ela afastou-se um pouco dizendo baixinho:

— Desculpe. Não consegui me conter.

Ele fixou os olhos nos dela e beijou-a novamente.

— Não adianta tentar, Jacira. É mais forte do que nós. Venha, vamos nos sentar no sofá.

Depois de acomodados ele continuou:

— Senti-me atraído por você desde o primeiro dia. Esse sentimento foi crescendo e hoje não consegui me conter. Diga que também me quer.

— Você me atraiu também desde o começo. Eu esperava que demonstrasse. Mas se em algum momento você parecia interessado, em seguida mostrava-se indiferente, dando a impressão de que não queria gostar de mim. Quando agia assim, eu sentia que havia alguma coisa que o impedia de manifestar seu afeto. Por fim, imaginei que seu interesse não era grande o bastante para termos um relacionamento.

— Você sentiu que eu guardo um segredo doloroso no coração. Mas hoje, sinto que a amo mais do que tudo. Quero casar com você, viver para sempre a seu lado.

Beijaram-se novamente e Gilson continuou:

— Vou abrir meu coração sobre os acontecimentos do passado que infelicitaram minha juventude e me fizeram acreditar que a felicidade neste mundo tinha se tornado impossível para mim.

Olhando nos olhos dela com carinho Gilson falou sobre seu relacionamento com Marília, a dor que sentiu ao enfrentar sua morte prematura e a dificuldade que teve para reassumir sua vida. E concluiu:

— Se eu não tivesse ido procurar Chico Xavier, recebido a mensagem de Marília, talvez minha vida tivesse sido diferente. Todavia, a certeza de que somos eternos, a beleza de saber que apesar dos desafios não estamos sós confortou-me, fez-me aceitar os fatos de forma menos dolorosa.

— Posso avaliar. Essa certeza também mudou completamente minha vida. De uma mulher deprimida, que se vitimava, sem futuro nem alegria de viver, tornei-me o que sou hoje. Não vou negar que precisei lutar para jogar fora crenças que alimentei durante toda a minha vida. Mas o resultado valeu a pena.

— Eu reagi. Nos primeiros tempos foi difícil jogar fora meus projetos de felicidade. Mergulhei nos estudos e no trabalho para fugir das lembranças. Mas, aos poucos, voltei a ter prazer de cuidar de mim, de sentir-me de bem com a vida. Só não tinha conseguido amar outra vez.

Gilson, olhos perdidos em um ponto indefinido, falava com sinceridade. Jacira ouvia com interesse e ele prosseguiu:

— Conheci outras mulheres, tentei me interessar, mas os relacionamentos não iam adiante. Meus pais me estimulavam a refazer a vida, a construir uma família, desejando que eu fosse mais feliz. Mas eu não conseguia amar ninguém, condição essencial para assumir uma relação. Então, conformei-me a continuar sendo um solteirão, tirando da vida o que ela estava podendo me dar.

— Por esse motivo é que você se retraía quando notava que eu poderia estar gostando de você?

— É. Eu tinha receio de não poder levar uma relação adiante e decepcioná-la. Antes de conhecê-la, Jair falava sobre você com pena, apresentando-me a figura de uma mulher derrotada, incapaz. Você apareceu diferente, vencedora, cheia de vida. Essa mudança causou-me forte impressão e uma grande admiração.

Ele fez uma pausa, respirou fundo e, olhando firme nos olhos dela, prosseguiu:

— No começo eu temia confundir admiração com amor. Mas aos poucos fui percebendo que sua proximidade me emocionava. Sentia vontade de beijá-la, de tomá-la em meus braços. Houve momentos em que foi difícil controlar esses impulsos. Mas hoje senti que não podia mais resistir.

— Tem certeza dos seus sentimentos?

Ele passou a mão levemente acariciando o rosto dela, beijou delicadamente seus lábios:

— Sim. Quer se casar comigo?

— Quero. Eu também o amo e admiro. Estou certa de que seremos muito felizes.

Ele beijou-a longamente e permaneceram abraçados, desfrutando do prazer daquele momento de cumplicidade e de amor.

Depois que a emoção serenou, eles se lembraram de que precisavam contar aos pais dela o que Jair descobrira sobre Neto.

— Como você acha que dona Geni vai receber a notícia?

— Vai ficar chocada.

— Neste caso, talvez seja melhor não mostrar-lhe os jornais nem dizer como ele morreu. Afinal, saber esse detalhe não vai mudar a realidade. Será mais fácil para ela se conformar.

— Mamãe ficou chocada quando soube que ele havia morrido. Ouvir essa notícia pela comunicação de um espírito sempre pode deixar alguma dúvida, principalmente para ela que nunca teve experiências a respeito. Mas ter a certeza de que Neto morreu, saber até onde está enterrado, é a confirmação do fato. Não há mais como duvidar. Não vai ser fácil para ela.

— Tem razão. Não mencionaremos os fatos negativos, nem como ele morreu.

— É melhor mesmo.

— O que você acha de irmos agora mesmo à sua casa?

Depois de bater levemente na porta, Margarida entrou e vendo-os abraçados parou constrangida.

— Que bom que apareceu, Margarida! — tornou Jacira sorrindo. — Entre!

— Bom dia, Gilson. Desculpe entrar assim. Não sabia que estava aqui.

— Bom dia! Temos muitas coisas para lhe contar.

Os olhos dela brilharam maliciosos, ela aproximou-se:

— Será o que estou pensando?

— Isso e muito mais — respondeu Jacira sorrindo. — Gilson me pediu em casamento e eu aceitei.

Margarida abraçou a ambos com alegria:

— Até que enfim! Pensei que você nunca fosse se declarar!

— Era tão evidente assim?

— Claro! Bastava ver como seus olhos brilhavam quando ela aparecia. Já marcaram a data?

Foi ele quem respondeu:

— Ainda não. Mas para mim será o mais breve possível. O que me diz, Jacira?

— Concordo. Mas antes de escolher a data, gostaria de contar à minha família.

— Estamos indo à sua casa falar com seus pais sobre Neto e eu vou aproveitar para pedir sua mão.

— Tiveram notícias de seu irmão?

Jacira contou-lhe o que Jair havia descoberto e depois de ouvir com atenção, Margarida comentou:

— Acho que vou começar a ir às sessões de Lídia! Depois dessa descoberta, não há mais como duvidar da intervenção dos espíritos em nossa vida.

— Ela sempre convida e você nunca vai.

— Pode esperar que vamos começar a ir. Dorival gosta, Marta também. Está na hora de Marinho aprender um pouco sobre espiritualidade.

— Eu gostaria de ir agora falar com mamãe. Não tenho nada importante marcado em minha agenda, mas se aparecer algum fornecedor, você pode atender?

— Deixe comigo. Vá e demore o quanto quiser. Vocês dois deveriam tirar o dia para comemorar. Ester e eu daremos conta de tudo.

Jacira apanhou a bolsa e ambos saíram de mãos dadas sob o olhar carinhoso de Margarida. Ao passarem pela recepção, acenaram para Ester, que os olhou surpreendida, e saíram.

Ao entrarem na casa de Jacira, Geni estava na cozinha preparando o almoço, Aristides no quintal cuidando da horta e Maria Lúcia na sala arrumando flores no vaso.

Vendo-os entrar, aproximou-se:

— Estava cuidando da sala. Não os esperava. Alguma novidade?

— Sim — respondeu Jacira —, mamãe deve estar na cozinha. Papai está em casa?

— Está no quintal.

— Vá chamá-los, por favor.

Ela saiu e os dois acomodaram-se no sofá. Pouco depois Maria Lúcia voltou com eles. Gilson levantou-se para cumprimentá-los.

— Temos novidade — disse Jacira.

— O que aconteceu? — indagou Geni preocupada.

— Jair teve notícias do Neto. É melhor se sentarem.

Maria Lúcia fez menção de retirar-se, mas Jacira completou:

— Você também.

Geni sentia as pernas bambas e Aristides ajudou-a a acomodar-se ao lado dele no sofá.

— O que ele descobriu?

Jacira fez uma pausa escolhendo as palavras. Pelo tom de sua voz, notava-se que estava tensa.

— O que os espíritos disseram é verdade. Infelizmente Neto está morto.

Geni levantou-se nervosa:

— Como assim? Tem certeza mesmo?

— Sim. Ele morreu em Porto Alegre e seu corpo está enterrado lá.

Aristides levantou-se, abraçou-a e fê-la sentar-se novamente. Ela soluçava desconsolada. Maria Lúcia os observava calada e triste.

Aos poucos ela foi parando de chorar e levantou o rosto dizendo:

— Quero saber os detalhes, tudo que aconteceu.

Jacira contou como Jair reencontrara Berto e ele lhe falou sobre Neto. Contou que ele se casou, deixou o hotel no

Rio de Janeiro, mudou-se para Porto Alegre e foi trabalhar na empresa do sogro.

Ao que Geni comentou:

— Então ele ficou bem de vida. Por que será que nunca nos procurou? Ele poderia ter nos comunicado seu casamento. Teve filhos? Jair conheceu a viúva?

— Não. Neto não teve filhos com ela. O sogro dele vendeu tudo e foi embora da cidade depois que Neto morreu. Berto não sabe para onde foram.

— Que coisa estranha!

Aristides interveio:

— O Neto não merece suas lágrimas. É um ingrato. Sabia que estávamos lutando muito para sobreviver. Quando ficou bem de vida não pensou em nós.

— Pai, não vamos julgar. Nós não sabemos as dificuldades pelas quais ele passou, nem como morreu. Quando ele veio em espírito, disse que errou muito nesta vida, arrependeu-se. Pediu-nos perdão. Nunca foi feliz e ainda não está bem.

Geni interveio:

— Era meu filho e eu o amo muito. Estou sofrendo por saber que ele morreu longe do meu carinho. Pode ter ficado doente, não ter sido bem cuidado.

— Ele tinha a esposa — tornou Aristides.

— Por mais que a esposa o tenha amado, nunca será igual ao meu amor de mãe. Eu faria tudo para que ele não morresse.

— Quando chega a hora, ninguém pode evitar — disse Aristides.

Jacira olhou para Gilson sem saber o que dizer. Reconhecia que, mesmo no tempo em que Geni vivera mais alienada, nunca esquecera os filhos.

Gilson tomou a palavra:

— A senhora tem todo direito de expressar a sua dor. Mas é bom lembrar-se de que a morte não é o fim. A vida continua e seu filho está agora aprendendo a tornar-se uma pessoa melhor. Ele está sob a proteção de espíritos bondosos, foi levado para um lugar onde terá como recuperar-se. Sei que a senhora deseja muito que ele vença suas dificuldades, encontre a serenidade e sinta-se mais feliz.

Geni suspirou triste:

— É o que eu mais desejo.

— Ele está arrependido. Neste momento, sabendo que a senhora sofre por ele ter se afastado da família e não ter lhes dado o apoio que prometera, sente-se mais culpado.

Geni olhou-o assustada:

— Não é isso o que eu quero.

— Mas é isso que está acontecendo. Como acha que ele vai reagir percebendo o quanto a fez sofrer?

Geni não respondeu logo, refletindo sobre as palavras de Gilson. Depois tornou:

— Eu não tinha pensado nisso. Imaginava que revelando minha tristeza estava demonstrando o quanto eu o amo e sinto saudades.

— Ele sabe disso. E é por esse motivo que está sensibilizado por não ter correspondido ao seu afeto como gostaria. Mas tanto a senhora como ele sabem que a separação é temporária. Um dia vocês vão se encontrar e poder esclarecer todos os pontos.

— É verdade, mãe. Apesar de tudo, nós já temos a certeza de que a vida continua. Essa é uma bênção que devemos agradecer a Deus.

Maria Lúcia, que estivera calada, manifestou-se:

— Apesar de não ter conhecido meu pai, lamento sua morte. Não é esse fato que me incomoda. Sei que a vida faz tudo certo e se o levou de volta foi porque era o melhor. Sei que ele nos abandonou, mas não me permito julgá-lo. O que me entristece é que minha mãe não o perdoa. Essa atitude a está fazendo sofrer e impedindo sua recuperação. Ninguém pode estar em paz conservando o ódio no coração. Minha mãe é uma pessoa boa, sua atitude não se justifica. O que eu mais quero é que ela perceba o mal que está fazendo a si mesma e possa equilibrar-se.

Jacira abraçou-a com carinho:

— A dor às vezes obstrui o raciocínio. Ela amava seu pai, entregou-se a esse amor com sinceridade, mas no momento em que esperava apoio e afeto, ele, seduzido pela ambição, trocou-a por outra. Sentiu-se duplamente rejeitada, sofreu por ela e mais ainda por você. Tenho impressão de que ela não perdoa o fato de ele ter abandonado a filha que ela tanto ama.

— Mamãe sempre foi muito apegada a mim. O tempo todo me superprotegia, querendo suprir a falta do meu pai. Eu notava isso.

— Temos que mudar nossa atitude. Você deve jogar fora a tristeza e não olhar essa situação com preocupação. O que vai ajudar é ficar mais positiva. Confiar na ajuda espiritual. Lembre-se de sua mãe de maneira mais otimista. Reveja os momentos de alegria que viveram juntas. Deseje que ela fique bem. Mande-lhe energias de amor e paz. Vamos contribuir para que ela se refaça.

Maria Lúcia beijou a face de Jacira com carinho:

— Tem razão. Eu estava agindo errado. Quando minha mãe morreu, pensei que tivesse ficado sozinha no mundo. Mas a vida trouxe-me para cá. Pensei ter encontrado amigos generosos que me aceitaram e deram carinho. Mas encontrei a minha família. Meus avós, tios. Tudo que nunca pensei que teria. Entendi que a vida cuida de nós e sempre nos apoia. Não vou mais ficar triste. De agora em diante vou confiar. Assim como a vida cuidou de mim com tanto carinho, também vai cuidar de minha mãe.

Geni e Aristides juntaram-se a elas no mesmo abraço, emocionados por suas palavras. Depois, Aristides pediu a Maria Lúcia:

— Estamos precisando de um café. Não quer providenciar?

— Vou agora mesmo.

Ela deixou a sala e Gilson, que se sentara novamente, tornou:

— Há ainda outro assunto que eu desejo conversar com vocês.

Aristides se interessou:

— Quer que eu visite alguns fregueses enquanto Jair está fora?

— Sua ajuda é sempre bem-vinda. Podemos conversar sobre isso mais tarde. Nosso assunto é outro.

Vendo que os dois sentados no sofá olhavam atentos, Gilson continuou:

— Acho que nos conhecemos bem, portanto vou direto ao assunto. Eu e Jacira nos gostamos, queremos nos casar, pedimos que nos abençoe.

Os dois não esconderam a surpresa e Aristides respondeu satisfeito:

— Tem todo nosso apoio. Serei muito feliz em tê-lo em nossa família.

Maria Lúcia, que voltara com a bandeja de café, colocou-a sobre a mesa e aproximou-se:

— Eu sabia! Até que enfim criaram coragem para decidir. Em vez do café é melhor buscar uma champanhe. Temos que comemorar!

Geni muito emocionada perguntou:

— Pensam em se casar logo?

— Sim. O mais breve possível!

Geni olhou para Jacira:

— Você também vai nos abandonar?

— Você sabe que não. Ainda não programamos os detalhes. Mas queremos ter a nossa própria casa.

— Isso mesmo — concordou Gilson —, mas nos instalaremos perto e continuaremos sempre juntos.

— Além do que sua neta continuará lhes fazendo companhia — completou Jacira.

Maria Lúcia trouxera uma garrafa de champanhe, Aristides abriu, serviu e cada um apanhou uma taça, depois ele disse:

— Vamos brindar pela felicidade dos noivos e que continuemos juntos por muitos anos.

Tocaram as taças, beberam um pouco. Depois, Geni levantou novamente a taça:

— Que o espírito do Neto, esteja onde estiver, receba nosso carinho e saiba que o amamos muito. Que ele fique em paz e seja feliz.

— Que assim seja — murmuraram todos emocionados.

Geni, mais refeita, foi para a cozinha ligar novamente o fogão e terminar o almoço.

Na sala, os noivos trocavam ideias sobre o casamento. Gilson desejava levar Jacira a Minas Gerais para apresentá-la à sua família e comunicar o noivado.

Depois do almoço, os dois, sentados no sofá da sala, olhos nos olhos, mãos dadas, conversavam fazendo projetos para o futuro.

Dois dias depois, Jair voltou da viagem. Não encontrando Gilson no apartamento nem na empresa, foi até o ateliê procurar Jacira e encontrou-o na sala dela.

Depois dos cumprimentos, Gilson abraçou Jacira contando a novidade. Jair não conteve o entusiasmo. Deu um sonoro beijo no rosto corado da irmã e abraçou o amigo:

— Esta foi a melhor notícia que recebi nos últimos tempos. Bem que desconfiei. Você vivia rodeando Jacira.

Depois de comentarem sobre o casamento, Jair perguntou:

— Vocês contaram à mamãe sobre o Neto?

— Sim. Mas achamos melhor omitir certos detalhes para poupá-la. Mamãe sentiu muito.

— Ela sabia que Neto tinha morrido.

— Mas não tinha certeza. Gilson conversou muito com ela, e aos poucos ela foi se acalmando.

— E papai, como reagiu? Ele é mais reservado.

— Embora tenha se esforçado para parecer durão, deu para perceber que se emocionou. Mostrou-se magoado por Neto ter nos abandonado. Maria Lúcia, apesar do entendimento que tem, sentia-se preocupada porque Rosalina não o perdoou.

— Quando todos ficaram mais calmos, falei que queremos nos casar e eles aprovaram. A tristeza ficou momentaneamente esquecida, seu pai fez um brinde e tomamos champanhe — explicou Gilson.

— Foi melhor do que eu esperava! Pensei encontrar um ambiente de tragédia e encontrei essa notícia boa! Ainda bem!

— Dá para perceber que em todos esses acontecimentos fomos muito auxiliados pelos nossos amigos espirituais — lembrou Gilson.

— Tem razão — concordou Jacira.

— Também acho — completou Jair. — Depois de amanhã é quarta-feira. Estaremos lá para agradecer a Deus.

Fez uma ligeira pausa e continuou:

— E quem sabe o que poderá acontecer? Tenho esperança de que o espírito de Marina volte para contar-nos o resto da história, conforme prometeu.

— Isso só vai acontecer no momento certo — opinou Gilson.

— Quem pode saber se não será nesta semana? — indagou Jacira sorrindo.

Em seguida, passaram a conversar sobre os negócios e suas expectativas sobre o futuro.

Epílogo

Os três meses que faltavam para o casamento de Jacira e Gilson passaram rapidamente. Ele desejava comprar uma casa, mas Jacira preferiu pensar nisso depois do casamento. Convenceu o noivo ao afirmar:

— É melhor fazer isso com calma para fazermos um bom negócio.

— Então, vamos alugar um apartamento.

— Não será preciso. Provisoriamente ficaremos no ateliê.

— Mas lá já tem Margarida.

— Daqui a três meses a casa dela estará pronta, mas mesmo que não esteja, há espaço na minha ala, onde há uma suíte e uma boa sala, bem mobiliadas. Ficaremos bem lá. Quando voltarmos da viagem, trataremos de tudo.

— Será que não vamos tirar a privacidade de Margarida?

— Não. Somos como irmãs. Ela ficará feliz em nos ter por perto. Três meses passam depressa. Enquanto Dorival cuida dos papéis para o casamento, vamos ficar uma semana com sua família.

Geni desejava que eles se casassem na igreja, mas os noivos alegaram que não eram dessa religião. Ester e Margarida queriam contratar um bufê e programar uma festa.

Os noivos concordaram. Estavam felizes, principalmente Jacira, que tinha muitos motivos para comemorar. Sentia-se uma vencedora, agradecia a ajuda de Deus, mas reconhecia que tinha se esforçado, feito a sua parte nesse processo.

Enquanto as duas amigas tratavam do evento, Gilson levou Jacira para Minas Gerais para apresentá-la à família.

Era noite quando chegaram à casa dos pais de Gilson. Foram recebidos com muito carinho. Jacira gostou deles. Eram pessoas simples e amáveis e ela sentiu-se muito à vontade. Parecia-lhe conhecê-los há muito tempo.

Enquanto Gilson conversava com o pai na sala, Eunice levou Jacira ao quarto onde deveria se instalar. Depois lhe mostrou o quarto de Gilson.

— Apesar de ele ficar longe o tempo todo, conservei tudo como ele gostava.

Contou-lhe coisas do tempo em que ele era menino, mostrou-lhe algumas fotos. Quando elas voltaram à sala, Júlio aproximou-se dizendo:

— Vocês devem estar cansados da viagem. Querem descansar um pouco antes do jantar?

— Não se preocupe, estou bem — respondeu Jacira. — Confesso que durante a viagem eu estava um pouco tensa. Tinha receio de não ser aceita na família.

Eunice abraçou-a:

— Bobagem. Nós já a conhecíamos desde que Gilson voltou ao Brasil e a admirávamos. Ele falava de você com tanto entusiasmo!

— O que nós mais queríamos era que ele encontrasse alguém e fosse feliz.

Os olhos de Júlio brilharam emocionados ao dizer essas palavras.

Mais tarde chegaram Janice, o marido e os filhos para conhecê-la e participarem do jantar.

Jacira sentiu-se bem na companhia deles e se emocionava pensando que, dali para a frente, faria parte daquela família.

Uma semana depois, quando regressaram, Jacira entusiasmada descreveu para todos os acontecimentos da viagem. Principalmente o quanto havia gostado e como fora recebida por toda a família.

Na véspera do casamento, Jacira custou a dormir. Sua vida iria mudar completamente, mas seria para melhor. Sentia-se emocionada e feliz.

Às sete horas da noite do dia seguinte, Jacira, linda, vestida de noiva, de braço com Aristides, muito elegante em um terno preto, entrou no salão iluminado, elegantemente decorado com flores naturais, andando lentamente pelo tapete vermelho.

Ao redor havia cadeiras em fila cheias de pessoas muito elegantes, que se levantaram para vê-los passar. Um conjunto tocava uma música suave.

Ao fundo, uma mesa coberta por uma fina toalha branca bordada, decorada com flores brancas e cristais. Lá esperavam o juiz e seu auxiliar. De um lado Gilson, circundado por seus pais, e do outro Geni, Maria Lúcia e Jair, com olhos úmidos de emoção.

Gilson aproximou-se quando Jacira chegou e Aristides a entregou a ele dizendo baixinho:

— Cuide bem dela!

Gilson concordou levemente com a cabeça. Aproximaram-se e o juiz oficiou a cerimônia. Quando os declarou casados, Ernesto Vilares, um dos padrinhos da noiva, fez uma emocionada prece, pedindo a Deus que abençoasse os noivos e desejou-lhes felicidades.

Depois eles se encaminharam para a outra sala onde receberiam os cumprimentos e seria servido o jantar.

As pessoas que participaram da festa adoraram. O jantar foi delicioso, os músicos animados, a alegria dos presentes contagiante. Em determinado momento, Ester e Margarida levaram os noivos para outra sala onde trocaram de roupa. Tudo estava programado para a viagem.

Enquanto a festa decorria animada, eles fugiram e foram para um hotel onde passariam a noite. No dia seguinte, viajariam para Nova York onde ficariam duas semanas.

Quando a porta da suíte do hotel se fechou sobre eles, o coração de Jacira batia forte. Ao mesmo tempo em que desejava a proximidade de Gilson, receava não saber como agir. Ela era ignorante em matéria de amor.

Fechou-se no banheiro, tirou o vestido, tomou um banho e vestiu a linda camisola de cetim branco, que Ester fizera questão de lhe presentear para a ocasião, e ficou sem saber o que fazer.

Depois tomou coragem e decidiu. Abriu a porta. Vendo-a entrar, Gilson aproximou-se e não lhe deu tempo para pensar. Abraçou-a com amor e beijou-a repetidas vezes.

Nesse momento, Jacira esqueceu seus receios de momentos antes. Algo nela despertou forte e correspondeu emocionada expressando o sentimento de amor que sentia no coração.

Aqueles momentos de plenitude e carinho ficariam para sempre em suas lembranças.

A viagem de núpcias decorreu maravilhosa. Jacira adorou tudo, e, quinze dias depois, ao regressarem, vinham cheios de presentes, fotos e novidades.

A vida voltou ao normal. Jacira assumiu os negócios e Gilson as atividades da sua empresa, que ia progredindo a cada dia.

Jair e Maria Lúcia frequentavam as reuniões na casa de Lídia, desde o noivado de Jacira. Ele tomara gosto em estudar espiritualidade e, depois que a sessão se encerrava, ficava conversando com Estela, colocando suas dúvidas.

Essas conversas entre eles tornaram-se um hábito, o que fazia Maria Lúcia provocá-lo dizendo que ele estava mais interessado na moça do que nos espíritos. Ele negava e a aconselhava a arranjar um namorado.

Assim que Gilson e Jacira colocaram os negócios em ordem, voltaram a frequentar as sessões na casa de Lídia.

Naquela noite, ao sentarem-se ao redor da mesa, Jacira sentiu uma sensação muito agradável, semelhante a que sentia quando Marina a levava para o jardim de seus sonhos.

A família toda estava unida naquele momento e até Aristides, que só ia de vez em quando, estava presente.

Lídia iniciou a reunião com uma prece saudando os amigos espirituais, pedindo a inspiração divina. No ambiente, iluminado apenas por uma luz azul, uma música suave embalava os presentes.

Quebrando o silêncio, Estela começou a falar:

— Somente hoje foi possível voltar para cumprir o que lhes prometi. Não é fácil relembrar os momentos difíceis que vivi, sentir de novo as emoções dolorosas do passado. Há muitos anos, vivia na cidade de Londres uma atriz talentosa e excelente cantora, que se apresentava com o pseudônimo de Amy Lockweel. Muito bonita, carismática, era invejada pelas mulheres e provocava paixões nos homens.

"Por causa da sua fama, viu-se envolvida em escândalos, mas na verdade ela era uma pessoa simples, que se sentia feliz em expressar sua arte. Havia alguns anos se apaixonara por um jovem alfaiate com quem se casara secretamente, uma vez que seu contrato proibia casamento. Seu agente utilizara o carisma dela com grande sucesso, desde o início de sua carreira, criando a imagem de uma mulher fatal.

"Dessa união nasceu uma filha que ela internou em um colégio, para dar-lhe uma boa educação e protegê-la dos escândalos. Seu marido lhe pedia constantemente que deixasse o palco, tirasse a filha do colégio e fossem viver no interior, mas ela se recusava. Adorava a profissão e não queria tirar a menina do melhor colégio do país. O que o marido ganhava não dava para suprir as despesas.

"Uma noite, quando se apresentava no teatro, uma mulher da plateia levantou-se, tirou uma pistola da bolsa, apontou para ela e atirou diante dos olhos assustados da plateia, que ficou em pânico. Amy caiu em uma poça de sangue.

"O pano fechou a cena e, enquanto tentavam socorrer Amy, a mulher foi presa. Tratava-se de uma lady, cujo marido ocupava alto cargo na corte e era um ardente admirador da artista.

"Com a morte de Amy, seu nome verdadeiro apareceu, John ficou conhecido como seu marido e Mary como sua filha, que, com o escândalo, foi forçada a deixar o colégio."

Estela fez uma pausa enquanto os presentes atentos esperaram em silêncio que ela prosseguisse:

— Querendo proteger a filha do escândalo, John deixou o emprego na alfaiataria e foi morar com Mary no interior, longe da capital. Lá tentou refazer sua vida. Era um homem bonito, charmoso e logo arrumou emprego de vendedor em uma loja. A filha do dono apaixonou-se por ele. Pensando em oferecer um lar e uma vida melhor para Mary, John casou-se com ela.

"Disposto a corresponder à confiança do sogro que permitira que sua única filha e herdeira se casasse com ele, John trabalhava incansavelmente. Não tinha hora para deixar a loja e muitas vezes chegava em casa tarde, quando Mary já estava dormindo.

"Linda, sua esposa, depois do casamento revelou-se muito exigente e ciumenta. Mimada, exigia que John provasse que a amava o tempo todo. Ele chegava cansado e a encontrava deprimida, irritada, de mau humor.

"Quando engravidou ficou pior. Estava difícil suportar. Depois que a menina nasceu, ela deixava Mary cuidando do bebê e aparecia de surpresa na loja imaginando que ele a estava traindo com alguma freguesa.

"Enraivecida, porque ele não fazia o que ela queria, descontava sua raiva em Mary. Obrigava-a a fazer todo serviço da casa sem nunca agradecer sua boa vontade. Ao contrário, vivia repetindo que ela era feia, desajeitada, burra e que não servia para nada.

"Nos primeiros tempos, Mary chorava, mas depois foi ficando revoltada. Algumas vezes ficava acordada esperando pelo pai, pedia-lhe que interferisse. Mas ele se recusava, aconselhava que tivesse paciência. Para aliviá-la do serviço da casa, John contratou uma empregada pensando assim acalmá-la.

"Então, Linda pediu ao pai que colocasse Mary para trabalhar na loja todas as tardes, alegando que ela era muito tímida e precisava ficar mais esperta.

"Como ele fazia-lhe todas as vontades, convenceu John a aceitar. Na verdade o que Linda queria era que ela vigiasse o pai. Todas as noites, enchia-a de perguntas, mandava que ela fizesse uma lista de todas as freguesas que ele atendia etc.

"Para poder ter um pouco de paz, Mary obedecia, mas odiava essa incumbência. Aos dezessete anos, Mary tornara-se uma moça bonita, cheia de vida, lembrando muito o carisma da mãe. Sua presença despertou o interesse de vários rapazes, mas nenhum deles a interessou. Até que surgiu um engenheiro, recém-chegado à cidade, que se apaixonou perdidamente por ela e foi correspondido.

"Como ele era casado, ela tudo fez para resistir. Mas não conseguiu. Uma noite os dois fugiram e foram viver bem longe dali. Miriam, a esposa abandonada, mergulhou na depressão e, um ano depois, suicidou-se. Sem saber o que ela tinha feito, Mary e James viveram felizes juntos durante anos.

James morreu primeiro, e, ao regressar ao mundo espiritual, soube do suicídio de Miriam e mergulhou na culpa. Quando Mary morreu, alguns anos depois, procurou por James, mas ele, sentindo-se culpado, recusou-se a vê-la. Ela, abalada, arrependida, desiludida, entrou em depressão. Castigava-se constantemente, perdeu a vontade de viver e tornou-se uma sombra do que fora."

Com naturalidade, Marina revelou ser a protagonista da história.

— Eu a estava esperando, ansiosa, angustiada por não ter podido fazer nada para evitar a tragédia. Ela era a filha que eu amava tanto, que sonhara conduzir a uma vida digna e feliz, mas não tinha conseguido. Mary tornara-se um robô, sem vontade nem alegria.

"Eu me sentia culpada por não ter feito o que John queria. Se eu tivesse renunciado à arte, partilhado com ele uma vida pobre, mas digna, a situação não teria chegado aonde chegou. Eu teria dado a ela uma vida modesta, mas feliz, e evitado sua desgraça.

"Durante anos vivi me recriminando até que com a ajuda de dedicados amigos espirituais descobri que, mesmo que eu tivesse feito o que John queria, não teria podido evitar certos fatos, que tiveram origem em nosso passado. Senti que enquanto não fizesse alguma coisa por mim e procurasse melhorar, não poderia ajudar os que eu amava.

"Disposta a refazer o caminho, esforcei-me para conseguir equilibrar meu mundo interior e ao mesmo tempo dediquei-me ao trabalho em favor da comunidade.

"Assim que me foi possível, com a orientação dos meus mentores, consegui trazer Mary para perto de mim e, com a ajuda de Deus e muita persistência, ela foi melhorando. Mas suas recaídas constantes eram motivo de preocupação e eu receava que ela voltasse ao lugar sombrio de onde a tínhamos tirado.

"Feita uma consulta aos nossos superiores, soubemos que a única maneira de ela se recuperar seria por meio da reencarnação. Esse recurso só funcionaria se beneficiasse todos os envolvidos.

"Levamos algum tempo para tirar Miriam da loucura em que mergulhara, refazer seu corpo astral agredido pelo suicídio e fazer James vencer a culpa e entender que essa seria a chance de conquistar a paz.

"James reencarnou, pouco depois Miriam também. Devido às circunstâncias ela teria pouco tempo de vida na Terra. É que ela precisava desfazer-se das energias doentias que ainda castigavam seu corpo astral, o que só seria possível por meio de um novo corpo. Ambos se encontraram, desejavam casar-se, mas ela teve que regressar. Ele ficou arrasado. No astral, Miriam, mais refeita, conseguiu comunicar-se com ele e ajudou-o a se refazer.

"Miriam gostaria de estar aqui, mas no momento não foi possível porque está se preparando para voltar. Vai nascer como filha e assim acrescentar ao amor carnal que sentia pelo marido, o amor de filha, que vai transformar o relacionamento para melhor. Há muito ela perdoou a traição, reconheceu que ninguém é de ninguém e cada um precisa seguir o próprio caminho. Mandou dizer a sua antiga rival, que como sua filha, vai se esforçar para transformar os desentendimentos em amor. Sente-se serena, preparada e feliz.

"Neste momento, quero agradecer Gina e Arinos, que acompanharam meu empenho em ajudar minha filha e aceitaram recebê-la em seu lar. Os mentores sugeriram essa possibilidade explicando que ela seria benéfica para os três. E, de fato, foi o que aconteceu."

Maria Lúcia, em silêncio, pensava em sua mãe, perguntava-se quando Rosalina perdoaria o pai.

Marina sentiu a angústia dela, ouviu seus pensamentos e continuou:

— Trago notícias de Rosalina. Ela sente-se mais calma. Aceitou receber Neto para conversar sobre o passado e o futuro. Com a ajuda de Deus, eles acabarão se entendendo. Vamos orar, mandar-lhes boas energias e deixar a vida trabalhar em benefício deles. Ela sempre sabe o que faz.

"Agora preciso ir. Como podem ver, vocês todos estão ligados pelo passado e é com alegria que eu digo: o ciclo se completou com absoluto sucesso. De agora em diante, vão usufruir um tempo de progresso e paz onde terão a chance de se elevar ainda mais.

"Nós estaremos torcendo para que continuem progredindo, usando o conhecimento tão duramente conquistado sempre em favor de uma vida melhor. Que Deus os abençoe."

Ela se calou, Estela suspirou longamente e abriu os olhos. Quando Lídia acendeu a luz, olhos marejados, ninguém fez uso da palavra.

Gilson, olhos brilhantes de emoção, depositou um beijo na mão de Jacira que tinha entre as suas.

O silêncio permaneceu porquanto ninguém desejava quebrar a mágica do momento. Foi Jair quem se manifestou:

Aproximou-se de Estela, olhos nos olhos, e disse:

— Eles não falaram nada de nós. Mas nem precisava. Estava escrito que você aceitará se casar comigo.

Ela corou e não respondeu logo. Ele segurou a mão dela e continuou:

— Dona Lídia, desculpe se me precipitei. Estou apaixonado por ela. A senhora sabe, estou sendo sincero.

Diante do olhar malicioso dos demais, Lídia chegou perto deles e tornou:

— Eu não sei nada sobre isso. Quem tem de responder é ela.

Todos fixaram os olhos em Estela que disse:

— Eu também gosto de você.

Ele abraçou-a e beijou-a delicadamente na face.

— Há algum tempo eu desejava dizer-lhe o quanto a amo. Mas você nunca demonstrou que gostava de mim. Hoje tive vontade de me declarar. Esta noite festiva, cheia de revelações, impulsionou-me. Agora a comemoração ficará mais completa. Isto é, se dona Lídia me aceitar como genro.

Lídia abraçou-o sorrindo:

— Que remédio! Estela o escolheu! Sejam felizes!

Depois passaram para a outra sala onde Lídia trouxe champanhe. Aristides a abriu, serviu as taças, apanhou uma e disse:

— Esta noite lavou minha alma. Nunca me senti tão feliz. Pensei que a vida me tivesse esquecido, mas quando menos esperava, ela me fez reviver. Não sei rezar nem falar coisas bonitas. Só quero dizer que em silêncio, sem ninguém esperar, a vida nos mostrou que apesar da nossa visão míope, dos nossos pontos fracos, ela trabalha em favor da nossa felicidade.

Enquanto eles conversavam felizes, Marina e Neto os observavam emocionados. Depois, ela passou o braço pelo dele:

— Nada mais temos a fazer aqui. Vamos embora.

Neto comentou:

— Agora, o que falta é Rosalina me perdoar.

— Continue se esforçando para tornar-se uma pessoa melhor, faça a sua parte que a vida fará o resto. Vamos agradecer a Deus por esta noite.

Neto concordou.

De braços dados eles volitaram, observando a beleza do céu estrelado, sentindo no coração a grandeza da vida que, como mãe generosa e com amor, ensina a todos a conquistarem uma vida melhor.

Fim

CONHEÇA OS GRANDES SUCESSOS DE

GASPARETTO

E MUDE SUA MANEIRA DE PENSAR!

Atitude
Afirme e faça acontecer
Conserto para uma alma só
Faça da certo
Gasparetto responde
Para viver sem sofrer
Prosperidade profissional
Revelação da luz e das sombras
Se ligue em você
O corpo – Seu bicho inteligente

Coleção Metafísica da saúde

Volume 1 – Sistemas respiratório e digestivo
Volume 2 – Sistemas circulatório, urinário e reprodutor
Volume 3 – Sistemas endócrino e muscular
Volume 4 – Sistema nervoso
Volume 5 – Sistemas ósseo e articular

Coleção Amplitude

Volume 1 – Você está onde se põe
Volume 2 – Você é seu carro
Volume 3 – A vida lhe trata como você se trata
Volume 4 – A coragem de se ver

Coleção Calunga

Calunga – Um dedinho de prosa
Calunga – Tudo pelo melhor
Calunga – Fique com a luz...
Calunga – Verdades do espírito
Calunga – O melhor da vida
Calunga revela as leis da vida
Fazendo acontecer! Calunga

Livros infantis

A vaidade da Lolita
Se ligue em você 1
Se ligue em você 2
Se ligue em você 3

Saiba mais: www.gasparetto.com.br

GRANDES SUCESSOS DE
ZIBIA GASPARETTO

Com 19 milhões de títulos vendidos, a autora tem contribuído para o fortalecimento da literatura espiritualista no mercado editorial e para a popularização da espiritualidade. Conheça os sucessos da escritora.

Romances
pelo espírito Lucius

A força da vida	O matuto
A verdade de cada um	O morro das ilusões
A vida sabe o que faz	Onde está Teresa?
Ela confiou na vida	Pelas portas do coração
Entre o amor e a guerra	Quando a vida escolhe
Esmeralda	Quando chega a hora
Espinhos do tempo	Quando é preciso voltar
Laços eternos	Se abrindo pra vida
Nada é por acaso	Sem medo de viver
Ninguém é de ninguém	Só o amor consegue
O advogado de Deus	Somos todos inocentes
O amanhã a Deus pertence	Tudo tem seu preço
O amor venceu	Tudo valeu a pena
O encontro inesperado	Um amor de verdade
O fio do destino	Vencendo o passado
O poder da escolha	

Crônicas

A hora é agora!
Bate-papo com o Além
Contos do dia a dia
Conversando Contigo!
Pare de sofrer
Pedaços do cotidiano
O mundo em que eu vivo
Voltas que a vida dá
Você sempre ganha!

Coletânea

Eu comigo!
Recados de Zibia Gasparetto
Reflexões diárias

Desenvolvimento pessoal

Em busca de respostas
Grandes frases
O poder da vida
Vá em frente!

Fatos e estudos

Eles continuam entre nós vol. 1
Eles continuam entre nós vol. 2

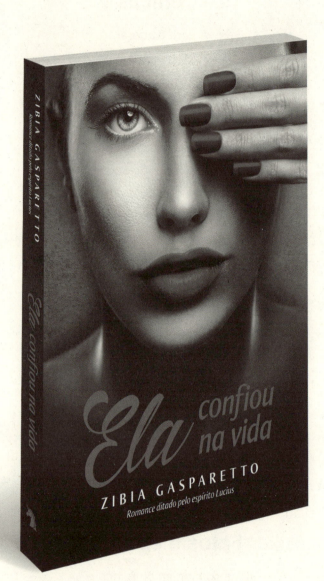

ZIBIA GASPARETTO

Romance ditado pelo espírito Lucius

É mais difícil nascer do que morrer. Morrer é voltar para casa, rever parentes e amigos. Nascer é ter de esquecer tudo, enfrentar as energias do mundo, encarar problemas mal resolvidos do passado, desenvolver dons e aprender as leis da vida!

Embora tivesse se preparado para nascer, Milena sentiu medo, quis desistir, mas era a sua hora, e seus amigos espirituais a mergulharam em um pequeno corpo preparado para ela.

No entanto, o futuro revelou toda a beleza de seu espírito e a força de sua luz. É que, apesar do medo, ELA CONFIOU NA VIDA!

Este e outros sucessos, você encontra nas livrarias e em nossa loja:
www.vidaeconsciencia.com.br/lojavirtual

Sucessos
Editora Vida & Consciência

Amadeu Ribeiro

A herança
A visita da verdade
Juntos na eternidade
Laços de amor
Mãe além da vida
O amor não tem limites
O amor nunca diz adeus
O preço da conquista
Reencontros
Segredos que a vida oculta vol.1
A beleza e seus mistérios vol.2
Amores escondidos vol. 3
Seguindo em frente vol. 4

Amarilis de Oliveira

Além da razão (pelo espírito Maria Amélia)
Do outro lado da porta (pelo espírito Elizabeth)
Nem tudo que reluz é ouro (pelo espírito Carlos Augusto dos Anjos)
Nunca é pra sempre (pelo espírito Carlos Alberto Guerreiro)

Ana Cristina Vargas
pelos espíritos Layla e José Antônio

A morte é uma farsa
Almas de aço
Código vermelho
Em busca de uma nova vida
Em tempos de liberdade
Encontrando a paz
Escravo da ilusão
Ídolos de barro
Intensa como o mar
Loucuras da alma
O bispo
O quarto crescente
Sinfonia da alma

Carlos Torres

A mão amiga
Passageiros da eternidade
Querido Joseph (pelos espírito Jon)
Uma razão para viver

Cristina Cimminiello
A voz do coração (pelo espírito Lauro)
Além da espera (pelo espírito Lauro)
As joias de Rovena (pelo espírito Amira)
O segredo do anjo de pedra (pelo espírito Amadeu)

Eduardo França
A escolha
A força do perdão
Do fundo do coração
Enfim, a felicidade
Um canto de liberdade
Vestindo a verdade
Vidas entrelaçadas

Floriano Serra
A grande mudança
A menina do lago
A outra face
Amar é para sempre
Almas gêmeas
Ninguém tira o que é seu
Nunca é tarde
O mistério do reencontro
Quando menos se espera...

Gilvanize Balbino
De volta pra vida (pelo espírito Saul)
Horizonte das cotovias (pelo espírito Ferdinando)
O homem que viveu demais (pelo espírito Pedro)
O símbolo da vida (pelos espíritos Ferdinando e Bernard)
Salmos de redenção (pelo espírito Ferdinando)

Jeaney Calabria
Uma nova chance (pelo espírito Benedito)

Juliano Fagundes
Nos bastidores da alma (pelo espírito Célia)
O símbolo da felicidade (pelo espírito Aires)

Lucimara Gallicia
pelo espírito Moacyr

Ao encontro do destino
Sem medo do amanhã

Márcio Fiorillo
pelo espírito Madalena

Lições do coração
Nas esquinas da vida

Maurício de Castro

Caminhos cruzados (pelo espírito Hermes)
O jogo da vida (pelo espírito Saulo)

Meire Campezzi Marques
pelo espírito Thomas

A felicidade é uma escolha
Cada um é o que é
Na vida ninguém perde
Uma promessa além da vida

Priscila Toratti
Despertei por você

Rose Elizabeth Mello
Como esquecer
Desafiando o destino
Livres para recomeçar
Os amores de uma vida
Verdadeiros Laços

Sâmada Hesse
pelo espírito Margot
Revelando o passado

Sérgio Chimatti
pelo espírito Anele
Lado a lado
Os protegidos
Um amor de quatro patas

Stephane Loureiro
Resgate de outras vidas

Thiago Trindade
pelo espírito Joaquim
As portas do tempo
Com os olhos da alma

**Conheça mais sobre espiritualidade
com outros sucessos.**

 vidaeconsciencia.com.br 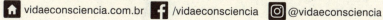 /vidaeconsciencia @vidaeconsciencia

ZIBIA GASPARETTO

Eu comigo!

> *"Toda forma de arte
> é expressão da alma."*

Zibia Gasparetto convida você a mergulhar no seu mundo interior. Deixe os problemas de lado, esqueça o negativismo e libere o estresse do dia a dia. Passeie por entre as figuras, inspire-se com cada mensagem e coloque cor em seu mundo. Use suas tonalidades preferidas, libere o potencial criativo que existe dentro de você.

Eu comigo! é um livro para quem quer fugir da rotina e buscar aquela sensação de paz que a arte pode proporcionar. Inspire sua alma com as frases de Zibia Gasparetto criadas especialmente para você e ricamente ilustradas com desenhos encantadores.

Bem-vindo ao seu mundo interior.

www.vidaeconsciencia.com.br

METAFÍSICA DA SAÚDE

LUIZ GASPARETTO E VALCAPELLI

Na coleção *Metafísica da Saúde*, os autores explicam, de forma direta e clara, como funciona o corpo humano e mostram que as dificuldades e o desencadeamento de doenças são sinais de que não estamos fazendo uso adequado de nossos poderes naturais.

Vol.1 – **Sistemas respiratório e digestivo**
Vol.2 – **Sistemas circulatório, urinário e reprodutor**
Vol.3 – **Sistemas endócrino e muscular**
Vol.4 – **Sistemas nervoso**
Vol.5 – **Sistemas ósseo e articular**

Acesse e conheça a coleção completa!
www.vidaeconsciencia.com.br

Rua das Oiticicas, 75 – SP
55 11 2613-4777

contato@vidaeconsciencia.com.br
www.vidaeconsciencia.com.br